LA BEAUTÉ ET L'ENFER

DU MÊME AUTEUR

Gomorra, Gallimard, 2007
Le Contraire de la mort, Robert Laffont, 2009
Le Contraire de la mort (bilingue),
coll. « Pavillons Poche », Robert Laffont, 2010

ROBERTO SAVIANO

LA BEAUTÉ ET L'ENFER

Écrits 2004-2009

Traduit de l'italien par Marguerite Pozzoli

ROBERT LAFFONT

Titre original : LA BELLEZZA E L'INFERNO

ISBN 978-2-221-11532-9
(édition originale : ISBN 978-88-04-59413-0, Arnoldo Mondadori Editore S.p.A., Milan)

À M., lumière dans cette longue nuit

Le danger de la lecture

Écrire, ces dernières années, m'a permis d'exister. Des articles et des reportages. Des nouvelles et des éditoriaux. Beaucoup plus qu'un travail, écrire a coïncidé avec ma vie même. Ceux qui pensaient m'obliger au silence en me faisant vivre dans des conditions impossibles se sont trompés. Ce que j'avais à dire, je ne l'ai pas tu, je ne l'ai pas perdu. Mais ça a été une vraie lutte, quotidienne, un corps-à-corps silencieux, comme un combat fantôme. Écrire, ne pas me taire, c'était ne pas me perdre. Ne pas m'avouer vaincu. Ne pas désespérer.

J'ai écrit dans plus d'une dizaine d'habitations différentes, où je ne suis jamais resté plus de quelques mois. Toutes étaient petites ou minuscules, toutes, sans exception, terriblement sombres. Je les aurais voulues plus spacieuses, plus lumineuses, je souhaitais avoir au moins un balcon, un bout de terrasse ; j'en avais envie comme j'avais eu envie, autrefois, de voyages et d'horizons lointains. Pouvoir sortir, respirer, regarder autour de soi. Mais tout le monde refusait de me louer. Je ne pouvais pas choisir, arpenter la ville pour me chercher un lieu, je ne pouvais même pas décider seul de l'endroit où j'habiterais. Et si le bruit se répandait que je logeais dans telle rue, dans telle maison, j'étais aussitôt obligé de la quitter.

Je ne suis pas le seul à connaître cette situation. Vous vous présentez pour visiter l'appartement que les carabiniers vous ont trouvé non sans peine, à force de négociations avec le propriétaire, mais dès que celui-ci vous a reconnu, ce sont toujours les mêmes réponses : « Cher monsieur, j'ai beaucoup d'estime pour vous, mais je ne peux vraiment pas me mettre dans le pétrin, j'ai déjà beaucoup de problèmes » ; ou « Si ça ne tenait qu'à moi, il n'y aurait aucune difficulté, mais j'ai des enfants, une famille, vous savez, je dois penser à leur sécurité » ; ou encore « Moi, je vous le donnerais tout de suite, cet appartement, et gratis, mais les copropriétaires me tueraient. Vous comprenez, ici les gens ont peur ». Il y a aussi les chacals, qui affichent leur solidarité – « Mais je vais vous la donner, moi, la maison ! » – avant de vous étrangler avec un loyer quatre fois plus cher : « Moi, pour sûr, je veux bien prendre le risque, mais vous savez, tout ça coûte cher, malheureusement. » Pourtant, à côté de cette peur, qui ne recouvre bien souvent que la lâcheté de ceux qui refusent de prendre parti – pour moi, en l'occurrence –, il y a eu également de nombreux gestes, de personnes que je ne connaissais pas et qui m'ont offert un refuge, une chambre, de l'amitié, de la chaleur humaine. Et même si, souvent, je n'ai pu accepter leur invitation pour des raisons de sécurité, j'ai écrit aussi dans ces lieux accueillants et chaleureux.

Bon nombre de pages réunies dans ce livre ont en fait été rédigées dans des chambres d'hôtel. Des hôtels qui se ressemblent tous, où j'ai passé ces dernières années, et que j'ai toujours détestés. Des chambres sombres, sans fenêtre et sans air. La nuit, on transpire. Quand on met l'air conditionné parce qu'on se sent étouffer, la sueur sèche, et le lendemain on a la gorge irritée. À l'étranger, il m'est arrivé de ne rien voir d'autre, d'un lieu que j'avais peut-être rêvé de visiter autrefois, que ces chambres, et la silhouette de la ville derrière les vitres teintées d'une voiture blindée. On ne me laissait pas faire deux pas dehors, même avec l'escorte qui m'était affectée ; souvent je ne pouvais pas dormir deux nuits de suite dans le même hôtel. C'est dans les lieux qui affichent un taux maximal de civilité, de paix, de tranquillité, auxquels le crime et la Mafia semblent totalement étrangers, que les gens me traitent comme si j'étais susceptible de leur exploser en pleine figure. Ils sont très courtois, très organisés, mais ils me prennent avec des gants – des gants de cérémonie ou d'artificiers, allez savoir. Et moi, je ne sais plus si je suis un paquet-cadeau ou un colis piégé.

Plus fréquemment encore, j'ai vécu dans des casernes de carabiniers. Dans les narines, l'odeur de la graisse qu'utilisaient mes voisins pour leurs chaussures ; dans les oreilles, le bruit de fond de la télévision qui retransmettait des matchs de foot, et leurs jurons quand ils étaient rappelés pour le service ou que l'équipe adverse marquait. Samedi, dimanche, jours mortels, dans le ventre quasi vide d'une grande et vieille baleine faite pour l'action. Pendant ce temps, à l'extérieur, tu devines le va-et-vient, tu entends des cris, le soleil brille, c'est déjà l'été. Et même si tu sais où tu te trouves, en deux minutes, si tu pouvais sortir, tu serais devant ton ancienne maison, la première où quelqu'un t'a lâché : « Enfin, tu t'en vas », et, de là, en cinq ou dix autres minutes, tu serais au bord de la mer. Mais tu ne peux pas sortir.

Pourtant, tu peux écrire. Tu dois écrire. Tu dois et tu veux continuer à écrire. Le cynisme propre à bon nombre d'écrivains laisse toujours filtrer une forme de méfiance envers tout ce qui ne suit pas un but précis, un dessein clair. Ou le détachement de celui qui veut seulement faire un bon livre, construire une histoire, polir ses mots jusqu'à obtenir un style beau et reconnaissable. Est-ce là la tâche de l'écrivain ? Est-ce cela, et rien d'autre, la littérature ? En ce qui me concerne, je préfère alors ne pas écrire, ne pas ressembler à ces gens-là.

Cynisme : besoin de détruire tout ce qui peut être désir et envie. Le cynisme est la cuirasse des désespérés qui s'ignorent. Tout s'apparente pour eux à des ruses de parvenus ; la volonté de changement n'est à leurs yeux qu'une naïveté d'apprenti sorcier, et ils vivent comme une forme d'imposture commerciale toute écriture qui vise à toucher le plus grand nombre. À ces beaux messieurs méfiants, perpétuellement affublés du rictus de ceux qui savent déjà que tout finira mal, rien ne peut être ôté, car ils n'ont plus rien de ce pour quoi il vaut la peine de se battre. Mais eux, on ne peut pas les chasser de leurs maisons, souvent aménagées avec goût et soin. Tout leur art, leur conception de la parole ressemble à ces superbes maisons, et se limite à leur périmètre soigné. Mais dans le privilège de leurs existences désillusionnées et protégées, ils n'ont pas la moindre idée de ce qu'écrire veut dire.

Écrire, aujourd'hui, c'est également pour moi un moyen de donner voix à la douleur que j'ai éprouvée les premiers mois, quand le vent de la calomnie et des accusations mensongères enflait proportionnellement aux ventes de mon livre. Les premiers temps, quand des informateurs zélés me les rapportaient, je me sentais l'estomac retourné par la rage.

« C'est un autre qui l'a écrit pour lui. » « Je réécris chaque article qu'il envoie au journal. » « J'ai les preuves, c'est un feignant. » « À vingt-six ans, on joue encore au ballon, ce type ne peut pas déjà écrire comme ça. » « C'est un latin lover *à deux balles. » « Un drogué qui s'habille comme un romanichel. » « Il est manipulé par un politicien. » « C'est moi qui l'ai fabriqué, croyez-moi, je connais*

chacune de ses faiblesses. » « Il ne cherche que la gloire et l'argent. » Aujourd'hui, toutes ces idioties de rancuniers ou de types qui voudraient se faire remarquer à tout prix m'amusent presque ; je les collectionne dans une sorte de bêtisier, en conseillant de faire de même à quiconque s'exposerait à un destin semblable au mien : arriver à s'imposer, en particulier dans le sud de l'Italie, où le simple droit de respirer s'obtient souvent au prix de la compromission de l'âme et de la castration de tout rêve.

Dans mon bêtisier figurent les lettres envoyées par les nombreux avocats des soi-disant amis ou parents des gens sur qui j'ai écrit. Des lettres remplies d'euphémismes qui signifiaient, en substance : soit tu paies, soit nous dirons que tu es un menteur, un plagiaire, nous trouverons des contacts dans la presse pour distiller sur toi des insinuations mensongères, semer le doute, te mettre sous pression médiatique. Ce genre de phrase m'a clairement fait comprendre à quel point j'étais devenu un cauchemar, pour ces gens-là : parce que mes paroles, entre les mains de tant de lecteurs, ont su faire la preuve que toutes ces histoires qu'ils croyaient pouvoir contrôler et étouffer sont au contraire devenues un véritable levier. Elles appartiennent désormais à tout le monde.

Une telle pression me semblait invraisemblable. Et puis un jour, à l'académie de Stockholm, Salman Rushdie m'a dit : « La vie ne plaît pas aux morts. À tous ceux qui se vendent pour pouvoir travailler ; à tous ceux qui, pour écrire, doivent faire des compromis ; à ceux aux yeux de qui ta seule existence prouve qu'on peut vivre d'une manière différente de la leur. Sais-tu à quel point tu les déranges ? » Avec le temps, j'ai compris, en effet, à quel point je peux être dérangeant et odieux, pour ceux qui ne supportent pas ma manière d'écrire, ma manière d'être et d'apparaître. Ceux qui voudraient que je me cache, que je sois plus discret, que je n'intervienne pas dans les universités ou en première partie de soirée à la télévision. Ceux qui préféreraient que tout ne soit que spectacle et divertissement, pour conserver par-devers eux le monopole du sérieux. Avec le temps, j'ai également appris à juger de la valeur des mots, même ceux des ennemis que, jour après jour, je retrouve face à moi. Quand quelqu'un me rapporte que tel journal, telle personne ou tel programme télévisé m'attaque, je sais que j'ai agi dans le bon sens. Si l'on cherche à me disqualifier, c'est parce que mes mots font peur. Si des intellectuels agacés ricanent, c'est parce que mes mots sont, pour eux, assourdissants.

Tout cela m'a permis d'apprécier les critiques qui ne me couvrent pas de boue ni ne m'insultent, ceux qui n'inventent ni accusations ni mensonges. Une critique loyale permet de grandir et de s'améliorer ; mon pire ennemi est le totalitarisme de la pensée qui se cache derrière le cynisme d'un certain milieu médiatique. Je le considère comme un allié, parfois inconscient, du pouvoir criminel. Si l'on éprouve le besoin de montrer que tout le monde est corrompu, que tout le monde est pourri, que chaque tentative de changement dissimule un prétexte ou un mensonge, alors tout se vaut, tout devient licite et possible. C'est l'anesthésique qui permet de promouvoir celui qui se laisse « honnêtement » corrompre, qui accepte le compromis, qui fait le choix du saccage, de la survie, de la pornographie consistant à laisser entrer chez soi, pour en jouir, le pire de ce qui se fait chaque jour. Tout se justifie, puisqu'il en a toujours été ainsi, puisque tout le monde fait ainsi, ou, pire, parce qu'on ne peut agir autrement.

Pour moi, écrire a toujours été exactement le contraire. Sortir. Parvenir à inscrire une parole dans le monde, la passer à quelqu'un comme un billet porteur d'une information secrète, un de ces billets qu'on doit lire, apprendre par cœur, puis détruire : le mâcher et le mélanger avec sa salive pour en faire une boulette de papier macérant dans l'estomac. Écrire, c'est résister, c'est faire de la résistance. L'émission où j'étais interviewé par Enzo Biagi portait justement ce titre : « Résistance et résistances ». Mon expérience de vie, ces dernières années, m'a également permis de rencontrer des gens que je n'oublierai jamais. De me trouver par exemple avec quelqu'un comme Enzo Biagi, qui s'est intéressé à moi ; j'ai pu me rendre compte que cet homme âgé avait une immense volonté de s'interroger sur notre époque et sur notre pays, à travers les questions qu'il posait aux autres. Lui avoir dit adieu lors de ses funérailles, avoir écrit une page ou deux sur lui après sa mort, ne suffit pas. Il faut encore appeler notre attention sur lui, même après, le faire demeurer parmi nous encore un peu. C'est à cela que servent les mots quand on les rassemble dans un livre qui, lui, est destiné à durer.

Et puis, il y a Miriam Makeba, la grande « Mama Africa », la voix qui chantait la liberté d'un continent et qui s'est éteinte à Castel Volturno, après un concert à la mémoire de six frères tués par la Camorra, pour m'exprimer sa solidarité, à moi qu'elle n'avait jamais rencontré, cible d'un ennemi dont elle ne connaissait même pas le nom. Elle l'a fait pourtant. Elle n'allait pas très bien, mais elle est venue. Elle qui avait rempli des stades a chanté devant quelques personnes. Et elle est morte sur ma terre, qui est devenue aussi la sienne. Désormais, la lutte pour cette terre, ma lutte comme celle de tous ceux qui la poursuivront, portera inscrit, sur sa bannière invisible, le nom de Miriam Makeba.

Dans le stade de Barcelone, j'étais escorté par les Mossos d'Escuadra, les forces spéciales de la police catalane, qui voulaient m'emmener voir le match dans un cube de verre anti-projectile, et qui, pris de pitié, m'ont épargné cette nouvelle prison grotesque. J'ai rencontré Lionel Messi, l'attaquant argentin du Barça, le jeune homme qui a réussi à rejouer à l'identique le plus beau but de Maradona. Son visage enfantin ne dit rien de toutes les souffrances endurées pendant des années, des injections quotidiennes d'hormones qui lui ont permis de grandir et de devenir un champion, le plus grand joueur actuel. On l'appelle « La Puce » encore aujourd'hui. Malgré son talent, il semblait impossible qu'il puisse briller dans des matchs où dominent le jeu aérien et les chocs physiques entre titans. Mais même le football peut devenir résistance, un art qui s'incarne dans chaque centimètre des os qui s'allongent, dans chaque morceau de chair qui pousse. Et si je devais exprimer un désir, un de ces désirs impossibles, j'aimerais que mes pages ressemblent à une des courses de Lionel Messi, balle au pied, rapide, incroyablement rapide, vers les buts adverses ; peu importe qu'il marque ou qu'il passe à un coéquipier plus démarqué. L'essentiel n'est pas le but, mais le fait d'aller de l'avant, de dribbler, de feinter, de ne pas perdre le ballon.

Parfois cependant, je me surprends à regarder en arrière. Et je sais alors à qui ce livre n'est pas destiné. À tous ces gens avec qui j'ai grandi, qui se sont contentés de surnager, de jurer coude au bar, d'aligner des jours identiques. Aux résignés, aux cyniques indolents. À ceux que comble un jour de fête ou une soirée dans une pizzeria. À ceux qui en sont restés à s'échanger entre eux leurs fiancées, comme de vieilles chaussures dépareillées dans des boîtes poussiéreuses oubliées au fond de l'armoire. À ceux qui croient que, pour devenir adulte, il suffit d'endosser les échecs d'un autre au lieu de relever un défi commun. Mon livre n'est pas fait pour ces gens-là. On sait certainement pour qui on écrit, mais on sait également pour qui on n'écrit pas. Je n'écris pas pour ceux-là. Je n'écris pas pour des gens dans lesquels je ne me reconnais pas, je n'écris pas à l'adresse d'un passé que je ne peux, ni ne veux, retrouver. Je sais que quand on regarde en arrière, on risque de se retrouver comme la femme de Loth, transformée en statue de sel alors qu'elle regardait la destruction de Sodome et Gomorrhe. C'est l'effet de la douleur quand elle n'a plus ni sens ni issue : elle vous pétrifie. Comme si toutes les larmes, ou celles qu'on n'a pas pu verser, se transformaient, au contact de la rancœur et de la haine, en un piège mortel d'une multitude de cristaux. Aussi, quand je regarde en arrière, la seule chose qui me reste, dans laquelle je me reconnais, qui parvient à circonscrire un périmètre et tracer un parcours comme le contour d'un corps qui vit et respire, ce sont mes mots. C'est la raison pour laquelle j'ai voulu inclure dans ce livre des textes nés avant la publication de Gomorra, *pour les offrir à ceux à qui ce livre est destiné.*

Ce livre s'adresse à mes lecteurs. À ceux qui ont permis que Gomorra *devienne un texte dangereux pour les pouvoirs qui ont besoin d'ombre et de silence ; à ceux qui en ont assimilé les mots, qui l'ont passé à leurs amis, à leur famille, qui l'ont fait entrer dans les écoles ; à ceux qui se sont retrouvés sur les places publiques pour en lire certains passages, témoignant par là que mon histoire était devenue celle de tous, parce que mes mots appartenaient désormais à tous. C'est à ceux-là que mon livre s'adresse, parce que j'ignore si j'aurais pu continuer sans eux. J'ignore si j'aurais continué à écrire et donc, à résister, et donc, à exister en envisageant un avenir. Conscient que ma vie blindée était quand même une vie. Et que, sans mes lecteurs, je n'aurais jamais eu la place qui m'a été accordée, les unes des journaux, les caméras des soirées télévisées. Si je n'avais pas eu tous les lecteurs, qui ont fait de mon livre bien plus qu'un simple objet que l'on range, une fois lu, à côté des autres dans la bibliothèque, on ne m'aurait jamais rien offert de tout cela. Et si je suis devenu un « phénomène médiatique », c'est avant tout à eux que je le dois.*

J'ai compris, durant ces années, l'importance de la confrontation médiatique. Quand il s'agit d'autre chose que de vide, de ragots, de mensonges qui ne servent qu'à distraire ou consoler, quand les enjeux sont ceux de la volonté et du désir du plus grand nombre de savoir, de faire bouger les choses, pourquoi ne serait-il pas possible de recourir à tous les moyens, tous les médias, pour unir nos forces ? Pourquoi s'en méfier ou en avoir peur ?

Mais au fond, je la comprends, cette peur. Il me vient a l'esprit une pensée étrange, difficile à expliquer. À chaque interview, dans tous les pays où mon livre a été publié, on m'a toujours demandé : « Mais vous n'avez pas peur ? » Question qui, de toute évidence, se réfère à la peur d'être tué. Je réponds aussitôt « non », et je m'en tiens là. Je me dis parfois que les gens ne me croient pas. Pourtant, c'est ainsi. Vraiment. J'ai ressenti et je ressens toutes sortes de peurs, mais la peur de mourir, je ne la ressens presque jamais. Ma plus grande peur, celle qui me tourmente, est qu'ils ne parviennent à me diffamer, à détruire ma crédibilité, à couvrir de boue ce pour quoi je me suis battu et que j'ai chèrement payé. Ils l'ont fait avec tous ceux qui ont décidé de parler et de dénoncer. Ils l'ont fait avec don Peppino Diana, le prêtre assassiné et diffamé le lendemain de son décès. Avec Federico Del Prete, le syndicaliste tué à Casal di Principe en 2002, et calomnié outrageusement le jour même de ses funérailles. Avec Salvatore Nuvoletta, un carabinier de vingt ans à peine, tué en 1982 à Marano, et aussitôt soupçonné d'appartenir à la puissante famille homonyme de la Camorra.

Il y a une autre peur que j'éprouve, plus complexe. La peur de mon image. De devenir un « personnage » à force d'être ainsi exposé, et de ne plus être ce que j'aurais souhaité. Il y a une phrase de Truman Capote qui me hante, vraie et terrible : « On verse plus de larmes pour les prières exaucées que pour celles qui sont restées sans réponse. » Si j'ai jamais eu un rêve, c'est que mes mots aient une influence, c'est de pouvoir démontrer que la parole littéraire peut encore avoir un poids, changer la réalité. En dépit de tout ce qui m'est arrivé, ma « prière », grâce à mes lecteurs, a été exaucée. Mais en même temps, je suis devenu autre que ce que j'avais imaginé. Et cela a été douloureux, difficile à accepter, jusqu'à ce que je comprenne que nul ne choisit son destin. On peut cependant toujours choisir la manière dont on va l'habiter. J'essaie de le faire le mieux possible, dans la mesure de mes moyens, parce que je sens que là est mon devoir à l'égard de tous ceux qui m'ont soutenu.

Voilà pourquoi, quand on m'invite à parler à la télévision, si je sais que beaucoup de gens m'écoutent, j'essaie simplement de parler de la manière la plus claire possible, sans concessions, sans rien enjoliver ni simplifier. C'est aussi pour cette raison que la matière de ce livre n'est pas homogène. Mes écrits de ces années ont de nombreuses voix différentes ; ils naissent tantôt du désir de suivre librement ma passion, tantôt de mon sens du devoir. Aller voir, par exemple, ce qui se passe dans les Abruzzes après le tremblement de terre. Ou suivre le déroulement d'affaires criminelles, surtout lorsqu'elles permettent d'enrichir certains et sèment la mort pour de nombreuses, de très nombreuses générations, comme ce fut le cas avec les déchets toxiques ensevelis sur chaque parcelle de ma terre. Je n'ai plus peur de recourir à tous les moyens – télévision,

Internet, radio, musique, cinéma, théâtre. Je crois que les médias, quand on les utilise sans ruse ni cynisme, sont exactement ce que leur nom signifie : des moyens, *qui permettent de briser la croûte d'indifférence, d'amplifier ce qui devrait déjà, souvent, hurler de soi-même au ciel.*

Le titre de ce livre veut dire une chose très simple. D'un côté, il existe la liberté et la beauté nécessaires pour qui veut écrire et vivre ; de l'autre, leur contraire, leur négation – l'enfer, qui semble toujours prévaloir. Dans l'un de ses livres majeurs, L'Homme révolté, *Albert Camus, un écrivain que j'aime beaucoup, raconte l'histoire d'un sous-lieutenant allemand prisonnier en Sibérie, dans un camp où « régnaient le froid et la faim », et qui « s'était construit, avec des touches de bois, un piano silencieux. Là, dans l'entassement de la misère, au milieu d'une cohue en haillons, il composait une étrange musique qu'il était seul à entendre ». « Ainsi, poursuit Camus, jetées dans l'enfer, de mystérieuses mélodies et les images cruelles de la beauté enfuie nous apporteraient toujours, au milieu du crime et de la folie, l'écho de cette insurrection harmonieuse qui témoigne au long des siècles pour la grandeur humaine. » Et, tout de suite après, il ajoute cette petite phrase, à laquelle il ne semble pas donner un poids particulier. Pour moi, au contraire, cette phrase est lourde de sens. Sans doute aussi parce qu'elle fait résonner en moi les paroles inoubliables d'un homme, Giovanni Falcone*[1],

1. Giovanni Falcone (1939-1992) : juge d'instruction qui consacra l'essentiel de son action à la lutte contre la Mafia et à la compréhension de son organisation, entre autres grâce à la collaboration d'un repenti, Tommaso Buscetta. Il fut l'instigateur du « maxi-procès » de Palerme qui aboutit, en 1987, à la condamnation de très nombreux mafieux. Discrédité par certains de ses collègues et par des politiques, il finit isolé, et trouva la mort dans un attentat à la bombe, à Capaci, en Sicile, le 23 mai 1992. *(Toutes les notes sont de la traductrice.)*

qui a dit, un jour, que la Mafia est un phénomène humain et que, comme tous les phénomènes humains, elle a un commencement et aura donc une fin. Voici alors ce que Camus écrit : « Mais l'enfer n'a qu'un temps, la vie recommence un jour[1]. »

C'est ce que je crois, espère, veux et désire, moi aussi.

1. Albert Camus, *L'Homme révolté* in *Essais* (Gallimard, La Pléiade, 1965).

SUD

Lettre à ma terre

Les responsables ont des noms. Ils ont des visages. Peut-être même une âme. Ou peut-être pas. Giuseppe Setola, Alessandro Cirillo, Oreste Spagnuolo, Giovanni Letizia, Emilio Di Caterino, Pietro Vargas mènent une sorte de guérilla extrêmement violente. Ils tiennent leur légitimité des parrains en cavale, Michele Zagaria et Antonio Iovine, et se cachent dans les environs de Lago Patria. Entre eux, ils doivent se prendre pour des combattants solitaires, des guerriers qui font payer les autres, ultimes vengeurs d'une des terres les plus malheureuses et les plus violentes d'Europe. C'est certainement ce qu'ils se racontent.

Mais, en réalité, Giuseppe Setola, Alessandro Cirillo, Oreste Spagnuolo, Giovanni Letizia, Emilio Di Caterina et Pietro Vargas sont des lâches : des assassins sans aucun génie militaire. Pour tuer, ils vident frénétiquement leurs chargeurs ; pour se remonter à bloc, ils se shootent à la cocaïne et s'imbibent de Fernet Branca et de vodka. Ils tirent sur des personnes désarmées, qu'ils cueillent par surprise. Ils n'ont jamais affronté d'hommes armés. Ils trembleraient devant eux, au lieu de quoi ils fanfaronnent quand ils tuent des gens sans défense, le plus souvent des personnes âgées ou de jeunes garçons.

Et je me pose cette question : comment est-il possible que, sur votre terre, sur notre terre, une poignée de tueurs agisse impunément depuis des mois, assassinant surtout des innocents ? Ils sont cinq ou six tueurs, toujours les mêmes. C'est ma question : comment cette terre se voit-elle, quelle représentation a-t-elle d'elle-même, quelle image ? Et vous, quelle image avez-vous de votre terre, de votre pays ? Comment vous sentez-vous quand vous allez au travail, quand vous vous promenez, quand vous faites l'amour ? Est-ce que vous vous posez au moins la question, ou vous suffit-il de dire : « Ça a toujours été ainsi et ce sera toujours ainsi » ?

Vous suffit-il vraiment de croire que rien de ce qui arrive ne dépend de votre engagement ou de votre indignation ? Que tout le monde, au fond, s'en sort, alors autant vivre son petit quotidien, et voilà tout ? Cela vous suffit-il pour aller de l'avant ? Vous suffit-il de dire : « Je ne fais rien de mal, je suis quelqu'un d'honnête » pour vous sentir innocent ? Pour que ce que vous apprenez glisse sur votre peau et sur votre âme ? Il en a toujours été ainsi, non ? Peut-être êtes-vous de ceux que tranquillise le fait de déléguer à d'autres, associations, Église, militants, journalistes, la tâche de dénoncer ? Une tranquillité relative qui vous permet de dormir, peut-être pas heureux, mais en paix ? Cela vous suffit-il vraiment ?

Ce groupe armé a tué principalement des innocents. Dans tout autre pays, la liberté d'action d'une telle bande d'assassins aurait engendré des débats, des querelles politiques, des réflexions. Alors qu'ici, il ne s'agit que de crimes consubstantiels à un territoire considéré comme le trou du cul de l'Italie. Et donc, les enquêteurs, les carabiniers, les policiers et les quelques journalistes qui suivent ces affaires se retrouvent seuls. N'importe quel lecteur de journal, dans le reste du pays, sait que les tueurs recourent toujours aux mêmes méthodes : ils se font passer pour des policiers. Ils ont un gyrophare et une palette, ils disent qu'ils sont de la DIA[1] ou qu'ils procèdent à un contrôle de papiers. Ils recourent à une ruse grossière pour tuer plus facilement. Et ils vivent comme des bêtes, dans des élevages de bufflonnes, des maisons de banlieue, des garages.

Ils ont déjà tué seize personnes. La tuerie débute le 2 mai 2008, vers six heures du matin, dans un élevage de bufflonnes à Cancello Arnone. Ils tuent le père du repenti Domenico Bidognetti, cousin et ancien fidèle de « Cicciotto 'e mezzanotte[2] ». Umberto Bidognetti avait soixante-neuf ans, et était la plupart du temps accompagné du fils de Mimì, qui, ce matin-là, n'avait pas réussi à sortir de son lit pour aider son grand-père.

Le 15 mai, ils tuent à Baia Verde, commune de Castel Volturno, Domenico Noviello, soixante-cinq ans, propriétaire d'une auto-école. Huit ans auparavant, Domenico Noviello avait refusé de se laisser racketter. Il avait d'abord été sous protection policière, puis la période de protection avait pris fin. Il

1. Direzione Investigativa Antimafia, organisme d'enquête spécialisé dépendant du ministère de l'Intérieur, créé en 1992 après la mort du juge Falcone, pour lutter contre la Mafia.
2. Le grassouillet de minuit.

ne savait pas qu'il était devenu une cible, il ne s'y attendait pas. Ils tirent sur lui vingt coups de feu, alors qu'il se rendait au café à bord de sa Panda, avant d'ouvrir son auto-école. Cet assassinat est également un message adressé à la police, qui devait justement célébrer sa fête à Casal di Principe, trois jours plus tard. Un message sans aucune ambiguïté : même au bout de dix ans, les Casalesi n'oublient pas.

Auparavant, le 13 mai, ils ont incendié la fabrique de matelas de Pietro Russo, à Santa Maria Capua Vetere. C'est la seule de toutes leurs cibles qui vit sous escorte policière pour avoir tenté d'organiser, avec Tano Grasso, une résistance au racket sur la terre « casalese ». Le 30 mai, à Villaricca, ils blessent mortellement au ventre une jeune fille de vingt-cinq ans, Francesca Carrino, la nièce d'Anna Carrino, l'ancienne compagne de Francesco Bidognetti, qui s'est repentie. Elle était à la maison avec sa mère et sa grand-mère ; c'est elle qui a ouvert la porte aux tueurs qui se sont présentés comme des agents de la DIA.

À peine un jour plus tard, à Casal di Principe, ils tuent Michele Orsini, un proche du clan, qui dirige une usine de retraitement des déchets, alors qu'il s'apprêtait à aller au Roxy Bar après le déjeuner ; arrêté l'année précédente, il avait commencé à collaborer avec la magistrature, révélant les collusions entre traitement des déchets, milieu politique et Camorra[1]. Le meurtre de ce notable fait beaucoup de bruit, suscite des polémiques, les représentants

1. Organisation criminelle de Campanie.

de l'État haussent le ton, mais les tueurs courent toujours.

Le 11 juillet, sur la plage de l'établissement balnéaire La Fiorente, à Varcaturo, ils liquident Raffaele Granata, soixante-dix ans, le gérant ; son fils est maire de Calvizzano. Lui aussi paie pour ne pas avoir obéi au clan, quelques années auparavant. Le 4 août, ils assassinent à la terrasse du bar Kubana, à Castel Volturno, Ziber Dani et Arthur Kazani. Le 21 août, c'est Ramis Doda, vingt-cinq ans, qui tombe devant le Freedom à San Marcellino. Cette fois, les victimes sont des Albanais qui arrondissaient leurs fins de mois en dealant de la drogue, mais qui possédaient un permis de séjour et travaillaient comme maçons et peintres en bâtiment sur les chantiers.

Le 18 août, ils ouvrent le feu avec une violence inouïe contre la villa de Teddy Egonwman, le président des Nigérians de Campanie, le blessant grièvement, ainsi que sa femme Alice et trois de leurs amis.

Le 12 septembre, les revoilà à San Marcellino pour tuer Antonio Ciardullo et Ernesto Fabozzi, sauvagement assassinés alors qu'ils assuraient la maintenance de camions dans la société de transports du premier. Lui aussi avait refusé d'obéir ; l'autre, à côté, a été tué en tant que témoin.

Enfin, le 18 septembre, ils criblent de balles Antonio Celiento, le propriétaire d'une salle de jeux à Baia Verde, avant d'ouvrir le feu, moins d'un quart d'heure plus tard, sur un groupe d'Africains, devant l'atelier de couture Ob Ob Exotic Fashion à Castel Volturno. Ils tirent, au revolver et à la kalachnikov, une centaine de balles. Les victimes :

Samuel Kwaku, vingt-six ans, et Alaj Ababa, Togolais ; Cristopher Adams et Alex Geemes, vingt-huit ans, Libériens ; Kwame Yulius Francis, trente et un ans, et Eric Yeboah, vingt-cinq ans, Ghanéens ; quant à Joseph Ayimbora, trente-quatre ans, lui aussi du Ghana, il est hospitalisé dans un état grave. Seuls un ou deux d'entre eux ont peut-être des liens avec le trafic de drogue ; les autres étaient là par hasard, ils travaillaient dur sur les chantiers ou ailleurs, comme dans cet atelier de couture.

Seize victimes en moins de six mois. Cela aurait fait vaciller n'importe quelle autre démocratie. Chez nous, on n'en a même pas parlé. À Rome, pas plus qu'au Nord, personne n'a rien su de cette boucherie, de ce terrorisme qui ne parle pas arabe, qui n'affiche pas d'étoile à cinq branches, mais qui commande et domine ici sans rencontrer de résistance. Ils tuent quiconque s'oppose à eux. Ils tuent tous ceux qui se trouvent à portée de tir, sans égard pour personne. La liste de leurs victimes pourrait être plus longue encore, beaucoup plus longue. Et durant tous ces mois, personne n'a alerté l'opinion publique sur cet escadron de la mort qui procédait comme les chaluts en haute mer, encerclant le poisson pour le faire tomber dans les filets. Mais ici, ce sont des hommes qui tombent, pas des poissons. Personne n'a révélé leurs noms jusqu'au massacre de Castel Volturno.

Pourtant, ce sont toujours les mêmes, ils utilisent toujours les mêmes armes, bien qu'ils essaient de les modifier pour tromper la police scientifique, ce qui signifie qu'ils en ont peu. Ils n'entrent pas en contact avec leurs familles, vivent exclusivement entre eux. De temps en temps, quelqu'un les aperçoit dans un bar de village où ils viennent se saouler. Et depuis six mois personne n'est arrivé à leur mettre la main dessus.

Castel Volturno, où s'est déroulée la plupart de ces assassinats, n'est pas un endroit particulier. Ce n'est pas une zone défavorisée, un ghetto de parias socialement abandonnés, comme on en voit ailleurs, même si certaines zones ressemblent aujourd'hui davantage à des *townships* sud-africains qu'à la station balnéaire pour laquelle ses villas ont été construites. Castel Volturno, c'est le lieu où le clan Coppola a édifié la plus grande forteresse illégale du monde, le célèbre Villaggio Coppola.

Huit cent soixante-trois mille mètres carrés de béton, coulé de manière totalement illégale sur une des plus grandes pinèdes du bassin méditerranéen. Illégal, l'hôpital ; illégale, la caserne des carabiniers ; illégale, la poste. Tout est illégal. Ce sont les familles des soldats de l'OTAN qui sont allées y habiter. Lorsqu'elles sont parties, à la fin de la guerre froide, le lieu est tombé à l'abandon, pour devenir à la fois le fief de Francesco Bidognetti et le territoire de la mafia nigériane.

La mafia nigériane est puissante, et les Casalesi avaient tout intérêt à s'allier à elle ; le Nigeria est devenu une importante plaque tournante du trafic international de cocaïne. Les organisations nigérianes sont redoutables, elles investissent principalement dans les *money transfer*, qui voient passer les fonds que les immigrés du monde entier envoient à leurs familles restées au pays. Cela leur permet d'exercer un contrôle sur l'argent et les personnes.

C'est par Castel Volturno que transite la coke africaine, qui part essentiellement vers l'Angleterre. Les taxes sur ce trafic sont imposées par les clans : il s'agit non seulement du *pizzo*[1] pris sur la vente au détail, mais d'accords de type *joint-venture*. Et aujourd'hui, les Nigérians sont puissants, extrêmement puissants. Comme la mafia albanaise, avec laquelle les Casalesi ont également des liens.

Quand le clan se délite, quand il craint de perdre sa mainmise sur le territoire, les escadrons de la mort interviennent. Ils tuent le menu fretin pour intimider les Albanais, frappent des Africains, dont aucun d'ailleurs ne vient du Nigeria, choisissent les échelons les plus bas de la hiérarchie ethnique et criminelle. Des garçons honnêtes meurent mais, comme toujours sur cette terre, on peut mourir sans aucune raison.

On est diffamé en un rien de temps. Les jeunes Africains qui ont été tués sont aussitôt devenus des « dealers », de même qu'on a appelé « camorristes » Giuseppe Rovescio et Vincenzo Natale, tués à Villa Literno, le 23 septembre 2003, parce qu'ils s'étaient arrêtés pour boire une bière en compagnie de Vincenzo Galoppo, affilié au clan Bidognetti. Eux aussi furent aussitôt qualifiés de « criminels ».

Ce n'est pas la première fois que, dans ce coin-là, on commet un massacre d'immigrés. En 1990, Augusto La Torre, parrain de Mondragone, fit, avec ses fidèles, une descente dans un bar qui, bien que géré par des Italiens, était devenu un lieu de rencontre pour les dealers africains. Tout se passait le

1. Dans le langage de la Mafia et de la Camorra, somme extorquée aux commerçants, aux entrepreneurs...

long de la via Domitiana, à Pescopagano, à quelques kilomètres au nord de Castel Volturno, mais déjà sur le territoire de Mondragone. Ils tuèrent six personnes, entre autres le gérant et son fils de quatorze ans, dont la colonne vertébrale fut brisée par un projectile. Ce fut, là aussi, le point culminant d'une série d'actions contre des étrangers, mais les Casalesi, pourtant favorables aux intimidations, n'apprécièrent pas ce massacre. La Torre fut lourdement critiquée par Francesco Schiavone, dit « Sandokan ». Aujourd'hui, en revanche, les temps ont changé et un groupe de cocaïnomanes armés peut exercer une violence aveugle.

Une fois de plus, je demande à ma terre quelle image elle a d'elle-même. Je le demande aussi à toutes les associations de femmes et d'hommes qui travaillent, en silence, et s'engagent ici. Aux quelques politiciens qui parviennent à rester crédibles, qui résistent aux tentations de la collusion ou du renoncement à la lutte contre le pouvoir des clans. À tous ceux qui font correctement leur travail, à tous ceux qui essaient de vivre honnêtement, comme n'importe où ailleurs dans le monde. À toutes ces personnes. Qui sont de plus en plus nombreuses, mais de plus en plus seules.

Comment vous représentez-vous cette terre ? S'il est vrai, comme le dit Danilo Dolci[1], que chacun ne grandit que s'il est rêvé, vous-même, comment les rêvez-vous, ces lieux ? Il n'y a jamais eu autant d'attention portée à nos terres, à ce qui s'y est passé et à ce qui s'y passe. Et pourtant, il semble que bien

1. Danilo Dolci (1924-1997), sociologue, poète et activiste italien, apôtre de la non-violence.

peu de choses aient changé. Les deux parrains qui commandaient continuent à le faire, ils sont toujours en liberté, Antonio Iovine et Michele Zagaria. Douze ans de cavale. Eux aussi, on sait où ils vivent. Le premier est à San Cipriano d'Aversa, le second à Casapesenna. Est-il possible que l'on n'arrive pas à les débusquer, sur un territoire grand comme un mouchoir de poche ?

C'est une vieille histoire que celle des condamnés en cavale, recherchés dans le monde entier, et que l'on retrouve chez eux. Mais ce qui est nouveau, c'est qu'on a parlé de ceux-là, à plusieurs reprises, dans les journaux et à la télévision, et que des politiciens de tout bord ont promis qu'ils les feraient arrêter. Et entre-temps, les mois passent, et rien ne se produit. Et ils sont là. Ils se promènent, bavardent, rencontrent des gens.

Sur ma terre, j'ai vu apparaître des inscriptions diffamatoires sur mon compte : « Saviano est une merde. » « Saviano est un ver. » J'ai vu un énorme cercueil avec mon nom. J'entends aussi les insultes, le dénigrement continuel, à commencer par l'attaque la plus fréquente et banale : « Celui-là, il s'en est mis plein les poches. » Mon travail d'écrivain me permet aujourd'hui de vivre et, heureusement, de me payer des avocats.

Et eux ? Eux qui dirigent des empires économiques et qui se font construire des villas pharaoniques dans des villages où il n'y a même pas de routes goudronnées ? Eux qui, grâce au recyclage des déchets toxiques, sont parvenus, en une seule opération, à encaisser jusqu'à cinq cents millions d'euros et qui ont truffé notre terre de poisons, au point de faire augmenter le nombre de certains cancers de 24 %, et les malformations congénitales de 84 % ? C'est de l'argent bien réel qu'ils se font, et qui, selon l'Observatoire épidémiologique de Campanie, entraîne dans cette région une moyenne annuelle de 7 172,5 cancers mortels. Et ce serait moi qui m'enrichirais, avec mes paroles, grâce aux malheurs de cette terre, ou les carabiniers et les magistrats, les journalistes et tous ceux qui, avec leurs livres ou leurs films ou d'autres moyens, ne cessent de dénoncer ? Comment peut-on en arriver à un tel renversement de perspective ? Comment d'honnêtes gens peuvent-ils se joindre à ce chœur ? J'ai beau connaître ma terre, j'en reste incrédule et effaré, et tellement blessé que j'ai du mal à parler.

Car la douleur mène au silence, l'hostilité conduit à ne pas savoir à qui parler. Et alors, à qui dois-je m'adresser ? Comment faire pour dire à ma terre de ne plus se laisser écraser par l'arrogance des puissants et la couardise des faibles ?

Aujourd'hui, dans la pièce où je me trouve, hôte de ceux qui me protègent, c'est mon anniversaire. Je pense à tous les anniversaires passés ainsi depuis que je vis sous escorte, un peu nerveux, un peu triste et surtout seul.

Je pense que je ne pourrai plus jamais passer un anniversaire normal sur ma terre, que je ne pourrai plus jamais y remettre les pieds. Je regrette, comme un malade sans espoir, tous les anniversaires négligés, snobés parce que ça n'était qu'une date comme une autre, et que l'an prochain ce serait la même chose. Désormais, un gouffre s'est ouvert dans le temps et dans l'espace, une blessure qui ne pourra plus jamais se refermer. Et je pense aussi et surtout à ceux qui vivent la même situation que moi et qui n'ont pas, comme moi, le privilège de pouvoir l'écrire, de toucher un vaste public.

Je pense à d'autres amis sous protection policière, Raffaele, Rosaria, Lirio, Tano, je pense à Carmelina, l'institutrice de Mondragone, qui avait dénoncé l'assassin d'un camorriste et qui, depuis, vit sous protection, loin de chez elle, seule. Quittée par son fiancé qu'elle devait épouser, jugée par ses amis qui se sentent écrasés par son courage et par leur propre médiocrité. Car il n'y a pas eu de solidarité à son égard, au contraire, on l'a critiquée et abandonnée. Elle n'a fait que suivre la voix de sa conscience, et elle a dû se débrouiller avec le maigre salaire que lui donne l'État.

Qu'ont-ils fait, Carmelina et les autres, pour voir leur vie détruite et déracinée, pendant que les parrains en cavale vivent toujours sur leurs terres, protégés et respectés ? Et je demande à ma terre : que nous reste-t-il ? Dites-le-moi. Surnager ? Faire comme si de rien n'était ? Fouler des escaliers d'hôpitaux lavés par leurs coopératives de nettoyage, mettre dans le réservoir de la voiture l'essence de leurs distributeurs ? Vivre dans les maisons qu'ils ont construites, boire le café de la marque qu'ils ont imposée (chaque marque de café, pour être vendue dans les bars, doit avoir l'autorisation des clans), cuisiner dans leurs casseroles (le clan Tavoletta gérait la production et la vente des marques de casseroles les plus prestigieuses) ?

Manger leur pain, leur mozzarella, leurs légumes ? Voter pour leurs hommes politiques qui, comme le déclarent les repentis, accèdent aux plus hautes charges nationales ? Travailler dans leurs centres commerciaux, construits pour créer des emplois et la soumission liée à l'emploi ? Mais de toute façon, il n'y a aucune perte, puisque la plupart des magasins leur appartiennent. Êtes-vous fiers de vivre sur un territoire qui possède à la fois les plus grands centres commerciaux du monde et l'un des taux de pauvreté les plus élevés ? De passer votre temps dans des magasins autorisés et gérés par eux ? De vous asseoir au café à côté de leurs enfants, des enfants de leurs avocats, des enfants de leurs cols blancs ? Peut-être même les considérez-vous comme sympathiques et innocents, agréables, somme toute, car au fond ce ne sont que des gamins, en quoi seraient-ils responsables de leurs pères ?

Et, en effet, il ne s'agit pas de désigner des coupables, mais de cesser d'accepter et de toujours subir, cesser de penser qu'au moins l'ordre règne, qu'au moins il y a du travail, et qu'il suffit de ne pas gratter, de ne pas soulever le voile, de continuer à avancer sur son chemin. Qu'il suffit de se comporter ainsi : sur notre terre, on est déjà dans le meilleur des mondes possibles, ou peut-être pas, mais dans le seul monde possible, sûrement.

Combien de temps devons-nous encore attendre ? Pendant combien de temps devrons-nous voir les meilleurs émigrer, et les résignés rester ? Êtes-vous vraiment sûrs que ce soit bien ainsi ? Que les soirées que vous passez à flirter, à rire, à vous disputer, à maudire la puanteur des ordures brûlées, à bavarder entre vous, peuvent suffire ? Vous voulez une vie simple, normale, faite de petites choses, pendant que, autour de vous, se déroule une véritable guerre, pendant que ceux qui refusent de subir, qui dénoncent et qui parlent perdent tout. Comment avons-nous pu devenir aussi aveugles ? Aussi asservis et résignés, aussi soumis ? Comment est-il possible que seuls, les derniers des derniers, les Africains de Castel Volturno, victimes de l'exploitation et de la violence des clans italiens et d'autres clans africains, aient été capables, une fois, d'exprimer plus de rage que de peur et de résignation ? Je ne peux pas croire qu'un Sud aussi riche de talents puisse vraiment se contenter de cela.

La Calabre possède le PIB le plus bas d'Italie, mais « Cosa Nuova », c'est-à-dire la 'Ndrangheta[1], affiche un chiffre d'affaires égal, voire supérieur, à celui d'une entreprise financière italienne. Alitalia est peut-être en crise, mais à Grazzanise, sur un territoire gangrené par la Camorra, on s'apprête à construire le plus grand aéroport italien, le plus vaste du bassin méditerranéen. Une terre condamnée à faire circuler des capitaux pharamineux alors que son développement est nul ; et sur laquelle, au contraire, argent, profit et béton ont le goût du saccage, et non celui de la croissance.

Je ne peux pas croire que seuls quelques individus exceptionnels parviennent à résister. Que dénoncer ces abus n'incombe, désormais, qu'à quelques personnes – prêtres, enseignants, médecins, rares politiciens honnêtes – et aux groupes qui tiennent lieu de société civile. Et le reste ? Les autres restent sagement cois, tétanisés par la peur ? La peur. L'alibi principal. Elle donne bonne conscience à chacun, parce que c'est en son nom que l'on protège sa famille, ses êtres chers, sa propre vie innocente, et le droit, sacro-saint, de la vivre et de la construire.

1. Organisation criminelle calabraise.

Et pourtant, il ne serait pas difficile de ne plus avoir peur. Il suffirait d'agir, mais pas seul. La peur va de pair avec l'isolement. Chaque fois que quelqu'un se dérobe, il engendre une autre peur, qui en engendre d'autres à son tour, en un crescendo exponentiel qui fige, érode, détruit lentement.

« Peut-on édifier le bonheur du monde sur le dos d'un seul enfant maltraité ? » demande Ivan Karamazov à son frère Aliocha. Mais vous, vous ne voulez pas un monde parfait, vous voulez juste une vie simple et tranquille, un quotidien acceptable, la chaleur d'une famille. Vous vous dites que, si vous vous en contentez, vous serez à l'abri de l'angoisse et de la douleur. Et peut-être y parvenez-vous, vous parvenez à trouver un espace de sérénité. Mais à quel prix ?

Quand vous verrez vos enfants naître avec des problèmes de santé ou tomber malades ; quand, pour obtenir le travail sans lequel vos modestes rêves et projets tomberont à l'eau, vous devrez vous adresser à un politicien qui vous l'accordera en échange de votre bulletin de vote ; quand vous aurez du mal à obtenir un prêt pour votre maison, alors que les directeurs de votre banque seront de plus en plus disponibles pour ceux qui commandent ; quand vous verrez tout cela, peut-être vous rendrez-vous compte qu'il n'y a pas de refuge, qu'il n'existe aucun milieu protégé, et que cette attitude que vous pensiez réaliste et sagement désenchantée vous a empoisonné l'âme d'un ressentiment et d'une rancœur qui ôtent toute saveur à la vie. Tout cela est triste, mais ce qui est pire encore, c'est l'habitude. S'habituer au fait qu'il n'y a rien d'autre à faire que se résigner, s'adapter ou partir.

Je demande à ma terre si elle peut encore imaginer qu'elle peut choisir. Je lui demande si elle est capable d'accomplir au moins ce premier geste de liberté qui consiste à pouvoir se penser autrement, se penser libre. À ne pas se résigner à accepter comme un destin naturel ce qui est, au contraire, l'œuvre des hommes.

Ces hommes peuvent vous arracher à votre terre et à votre passé, vous ôter toute sérénité, vous empêcher de trouver une maison, vous insulter sur les murs de votre village, ils peuvent faire le désert autour de vous. Mais ils ne peuvent extirper de vous ce qui reste une certitude et, partant, un espoir. Il n'est pas juste, il n'est absolument pas naturel de soumettre un territoire à la violence et à l'exploitation sans frein. Et ce n'est pas parce qu'il en a toujours été ainsi que les choses doivent continuer. Y compris parce qu'il est faux de dire que rien ne change : tout ne fait qu'empirer.

Car la dévastation croît en proportion de leurs affaires ; elle est aussi irréversible que l'empoisonnement de la terre, elle ne connaît pas de limite. Car, là dehors, rôdent six tueurs abrutis et drogués, avec licence d'assassiner, et que rien n'arrête. Car ce qui règne aujourd'hui sur ces terres et ce qui les attend demain, après-demain, dans l'avenir, est à leur image et ressemblance. Il faut trouver la force de changer. Maintenant, ou jamais.

Miriam Makeba : la rage de la fraternité

« Qu'est-ce que le blues ? » demande l'écrivain afro-américain Ralph Ellison. Le blues, c'est ce que les Noirs possèdent à la place de la liberté.

Après avoir appris la mort de Miriam Makeba, cette phrase m'est immédiatement venue à l'esprit. Pendant de nombreuses années, Mama Africa a incarné, pour les Sud-Africains, la liberté : elle a été leur voix. En 1963, elle a apporté son propre témoignage au Comité contre l'apartheid des Nations Unies. En guise de réponse, le gouvernement sud-africain a interdit ses disques et condamné Miriam à l'exil. Trente ans d'exil.

À partir de ce moment, sa vie s'est faite témoignage de son engagement politique et social, vie itinérante, comme sa musique interdite.

Durant les perquisitions chez les militants du parti de Nelson Mandela, ses disques étaient saisis, considérés comme une preuve d'activité subversive. Posséder cette voix sur disque suffisait à vous faire arrêter par la police blanche sud-africaine. Mais le pouvoir de sa musique lui a conféré une citoyenneté universelle, il a fait de l'Afrique du Sud une terre qui appartient à tout le monde. Il a surtout fait de l'enfer de l'apartheid un enfer qui concerne tout le monde.

Dans les années 1960, Miriam Makeba se retrouve aux États-Unis, où elle tombe amoureuse de Stokely Carmichael, le leader des Black Panthers. Alors, les maisons de disques américaines annulent ses contrats, car Mama Africa ne se bat pas avec les moyens des militants politiques, mais avec sa voix. Et cela fait peur. Elle touche les gens grâce à sa musique, grâce à des succès mondiaux comme « Pata Pata » sur lesquels tout le monde danse, qui plaisent à tous, pleins d'une force explosive et vitale, que le gouvernement de l'apartheid et les racistes du monde entier ne savent ni endiguer ni combattre.

C'est ainsi que, à soixante-seize ans, elle est venue chanter dans cet endroit oublié de Dieu, où des personnes zélées ont organisé un concert pour apporter un peu de dignité à une terre à genoux. Et, l'autre soir, ils m'ont appelé. Checco, qui avait suivi l'organisation du concert, m'a dit que Miriam Makeba ne se sentait pas bien, « mais *la signora* veut chanter quand même ; elle veut ton livre, dans l'édition américaine, dans sa loge. Robbè, elle a du cran ! ».

Lorsqu'on m'avait dit que Miriam Makeba avait accepté de venir chanter à Castel Volturno pour moi aussi, pour le concert de clôture des États généraux des écoles du *Mezzogiorno*, j'avais tout d'abord eu du mal à le croire. Elle cependant, qui, durant toutes ces années, avait lutté et voyagé, chantant en Afrique et dans le monde, voulait venir dans ce coin perdu où, moins de deux mois auparavant, six Africains avaient été massacrés. Pour elle, c'étaient des Africains, et non des Ghanéens, des Ivoiriens ou des Togolais, dans cet idéal panafricain qui était celui de Lumumba et qui semble aujourd'hui plus que jamais disparu.

Mama Africa s'est produite à quelques mètres du lieu où a été assassiné l'entrepreneur Domenico Noviello, un innocent, né sur cette terre mais mort dans la solitude, sans aucune manifestation collective de révolte ni de fraternité.

La mort de Miriam Makeba, venue me témoigner sa solidarité et son soutien auprès des communautés africaine et italienne dans leur résistance au pouvoir des clans, a été pour moi une immense douleur. Aussi immense que ma stupéfaction devant la démonstration de passion et de force de cette terre lointaine qu'est l'Afrique du Sud, une terre qui m'avait déjà exprimé, ces derniers mois, sa sympathie par la voix de l'archevêque Desmond Tutu. Avec leur histoire, des personnages comme Desmond Tutu ou Miriam Makeba savent, mieux que les autres, que c'est grâce aux regards portés par le monde qu'il est possible de trouver des solutions, grâce à l'attention et à l'adhésion à des causes qui, même lointaines, nous touchent. Et non en s'isolant, en s'enfermant dans l'indifférence ou dans l'ignorance réciproque.

L'Afrique du Sud subit une énorme pression des cartels criminels, mais ses intellectuels et ses artistes continuent d'être vigilants, dynamiques et combatifs. Desmond Tutu lui-même a défini l'Afrique du Sud comme une *rainbow nation*, une nation arc-en-ciel, lançant le rêve d'une terre beaucoup plus variée, riche et colorée, et prônant bien davantage qu'un simple renversement de pouvoirs entre Blancs et Noirs. Miriam Makeba était, et reste, la voix de ce rêve. S'il existe une consolation, c'est de se dire qu'elle n'est pas morte loin de chez elle. Elle est morte tout près des siens, parmi les Africains de la diaspora arrivés ici par milliers, et qui se sont approprié ces lieux, en y travaillant, en y vivant, en y dormant ensemble, en y survivant dans les maisons abandonnées du Villaggio Coppola, en y construisant leur propre réalité, la « Soweto d'Italie ». Elle est morte alors qu'elle tentait d'abattre, de sa voix simple et puissante, un nouveau *township*. Miriam Makeba est morte en Afrique. Non pas l'Afrique géographique, mais celle que les siens ont apportée ici avec eux, et qui s'est mélangée à cette terre où, voilà quelques mois, elle a enseigné la rage de la dignité. Et, j'espère aussi, la rage de la fraternité.

De Scampia[1] à Cannes

Ils ont recalé Totò et Simone, les acteurs qui jouent dans le film *Gomorra* et dans les meilleurs théâtres d'Italie. Giorgio Napolitano, le président de la République, qui était allé les voir à la première et les avait ensuite salués, chacun, les avait complimentés. Le président s'était même laissé peindre le visage en noir par un Pulcinella nerveux qui s'était glissé dans le spectacle. À Cannes, au plus grand festival de cinéma du monde, ils ont remporté un des trois prix les plus prestigieux : le Grand Prix du jury. Et pourtant, au Collège Carlo Levi de Scampia, ils ont été recalés.

Je pars pour Cannes avec eux et toute la troupe, sauf Matteo Garrone, le réalisateur, qui est venu de Rome en fourgonnette. L'avion résonne des voix et des cris de Totò et de Simone, de Marco et de Ciro. De tous ceux qui ont travaillé sur le film, les coiffeurs, les costumiers, les monteurs. Mais il y a un peu d'anxiété à cause du vol, et de l'émotion à

1. Quartier construit dans les années 1970-1990, dans la banlieue nord de Naples. Le taux de chômage et de criminalité liée à la Camorra y est très élevé.

cause des jours à venir. Après l'atterrissage, nos chemins se séparent. À la descente de l'avion, l'escorte française m'attend, deux voitures blindées et trois motards : du jamais-vu. Les CRS s'empressent de me préciser qu'ils n'accompagnent pas les acteurs, ni les stars et les starlettes. « Ça, ce sont des policiers privés qui le font, pas nous », me dit le chef d'escorte, traduit par un autre policier dans un drôle de napolitain, un napolitain avec l'accent français. « Je l'ai appris en écoutant Pino Daniele », m'explique-t-il ; il ajoute qu'il l'a perfectionné en servant d'interprète à Vincenzo Mazzarella, un camorriste de San Giovanni a Teduccio, arrêté justement à Cannes il y a quelque temps. Les autres profitent de l'occasion pour me rappeler que la ville est particulièrement appréciée des mafieux. Et en effet, ils n'ont pas l'air très rassurés.

Luigi Falchieri, un parrain de la 'Ndrangheta, a vécu ici, de 1987 jusqu'à son arrestation, en 2002. Les mafias investissent dans l'hôtellerie, les établissements balnéaires, les restaurants, et fournissent en coke vacanciers, touristes, et tous les festivaliers qui grouillent en ce moment sur la Croisette.

Sur le trottoir, devant chaque hôtel, des centaines de personnes se pressent. Avec à la main appareils photo, téléphones portables ou mini caméras. Les gens ne s'intéressent qu'aux Américains. Deneuve passe, Kusturica passe : quelques clichés, pas plus. Pire même : souvent, s'il y a derrière un de ces acteurs une star de Hollywood, les gens dans la foule font de petits gestes de la main, sans ambiguïté, comme pour dire : « Poussez-vous, dégagez de là, laissez-moi prendre une photo de la star, enlevez-vous du milieu. »

Quand les voitures du Festival arrivent, les gens collent leur nez aux vitres pour tenter de voir qui est à l'intérieur. Si ce n'est pas Johnny Depp, Tom Cruise ou Angelina Jolie, ils sont déçus et le manifestent. C'est humiliant pour les acteurs asiatiques ou européens, qui sont accueillis avec des commentaires du genre : « C'est personne. » Tony Servillo[1] s'en amuse ; il parade, très élégant, devant l'hôtel, pendant que les jeunes zooment avec leurs appareils photo pour voir qui c'est. Il leur lance de lui-même : « *Nun simme nisciun', che fotograte a fa', mo arriva Indiana Jones.* » Mais la plupart des acteurs non américains sont vexés : pour le public cannois, ils sont en quelque sorte des acteurs de second ordre. C'est que les acteurs européens peuvent être approchés, ce sont des êtres de chair et de sang, de parfum et de vêtements ; bref, ils font un métier comme un autre. Alors que les stars de Hollywood sont les derniers dieux non déchus. Quoi qu'ils fassent, quoi qu'ils disent, ce sont eux avant tout qui comptent pour la critique et pour le public. Personne ne se hasarderait à imaginer ce qu'ils gagnent, personne ne pense qu'un film médiocre ou populaire pourrait ruiner leur carrière. Ils peuvent faire absolument ce qu'ils veulent, au-delà du bien et du mal. Et c'est cette force-là qui fascine tout le monde, à Cannes. Des critiques les plus exigeants jusqu'aux touristes qui mitraillent avec leurs appareils photo numériques.

1. Acteur de théâtre et de cinéma, metteur en scène de théâtre né en 1959, près de Naples. Il a joué, entre autres, dans *Gomorra* (réalisé par Matteo Garrone, 2008) et dans *Il Divo* (Paolo Sorrentino, 2008), où il tient le rôle principal.

Le matin de notre arrivée, il n'y en a que pour Indiana Jones. Je vois Harrison Ford de près : il est plus petit que je ne l'imaginais, il a l'air d'un petit vieux un peu bouffi. Lointaine image du premier Indiana Jones que j'avais aimé, enfant, assis dans son side-car avec Sean Connery. Il a maintenant une bedaine bien prononcée, et ce décalage entre l'image immuable du personnage et celle, mortelle, de l'acteur, laisse comme un arrière-goût : tous les fans qui viennent féliciter le héros d'un film le savent bien. Les gens s'approchent de Harrison Ford, et lui se présente à eux comme Indy. Il est presque attendrissant, comme ces Pères Noël payés pour aller dans les maisons en s'exclamant : « Joyeux Noël, et tous mes vœux, mes chers enfants ! »

Je ne sais pas si je dois regretter que Totò, Simone et les autres n'aient pas vu Harrison Ford. Même sans croiser Indiana Jones, et même s'ils ne croient plus au Père Noël depuis belle lurette, les garçons de *Gomorra* sont beaucoup plus euphoriques à Cannes qu'ils ne l'ont sans doute jamais été, enfants, les veilles de Noël. À la fin de la projection de presse, la salle applaudit à tout rompre ; la conférence de presse affiche complet. Je dédie notre succès à Domenico Noviello, l'entrepreneur assassiné peu avant avant notre départ. Même si mon initiative est bien accueillie, il me faut lutter contre la sensation qu'il y a dans tout cela quelque chose d'absurde et de faux.

Dehors, les CRS à moto, les agents des forces spéciales toujours sous pression, toujours prêts à m'informer de la présence sur la Côte d'Azur des membres des pires organisations criminelles venues investir ici. Et moi, face à la crème de la critique cinématographique internationale, à côté de ceux qui ont donné vie à ce film, comme ces garçons de Montesanto[1] et de Scampia. Le plus gouailleur, c'est Ciro, rebaptisé « Pisellino[2] » par un de ses oncles, parce qu'il ressemble à l'enfant que Popeye et Olive reçoivent par colis postal. Il a un masque séculaire : son visage pâle, au long nez, évoque des maigreurs XVIIe siècle, un Pulcinella ou un saint d'un peintre espagnol. Ciro vend des fruits et des légumes à la Pignasecca, un marché du centre historique de Naples. Un métier épuisant qui oblige à se lever à l'aube, mais il est heureux, il gagne bien sa vie par rapport aux garçons de son âge, et il se tient à l'écart des embrouilles.

Les journalistes lui posent des questions pièges : « Si vous n'aviez pas été marchand de fruits et légumes, vous auriez... ? » Lui, sèchement : « J'aurais fait barman. — D'accord, mais si vous n'aviez pas été barman ? » Il comprend où ils veulent en venir. « Non, non, vous vous trompez : moi, camorriste, jamais ! À part le fric, on mène une vie horrible. Et puis, ma mère pleure encore de m'avoir vu assassiné dans le film, alors vous imaginez, si ça arrivait pour de bon ! »

On l'applaudit.

Ciro et Marco, qui sont aussi les plus âgés, viennent des quartiers populaires du centre historique, non de Scampia comme Totò et Simone. Pour eux, la vie est un peu plus facile : les histoires familiales qu'ils trimballent, même si ce n'est pas idyllique,

1. Quartier populaire du centre historique de Naples.
2. « Swee'Pea » en anglais, « Mimosa » en français.

sont un peu moins lourdes à porter. Alors que pour ces gamins de Scampia qui ont douze ou treize ans, la pièce tirée d'Aristophane et de Jarry, puis *Gomorra* et le Festival de Cannes n'auront pas seulement été des vacances en marge de leur vie déjà toute tracée. Non, ça aura été également l'occasion de goûter à une vie différente, ou, tout au moins, de réussir à l'imaginer. Comme le disait Danilo Dolci, dans son plus beau poème :

Il y a ceux qui enseignent
en guidant les autres comme des chevaux
pas à pas :
peut-être certains sont-ils satisfaits
d'être guidés ainsi.
Il y a ceux qui enseignent en louant
ce qu'ils trouvent de beau, et en amusant ;
il y a aussi ceux qui se sentent satisfaits
quand on les encourage.
Il y a aussi ceux qui éduquent, sans cacher
l'absurde qui existe dans le monde, ouverts à tout
changement mais en tâchant
d'être aussi francs avec l'autre qu'avec eux-mêmes,
rêvant les autres tels qu'ils ne sont pas maintenant :
chacun ne grandit que s'il est rêvé.

On ne les a pas rêvés, ces gamins. Et pourtant, ils se sont efforcés de montrer leur talent, de faire émerger quelque chose pour qu'on les rêve autrement que ne le fait la vie dans ces quartiers. Et je ne parle pas ici d'élèves modèles. Je ne parle pas d'écoliers sagement assis sur leur chaise, qui se donnent du mal mais qui n'y arrivent pas. Non, je parle de gamins souvent très agités, qui répondent en ricanant et sèchent les cours dès qu'ils le peuvent, de gosses qui incitent les copains à commettre les pires conneries. Mais ce n'est encore qu'un aspect du problème. Car au fond, les profs qui ont recalé Totò, Simone et les autres sont peut-être incapables de comprendre que c'est loin de l'école que ces garçons ont réussi à donner le meilleur d'eux-mêmes. À quoi sert que des jeunes en difficulté, issus de banlieues défavorisées, passent deux jours à côtoyer des stars, si on ne les autorise pas à se sentir un tout petit peu comme elles ?

Au dîner, Ciro soutient avec exaltation que Monica Bellucci ne pourra désormais plus refuser de s'approcher de lui. Il est un acteur, et pas un fan. Ils sont à présent collègues, elle et lui. Et puis, de Montesanto à la Pignasecca, on lui a toujours dit qu'il ressemblait à Vincent Cassel. Le lendemain, on croise justement Monica Bellucci. Ciro lui lance : « Tu sais, on dit que je suis le portrait craché de ton mari. » Monica l'embrasse. Elle récompense son talent d'acteur, et peut-être un peu aussi sa ressemblance avec son homme.

Ça me fait un drôle d'effet d'être ici avec eux tous, à la fois déçu par cette Cannes qui ne me semble être qu'une Riccione[1] juste un peu plus chère, pourrie et prétentieuse, et heureux de me trouver avec tous ces garçons de Naples, chose qui ne m'était pas arrivée depuis longtemps. C'est un grand cirque, Cannes. La magie du lieu, c'est que même le film le plus complexe, le réalisateur le plus exigeant ou les acteurs les plus sophistiqués

1. Ville de la côte adriatique, en Émilie-Romagne, non loin de Rimini, haut lieu du tourisme de masse depuis les années 1960.

y trouvent une visibilité, y sont entendus, ont des critiques. Le cinéma le plus subtil y côtoie le cinéma le plus populaire, les réalisateurs militants, les réalisateurs les plus conservateurs et figés ; on y croise des maîtres et des documentaristes, des réalisateurs médiocres et des géants. Petits producteurs et grands majors. Indiana Jones et Manoel de Oliveira, Marjane Satrapi et Nick Nolte. Le tout dans un équilibre qui tient du miracle. C'est une dialectique qui avantage tout le monde et ne nuit à personne. C'est incroyable. Chacun fait son travail, et le film le plus spectaculaire, comme le documentaire le plus lent et complexe, attirent public et financements.

Cette étrange alchimie résulte d'un dosage minutieux, car, à Cannes, tout est savamment équilibré. Les organisateurs donnent à chacun une égale visibilité, si bien que les films qui font recette entraînent les films plus difficiles. Les premiers peuvent être quasiment ignorés du jury et considérés par le public ; les seconds, en revanche, appréciés par la critique, atteindront le public grâce à l'appréciation du jury, répercutée par les médias du monde entier. C'est un mécanisme étrange, mais qui fonctionne ; le Festival est partie intégrante du marché, et, en même temps, il en exploite les potentialités afin de promouvoir d'autres films que les blockbusters commerciaux des majors.

Le matin, je prends mon petit déjeuner dans le hall du somptueux hôtel Majestic, mais les policiers français m'obligent à avaler en vitesse. Le jus de fruits coûte vingt euros, à peine croyable. Une jeune femme me demande si elle peut s'asseoir ; les agents la fouillent et je me sens gêné, mais comme je ne parle pas un mot de français, je ne sais pas comment leur dire de laisser tomber. Elle se met à parler de mon livre, à me poser des questions, et finit par me proposer : « Si tu es libre aujourd'hui, je passerais volontiers un peu de temps avec toi, tu me paies le retour sur Nice en taxi, huit cents euros, et ça ira. » Là, je comprends, et je lui dis : « Ils ont déplacé Nice en Corse pour que ce soit si cher. » Un peu plus tard, je demanderai des explications à un barman qui se trouve être mon compatriote. Sa réponse est on ne peut plus claire : « Toutes les filles qui se baladent dans ce hall sont des putes. » Elles viennent du monde entier, et ça me rend mélancolique de les voir accoster ainsi les propriétaires des yachts à quai. On dirait qu'elles sont avec des pères paresseux, falots, et plus ou moins systématiquement éméchés.

Sans doute est-ce l'exemple le plus criant du fait que Cannes n'a absolument rien d'élégant ni de chic ; la même vulgarité que partout ailleurs, concentrée et élevée à la puissance n. La ville la plus snob du monde n'est en fait qu'un gros village. Les visages que l'on croise, les bottes en python, les bourgeoises bronzées sont les mêmes que dans n'importe quelle ville d'Europe. Et puis, tout y est assez schizophrénique.

Marco commence à répéter que Naples lui manque. Il n'y a pas deux jours qu'il est ici, mais la nostalgie ne connaît ni limites ni horaires. Après la projection officielle, on nous emmène dîner dans une pizzeria qui s'appelle « Le Vésuve ». Matteo Garrone, le réalisateur, est fatigué, et tout ce qu'il parvient à me dire, c'est : « On s'est donné un mal fou pour éviter tout folklore dans le film, et dans tout Cannes, il fallait qu'on se retrouve ici ? » Pendant la soirée, je rumine : « Mais qu'est-ce que je fabrique ici ? » ou « Mais qu'est-ce que j'ai à voir avec tout ça ? »

Les types de l'escorte m'accompagnent dans la salle qu'on nous a réservée, on porte un toast au film, et je me rends soudain compte que je ne me suis pas retrouvé dans ce genre de situation depuis deux ans. Je me crispe. Je ne suis plus habitué. Beaucoup de monde autour de moi, sourires, verres levés. Je me crispe. J'ai l'air d'une poupée de cire, je ne suis plus habitué à manger avec d'autres personnes que mes gardes du corps. Les garçons qui jouent dans le film sont fantastiques, mais ils me traitent comme si j'étais leur employeur. Je n'ai pas grand-chose à voir avec le film, pourtant Marco s'insurge et coupe court : « Celui qui me donne du pain devient mon père. » J'éprouve un sentiment déchirant de solitude face au bonheur des autres, celui de ces garçons surtout, qui se fichent complètement de se retrouver dans la pizzeria « Le Vésuve ». Les applaudissements de ce matin, et ceux qu'ils viennent de recevoir, les ont confortés dans l'idée qu'ils ont fait quelque chose d'important, et ils sont non seulement heureux, mais fiers, à juste titre.

Pendant le voyage de retour, que je fais aussi avec les garçons, c'est encore plus le bordel qu'à l'aller. Quand Simone se met à fumer dans l'avion, c'est la panique. Du feu, de la fumée, mon Dieu, il y a quelque chose qui brûle ! « *Mannammell' a casa* », c'est-à-dire : « Envoie l'amende à la maison », répond-il avec insouciance aux hôtesses qui se précipitent et lui répètent que c'est rigoureusement interdit ; elles ne comprennent rien à son napolitain. Personne d'autre n'essaie d'allumer une cigarette, mais il y a beaucoup de manières de mettre le bazar en une heure et demie de vol. Un steward finit par trouver le bon truc pour les calmer : « Des stars comme vous, comment pouvez-vous vous conduire ainsi ! » Et pour le peu de temps que ça marche, à la barbe de tout le corps enseignant de Scampia, le truc fonctionne.

Quelques jours plus tard, je suis dans la chambre de ma résidence du moment. Il fait chaud, je suis torse nu, je porte le short de l'équipe de Naples, et je ne peux pas sortir. J'ai devant moi une bouteille de bière, de la Peroni. Je reçois un coup de fil de Tiziana, de la maison de production du film, Fandango ; elle pleure, il y a beaucoup de bruit de fond, j'entends mal, elle raccroche très vite. Il paraît que nous avons gagné à Cannes ; je n'ai pas bien compris quel prix, plus tard je vérifie sur Internet. « Est-ce que ça en valait la peine ? » Puis je me dis : « Peut-être. Même si, pour moi, je n'en suis pas très sûr, pour d'autres, oui, ça en valait le coup. » Et j'avale ma dernière gorgée de bière.

Le seul moment où Cannes et le Festival n'ont pas déçu mes attentes en matière de glamour et de prestige, c'est la projection du film en soirée. Je suis obligé de mettre une cravate, chose que je n'ai jamais faite, ni pour mon diplôme, ni pour la *lectio magistralis* à Oxford. Je suis incapable de faire le nœud. Xavier, le chef de mon escorte, m'aide, un peu gêné ; entre hommes, on ne se fait pas les nœuds de cravate. J'ai décidé de ne pas participer à la montée des marches, je n'aime pas les tapis rouges et ce n'est pas mon rôle, je suis écrivain, pas acteur ni metteur en scène ; on me fait entrer dans le cinéma par une porte latérale. Je m'attendais à voir une grande salle, même une très grande, mais pas ça. Je me retrouve dans une sorte de version ultramoderne de l'amphithéâtre, avec des centaines de spectateurs face au plus grand écran du monde.

À la fin du film, on entend les notes de Massive Attack, un air auquel je tiens beaucoup, né dans la tête d'un membre du groupe, Robert Del Naja, qui a des origines napolitaines, et qui, après avoir lu *Gomorra*, a tenu à m'offrir cette musique.

Puis viennent les applaudissements. Ils commencent de manière sporadique, par à-coups, çà et là dans l'immense salle. Puis, lentement, comme les pièces d'un jeu de domino qui tombent les unes après les autres, tous les rangs se mettent à applaudir. Et ça n'arrête pas. Dès que ça cesse d'applaudir quelque part, ça recommence ailleurs encore plus fort, et la contagion atteint toute la salle, comme une vague qui monte et qui descend.

Au bout de quinze minutes d'applaudissements ininterrompus, tous les garçons pleurent. Le seul qui se retient, c'est Totò. Il a les yeux humides, mais il ne pleure pas. Je lui demande exprès : « Eh, tu pleures ? » Et lui, toujours dans son rôle : « Moi ? Tu plaisantes ! Les applaudissements, ça ne me fait absolument rien. »

Totò avait peut-être déjà tout compris. Compris que les rêves ne sont pas réels, ni à Cannes, ni à Hollywood, ni au cinéma, ni au théâtre, et pour lui nulle part au monde. Pour lui, il n'existe que Scampia. Et le reste, c'est de la fiction.

Combattre le mal par l'art

La sensation qui vous prend face aux images des documentaires ou des films de fiction de Vittorio De Seta[1] est totalement neuve. Elle frappe aux yeux, pas à l'estomac, tout au moins dans un premier temps. On dirait qu'elle ne concerne tout d'abord aucun autre sens que la vue. Les premières minutes occupent les yeux. Il faut habituer ses yeux à cette poignée de sable jetée en plein visage.

Les images sont différentes, différentes de celles qu'on voit dans les documentaires, différentes de celles qu'on voit dans les films d'action, différentes des reportages photo, différentes des fictions, différentes de l'immobilité anonyme des reportages télévisés qui se contentent de calquer la réalité. Dans les images de De Seta, il y a quelque chose d'autre.

Vittorio De Seta est le grand maître, le maître incontesté du documentaire. Mais le terme « documentaire » me paraît réducteur. De Seta ne renonce jamais à la beauté. L'alchimie de De Seta tient à sa capacité de regarder à la fois l'enfer où vivent les humains et l'extraordinaire beauté qui se dégage

1. Scénariste et réalisateur italien, né à Palerme en 1923.

de la pulsion de vie. Il ne cède jamais à la tentation de l'information exclusive, à l'esthétisme du geste. Le succès que connaît De Seta aux États-Unis, la passion de Martin Scorsese pour ses œuvres s'expliquent, à mon sens, par ce regard bicéphale, obsédé par le vrai et distrait par le beau. Distraction nécessaire pour que le spectateur devienne partie prenante du film.

Lorsque je regarde les films de De Seta, je me demande souvent comment je fais pour ne pas pleurer, pour ne pas m'émouvoir béatement avant de finir par renifler, en feignant un éternuement ou une quinte de toux. Comment parvient-on à se retenir d'être submergé par l'émotion ? Puis, tout s'explique. On participe à chaque instant, et il n'y a pas de place pour l'émotion, on est là à se gaver de vérité, à comprendre comment on survit, à deviner comment s'y prend celui qui, tel un chien qui s'empare d'un os, parvient à arracher un peu de dignité. On est à l'intérieur de *Contadini del mare* (« Paysans de la mer », 1955), on participe à *I Dimenticati* (« Les Oubliés », 1959), on ne peut pas en sortir pendant qu'on les regarde.

Ce que je crois savoir, ou tout au moins percevoir à la lumière de mon expérience, c'est que Vittorio De Seta est un maître en matière de méthode. Il entre dans ce qu'il raconte, non comme un intellectuel qui fait du tourisme sur des territoires inconnus, mais comme quelqu'un qui choisit de ne raconter que ce qu'il ressent vraiment. Ce qu'il peut dire avoir savouré, avec l'expérience et l'inexpérience de l'étude, avec son regard et des bibliographies. Ce n'est pas le simple épisode d'un voyage, d'un reportage. De Seta est dedans personnellement, il en fait lui-même partie. Sa citation préférée est une paraphrase de Maïakovski : « Le cinéma est un athlète. » Il saute, il court, il s'arrête. Il s'essouffle. Il reprend haleine. Et il rivalise avec la réalité. Non pour la dépasser, mais pour la poursuivre. J'ai toujours tenté de rester fidèle à cette image. Je crois que, pour l'écriture, c'est la même chose. Et j'ai essayé de la faire mienne. C'est la capacité de s'en sortir, de tenir bon, de s'arrêter et, surtout, de se battre, dans un combat où il ne doit pas y avoir de perdant, mais qui engendre des dynamiques nouvelles, des forces qui peuvent sortir de la page et ne pas s'enfermer dans celle-ci.

Indro Montanelli[1] – qu'il considérait comme « l'un des plus grands responsables de la mauvaise littérature du sud de l'Italie » – a, disait-il, écrit, que, en Sardaigne, il faudrait extirper les bandits du Supramonte au lance-flammes. De Seta me racontait cela avec une grimace : « Moi, j'ai utilisé un cinéma athlétique, j'ai couru entre les histoires et la réalité. J'ai réagi, je n'ai ni subi la réalité, ni joué avec elle en me donnant des airs d'intellectuel qui livre sa petite recette, sa provocation, sa petite histoire. »

De Seta n'a jamais caché son engagement en tant que metteur en scène. Ses documentaires et ses films sont toujours cités séparément ; quant à moi, je n'arrive pas à voir ce qui les différencie : la méthode est autre, mais la matière est la même. Ce sont des histoires vécues en profondeur, à la fois enquêtes, reportages, narrations : elles montrent

---

1. Indro Montanelli (1909-2001), écrivain, historien et célèbre journaliste italien.

que la réalité est créatrice et le mélange des genres fructueux. La connaissance est essentielle, c'est la condition *sine qua non* pour s'arroger le droit au récit. L'essentiel n'est pas la curiosité, mais la compréhension du mécanisme, ce qui rend nécessaire le récit. Pour le tournage de *Bandits à Orgosolo* (1961), De Seta passa neuf mois en Barbagia afin de comprendre cette terre, afin de savoir surtout comment la connaître et la raconter. Il y a toujours, chez lui, ce besoin de ne jamais séparer connaissance et récit. Il adopta la même démarche lorsqu'il tourna *Diario di un maestro* (« Journal d'un instituteur », 1973), en allant vivre dans la bourgade de Pietralata, dans cette apocalypse morale et matérielle, avec des gamins féroces mais doux et tendres sous leur écorce.

Il me reste plusieurs images des films de De Seta. Au-delà des scènes les plus tragiques, il y a les détails, étonnants, ceux qu'on ne trouve jamais dans le cinéma italien. Comme dans *Lettere dal Sahara* (« Lettres du Sahara », 2006) : la scène où le personnage principal, un jeune Sénégalais au visage sculpté dans l'ébène, face à un temple grec, saccage un mandarinier sauvage parce qu'il a faim, et arrache les fruits des branches, avec la voracité sans violence de qui est affamé et voit, dans la nourriture, la vie, non un simple repas. Vittorio De Seta est l'un des rares cinéastes à pouvoir encore raconter les besoins les plus élémentaires.

Je crois que c'est cette envie continuelle de raconter la réalité, de la faire voir et de ne pas renoncer à l'antidote au mal, qui constitue le moteur du cinéma de Vittorio De Seta. Réussir à regarder vers la beauté, et y trouver le salut. De Seta conserve un talent qui s'est lentement perdu en Italie, celui qui fit dire à Primo Levi : « Je vous impose ces paroles. Gravez-les dans votre cœur. » De Seta semble imposer à son spectateur les images dont il est en quête.

La vérité, malgré tout, existe

L'idée que *Gomorra* puisse acquérir une nouvelle dimension et devenir un spectacle semblait faire partie de son histoire. Le livre n'était pas encore sorti que je fus contacté par deux personnes, un réalisateur et un jeune comédien, qui me demandèrent s'ils pouvaient l'adapter pour le théâtre. Comme si, dès notre rencontre, ils avaient su ce qu'ils en feraient. Une sorte de nécessité. Une expérience qu'on se doit de réaliser.

J'ai aimé l'idée de confier ce travail à Mario Gelardi, un jeune metteur en scène venu du documentaire, et passionné de théâtre comme le dernier lieu où il soit encore possible d'exprimer quelque chose. Il avait réalisé des documentaires en Afrique, tournés non sans difficultés et avec très peu de moyens. C'était pour moi une garantie que de collaborer avec un réalisateur qui ait un œil de documentariste, et dans le ventre, plus encore que dans le regard, une idée claire du récit qu'il veut faire, un type qui ne se perd pas en postures. Quand nous décidâmes, avec Ivan Castiglione, d'adapter *Gomorra* pour le théâtre, j'avais justement en tête un groupe de jeunes gens et d'acteurs capables de se lance dans quelque chose de nouveau, loin des parcours habituels et des monstres sacrés de la scène.

Le théâtre est un espace autre, différent des médias, des journaux : ni lieu public, ni lieu fermé. J'aime voir inscrit le mot « civil » à son fronton[1]. En général, les metteurs en scène et les acteurs n'aiment pas ce mot, de même que les écrivains n'aiment pas qu'on accole un terme, quel qu'il soit, à celui, quasi inviolable, de « littérature ». Comme s'il le salissait. Je crois pourtant en cette union des arts, non pour la valeur ajoutée que cela apporterait à un projet artistique, mais pour repousser les limites de l'art et en combler les manques. Loin de l'art et des théâtres, ce qui manque, ce sont les enquêtes, c'est le récit de la tragédie, la cartographie des bonheurs possibles, il manque tout ce qui fait écho aux cris, il manque ceux qui réécrivent l'histoire, ceux qui trouvent les coupables, rédigent les articles, conservent les témoignages ; tous ces vides, que comblent le théâtre et la littérature et dont ils témoignent. Voilà pourquoi l'expression « *Teatro Civile* », à moi, ne me répugne pas.

C'est dans les théâtres que les gens se sont retrouvés après la catastrophe de *Tangentopoli*[2] ; c'est dans les théâtres qu'on va écouter ceux qui ne peuvent plus parler ailleurs. C'est dans les théâtres

---

1. L'expression désigne un théâtre municipal, mais « civile » signifie aussi « citoyen », « civique », « civilisé ».

2. Dans les années 1990, l'enquête *Mani Pulite* (« Mains propres ») menée par plusieurs juges de Milan – en particulier, le juge Di Pietro – mit au jour un vaste réseau de corruption et de financement illicite des partis politiques, *Tangentopoli*, impliquant tous les échelons du monde politique et financier.

qu'on discute librement des nouveaux parcours possibles, car il faut se voir en face, entendre rebondir les paroles et se sentir unis les uns aux autres physiquement, par l'odorat. C'est le paradoxe du théâtre, que le lieu du mensonge, de la représentation, de la fiction, devienne le lieu possible de la vérité.

La vérité est ma principale obsession. C'est l'obsession de mon livre. La vérité n'est pas mesurable : paramètres, preuves, résultats d'enquêtes ne disent jamais la vérité mais s'en approchent, en délimitent le champ. Ce que l'on peut, sans doute, évaluer, c'est la possibilité d'articuler la vérité, ses espaces, ses périmètres, ses conditions de production. Comprendre l'espace qui est donné à sa recherche, à la réflexion, au parcours qui permet d'aboutir à une vérité, l'argumenter, trouver le moyen de l'exprimer. Trouver surtout le moyen de la rendre claire, identifier le point de vue qui ne simplifie pas la complexité, mais la rende visible et lisible. Car la vérité, quelle qu'elle soit, doit avant tout être lue. Or, de quel espace dispose aujourd'hui la vérité, ou le récit de la vérité ? Les vérités les plus évidentes, comme celles qui sont les plus dissimulées, peuvent-elles être révélées ?

Les instituts internationaux de recherche ont pour tâche de régir chaque aspect de la vie sociale, politique et économique des différentes nations, et leur interaction au niveau global. Ils doivent sans cesse recueillir des données, les mettre à jour le plus rapidement possible, et les publier. Mais ce que ces données ne disent pas, c'est sur quels paramètres les chercheurs se sont fondés pour produire une synthèse finale. Il faut pour cela une unité de mesure, une clef de lecture des éléments recueillis séparément. Eh bien, le paramètre ultime, qui traverse cette épaisse couche de données tel un laser fulgurant, est d'une simplicité déconcertante. C'est le prix du « Big Mac », le sandwich le plus célèbre de Mac Donald's, qui sert d'étalon pour comprendre l'évolution de la croissance économique d'un pays et comparer les différences de niveau de vie à l'échelle planétaire. Plus le hamburger coûte cher, plus l'économie du pays se porte bien. De même, pour évaluer le respect des droits de l'homme, on examine le prix de vente d'une kalachnikov, l'instrument de mort le plus efficace et le plus maniable. Son prix est inversement proportionnel au respect des droits de l'homme dans un pays. Qu'il soit bon marché, et on peut être certain que les droits de l'homme sont, là, bafoués. En Somalie, une kalachnikov peut atteindre les cinquante dollars ; au Yémen, on trouve des Ak47 d'occasion à six dollars pièce.

Qu'en est-il de la vérité en Italie ? De sa possible expression, de son éventuelle recherche ? Comparable aux courbes d'un sismographe, son faible pouls est perceptible à travers quelques micro-événements, à peine mentionnés dans la presse locale, pics négligeables pour qui analyse les grandes tendances. Ce sera un juge – ou plusieurs – qui risque de sauter sur quelques kilos d'explosifs ; ce sera un prêtre contraint de quitter sa paroisse ; un autre fermement invité à mesurer ses propos pendant ses sermons sous peine de ne plus pouvoir jamais en prononcer ; un syndicaliste assassiné pour avoir défendu les droits des travailleurs, c'est-à-dire, en l'occurrence, de ceux qui ne désirent que pratiquer tranquillement leur petit commerce indépendant, parfois réduit à un étal de marché. Si je racontais tout cela à l'occasion d'un dîner, quelque part dans une ville d'Italie, mes auditeurs ne me croiraient pas. Au mieux, ils m'objecteraient qu'il s'agit de pratiques révolues, d'histoires du passé, concernant des territoires particuliers, comme la Sicile. Pourtant, je parle d'aujourd'hui ; je parle de *votre* pays.

Souvent, quand on me parle de l'Italie et de sa désorganisation, des drames de la bureaucratie, de l'urbanisation anarchique, de la circulation qui prend votre temps et votre vie, de l'Italie, partie déchue de l'Europe, mais partie de l'Europe quand même, j'ai l'impression de vivre dans un pays que je ne connais pas. Dans le pays que je connais, les droits fondamentaux de chacun sont bafoués. Prendre librement la décision de ne pas émigrer ; demander des heures supplémentaires sans être licencié ; ouvrir un magasin sans devoir nécessairement s'orienter vers un certain type de commerce ; témoigner sans craindre des représailles ; mener une enquête sans se mettre toute la région à dos... ce qui, partout ailleurs, semble fermement acquis, ce qui est inscrit dans la loi – mécanisme auquel on accède par défaut, comme diraient des informaticiens – n'a ici aucune valeur. Il existe des lieux, des situations, où certains noms sont interdits ; où faire son travail est en soi dangereux ; où le simple fait de dire, de dénoncer une erreur, un désastre, de demander, d'exiger, signifie sacrifice, risque, fuite, danger de mort. C'est cela, la vérité de ce qui se passe en Italie.

On en vient à se demander, et je me le demande souvent, si la colère ne déforme pas la vision pour ne laisser voir que le mal, débusquant ce qui était caché. Comme si cette chose à l'intérieur de l'estomac, cette chose que l'on rumine, enfermée dans le noir, sans parvenir à la faire sortir, empêchait de se détacher de la pensée, obsessionnelle, de ce qu'on ne peut pas dire ; mais comment peut-on vivre ainsi, pris en tenaille entre des pouvoirs de plus en plus invasifs qui empêchent chacun de vivre librement ? Impossible, impossible de l'ignorer.

Une expression catalane résume parfaitement à quel point il est difficile de trouver la vérité : « Après une inondation, la première chose qui manque, c'est l'eau potable. » Dans le flot des informations, comment comprendre ce qui se passe ? Celui qui cherche de l'eau potable est bien obligé de se demander ce que vaut l'eau qu'il a trouvée. Que vaut la vérité dans ce pays ? Où la trouver ? L'attention est déterminante, c'est elle qui permet de ne pas recouvrir d'oubli toutes ces histoires. Mais quand je parle d'attention, je parle de celle du récit.

Le théâtre transforme les mots en voix, donne un visage à ce qui n'en avait pas, recouvre les mots d'un manteau de chair, les incarne pour les révéler. Il leur donne un épiderme, fait que l'histoire d'un lieu devient celle de tous les lieux, qu'un visage devient tous les visages, et c'est cela que le pouvoir craint par-dessus tout. Ses ennemis n'ont peut-être plus de visage, mais chaque visage peut désormais être celui d'un ennemi.

La puissance de l'espace théâtral, où se défait la solitude, où les vérités sont faites de tympans et de sueur, de regards et de lumières, me semble plus que jamais nécessaire. Une vérité prononcée dans la solitude n'est qu'une condamnation dans bien des lieux de ce pays. Mais si elle rebondit sur une multitude de lèvres, si d'autres lèvres s'en emparent, elle cesse d'être une et se multiplie, acquiert une nouvelle dimension, une complexité, et ne peut plus être réduite à un seul visage, à un seul texte, à une seule voix. Et j'aime à penser que l'assemblée, la tablée, le banquet au cours duquel ce genre de chose peut se produire, c'est la scène. Il faudrait exiger la fin de cette attention, continuelle et débordante, que l'on accorde aux déclarations des hommes politiques, et que le récit polyphonique de ce pays trouve sa place. Il faudrait, au-delà des querelles politiques, que cette multitude de récits, qui permettent de savoir et de comprendre, devienne la condition *sine qua non* de l'accession à la citoyenneté, pour saisir les dynamiques profondes de notre pays, au-delà des empoignades politiques. Comme dans cette page de Victor Serge, où le héros, injustement condamné à la suite d'un procès dans l'Union soviétique stalinienne, maugrée entre ses dents devant ses juges corrompus : « Et pourtant, la vérité existe. »

Quand la terre tremble, le béton tue

« Nous ne permettrons pas la spéculation immobilière, écris-le. Dis-le haut et fort : nous ne permettrons pas qu'ils bétonnent tout ici ; ici, c'est nous qui déciderons comment reconstruire notre terre... » Sur le terrain de rugby, ils me disent ça. Ils me jettent ces mots à la figure. Nous sommes si près que je sens l'haleine de l'homme qui les prononce. Il me serre contre lui, me remercie d'être venu. Mais sa peur n'a pas pris fin avec le séisme.

La malédiction du tremblement de terre[1], ce n'est pas seulement la minute pendant laquelle la terre tremble, mais l'après, ce qui se passe après. Des quartiers entiers à abattre, les villages à restaurer, les hôtels à reconstruire, l'argent qui va arriver, non seulement pour panser les plaies mais pour empoisonner les âmes. La crainte des Abruzzais, c'est de voir surgir, en guise de secours, la spéculation immobilière effrénée de la reconstruction.

C'est ici, dans les Abruzzes, que j'ai repensé à

1. Ce tremblement de terre a eu lieu le 6 avril 2009, il a frappé essentiellement les Abruzzes, faisant plus de 300 morts, 1 600 blessés et 65 000 sans-abri.

l'histoire d'un enfant du pays, le philosophe Benedetto Croce, originaire de Pescasseroli, et dont toute la famille a disparu dans un tremblement de terre. « Nous étions à table pour le dîner, ma mère, ma sœur, moi, et mon père qui s'apprêtait à s'asseoir. Soudain, comme s'il était devenu très léger, j'ai vu mon père vaciller et être englouti en un instant par le sol qui s'était ouvert, et ma sœur voler en direction du toit. Terrorisé, j'ai cherché des yeux ma mère que je suis allé rejoindre sur le balcon, d'où nous sommes tombés tous les deux, puis je me suis évanoui. » Benedetto Croce est resté enseveli jusqu'au cou dans les pierres. Des heures durant, avant de mourir, son père lui avait parlé. On raconte qu'il ne lui répétait qu'une seule et unique recommandation : « Donne cent mille lires à celui qui te sauvera. »

C'est au prix d'un travail de titan que les Abruzzais s'en sont sortis ; une manière d'en finir avec les lieux communs sur la légendaire paresse des Italiens ou sur leur indifférence à la douleur d'autrui. Mais pour cette région, le prix à payer risque d'être extrêmement élevé, beaucoup plus élevé que les cent mille lires du malheureux père de Benedetto Croce. La terreur de voir se reproduire le scénario d'il y a presque trente ans en Irpinie[1] – le gaspillage, la corruption, la mainmise politique et mafieuse sur la reconstruction – ne peut atténuer l'angoisse de ceux qui savent parfaitement ce qu'est

1. Le 23 novembre 1980, un tremblement de terre s'était produit dans cette région, faisant 280 000 sans-abri, plus de 8 000 blessés et près de 3 000 morts. Les retards dans les secours, la spéculation liée à la reconstruction ont rendu cet épisode tristement célèbre.

le béton, ce que signifie l'arrivée des fonds consacrés non pas au développement de la région mais à l'urgence de la reconstruction. Ce qui, pour la population civile, est une véritable tragédie devient, pour d'autres, une formidable opportunité, une mine inépuisable, un paradis du profit. Ils sont tous là, urbanistes, géomètres, ingénieurs et architectes, sur le point d'envahir les Abruzzes avec leur béton, ils se servent d'une arme qui n'a l'air de rien, les relevés architectoniques des dégâts subis par les habitations. Ces jours-ci, ils seront distribués aux bureaux techniques des mairies de tous les chefs-lieux des Abruzzes. Des centaines de relevés pour des milliers d'inspections. Qui tient entre les mains un tel feuillet est assuré, au sein de ce système ahurissant, d'un travail très bien rémunéré.

« En pratique, me dit Antonello Caporale, plus les dégâts sont importants, plus ça rapporte. » C'est avec lui que j'arrive dans les Abruzzes ; en tant que journaliste, il a vécu le tremblement de terre en Irpinie, et il en garde, depuis, une vraie rage. Pour comprendre ce qui risque de se passer ici, il faut revenir au séisme qui a eu lieu, il y a vingt-neuf ans, dans un village non loin d'Eboli. Carmine Cocozza, l'adjoint au maire, nous explique : « À Auletta, nous sommes encore en train de solder des parcelles frappées par le tremblement de terre. Sur cent mille euros de contribution publique, on doit vingt-cinq mille euros d'honoraires techniques. » Cette année, Auletta a encore reçu des fonds gouvernementaux : quatre-vingts millions d'euros en tout. « Ma commune a reçu deux millions et demi pour financer la fin des travaux. » Difficile d'imaginer que, vingt-neuf ans plus tard, on touche encore pour la reconstruction. Mais c'est la quote-part due aux techniciens : 25 % de la somme globale. Bien entendu, tous ces calculs sont faits dans la plus grande transparence et légalité. Coût des projets, honoraires de la direction des chantiers, coûts liés à la sécurité, aux tests techniques. On atteint vite des sommes astronomiques. On ne compte plus le nombre des visites sur place. Le responsable technique fait son rapport et donne un coup de tampon. La commune ne s'occupe de rien, sauf du paiement.

Et il est là, le danger de la reconstruction. L'expertise surévalue la valeur du dommage, les financements suivent, et le jeu de l'attribution des marchés entraîne tout le cycle mafieux de la sous-traitance du béton et de l'immobiler, principalement aux mains des clans. Dans cette région, les familles de la Camorra, de la Mafia et de la 'Ndrangheta ont toujours été présentes. Et pas seulement parce que, dans les prisons des Abruzzes, se trouve le gotha des chefs de la Camorra du bâtiment. Le risque, c'est justement qu'ils parviennent à se répartir entre eux, avant les autres, les principaux marchés ; à la 'Ndrangheta, l'Exposition universelle Milan 2015, à la Camorra, la sous-traitance de la reconstruction des Abruzzes.

La seule solution serait de créer une commission de contrôle. La présidente de la province, Stefania Pezzopane, et le maire de L'Aquila, Massimo Cialente, sont très clairs : « Nous voulons être contrôlés, nous voulons qu'il y ait des commissions de contrôle... » Ici, les risques d'infiltration criminelle sont nombreux. Cela fait des années que les clans de la Camorra construisent et investissent. Et, paradoxe ironique, c'est le bâtiment qui héberge la plupart des parrains gros investisseurs dans le secteur du béton, la prison de L'Aquila, qui renferme environ quatre-vingts détenus soumis au régime de l'article 416 bis[1], qui a le mieux résisté au tremblement de terre.

Les faits sont parlants : ces dernières années, la Camorra a été omniprésente dans la région. En 2006, on a découvert que le projet de guet-apens tendu au parrain Vitale avait été conçu à Villa Rosa di Martinsicuro, dans les Abruzzes. Le 10 septembre dernier[2], on s'est rendu compte que Diego León Montoya Sánchez, l'un des dix narcotrafiquants les plus recherchés par le FBI, avait une base dans les Abruzzes. Nicola Del Villano, comptable de l'association mafieuse d'entrepreneurs des Zagaria de Casapesenna, avait toujours échappé à l'arrestation ; c'est qu'il avait fait du Parc national des Abruzzes son refuge, une base arrière à partir de laquelle il se déplaçait librement. Gianluca Bidognetti vivait lui aussi dans les Abruzzes, quand sa mère est devenue une repentie.

Les Abruzzes sont également un haut lieu du trafic des déchets. La faible densité d'habitants et l'existence de carrières abandonnées ont été des critères déterminants pour les clans qui ont monté ce business. L'enquête « Ebano » menée par les carabiniers a montré qu'à la fin des années 1990 60 000 tonnes de déchets solides urbains, provenant de Lombardie, avaient été recyclées dans les

1. Cet article prévoit un régime carcéral de haute sécurité pour les détenus mafieux.
2. Cet article a été rédigé le 14 avril 2009.

Abruzzes, sur des terrains vagues et dans des carrières désaffectées. Derrière tout cela, bien évidemment, les clans de la Camorra.

L'Aquila avait échappé, jusque-là, à la grande infiltration mafieuse. Certainement parce qu'il n'y avait pas d'opportunité juteuse. Mais aujourd'hui, c'est une vraie mine d'or qui s'ouvre. Pour l'instant, la solidarité des populations civiles sert de garde-fou. Sur le terrain de rugby du Paganica, on me montre les colis envoyés par les autres équipes d'Italie, les lits de camp installés par des rugbymen et des volontaires. Ici, le rugby est un sport sacré C'est un ballon ovale que les gamins se lancent dans l'espace entre les tentes dressées, ballon qui vole au-dessus de ma tête dès que j'arrive.

La résistance de ces gens soude volontaires et habitants. Quand il ne reste que la vie, on comprend que chaque respiration est un cadeau. C'est le message que tentent de me faire passer les survivants.

Le silence de L'Aquila est effrayant. Évacuée à l'heure du déjeuner, elle est restée figée. C'est une image incroyable. La ville est dangereuse, couverte de poussière. L'Aquila est seule. Les premiers étages des maisons sont presque tous détruits.

Je me faisais une idée totalement différente du tremblement de terre. Je croyais qu'il n'avait frappé que le centre historique ou les quartiers les plus anciens. Au contraire. C'est toute la ville qui a été touchée par la secousse. Je me devais de venir ici. On me rappelle tout de suite pourquoi : « Tu t'es souvenu que tu es de L'Aquila... », me disent-ils. L'Aquila a été l'une des premières villes, il y a quelques années, à avoir fait de moi son citoyen d'honneur. Ils s'en souviennent ici, et me le rappellent comme un devoir : pour surveiller, raconter ce qui est en train de se passer, le raconter. En garder la trace.

Je m'arrête devant la Maison des étudiants. Des jeunes et des vieux ont perdu la vie dans ce tremblement de terre. Ceux qui étaient dans leur lit et qui ont vu le plafond s'effondrer sur eux, ou ont été engloutis par le vide ; ceux qui ont tenté de s'enfuir par les escaliers, la partie la plus fragile des bâtiments.

Les pompiers me font entrer à Onna. J'ai de la chance, ils me reconnaissent et m'embrassent. Ils sont couverts de poussière et de boue. Ils n'aiment pas que les journalistes viennent fouiner partout : « Après, il faut aller les récupérer ; si un plafond s'effondre, ils restent coincés dessous », me dit Gianluca, un ingénieur venu de Rome. Il me fait un cadeau qui rendrait fou de joie n'importe quel enfant : un casque de pompier rouge feu. Onna n'existe plus. Parler de « décombres » est un euphémisme. C'est comme si le mot avait perdu son sens. Je note dans mon carnet les objets que je vois. Un lavabo, les photocopies d'un livre, une poussette, et puis des lustres, des lustres, des lustres. Le genre d'objets qu'on ne voit jamais dans la rue. Alors qu'ici, on en voit partout. Ce sont les objets les plus fragiles, ceux qui, et le plus souvent inutilement, ont donné l'alerte en premier.

La vie s'est arrêtée, en ruine. On me conduit devant une maison où une petite fille est morte. Les pompiers racontent. « Tu vois, cette maison, elle était belle, elle avait l'air saine, alors qu'elle était bâtie sur de vieilles fondations. » On ne s'est pas donné la peine de contrôler... Les pompiers me parlent de l'extrême dignité de ces gens. « Personne ne réclame quoi que ce soit. Ils sont contents d'être en vie. Un petit vieux m'a demandé de fermer les fenêtres pour que la poussière n'entre pas. Je l'ai fait, mais la maison n'avait plus de toit et il ne restait debout que deux murs. Ici, certains n'ont pas encore compris ce que ça a été, le tremblement de terre. »

Franco Arminio[1], un des poètes italiens majeurs, celui sans doute qui a le mieux parlé du tremblement de terre d'Irpinie et de ses conséquences, a écrit dans un de ses poèmes : « Vingt-cinq ans après le tremblement de terre, il ne reste plus grand-chose des morts. Et des vivants, encore moins. » Pour les Abruzzes, il est encore temps. On peut encore empêcher la victoire de la spéculation immobilière. C'est l'unique hommage réel, concret, qu'on devrait rendre à ces morts, qui n'ont pas été tués par le tremblement de terre, mais par le béton.

1. Écrivain et poète italien né en 1960, qui vit en Irpinie.

HOMMES

Os de verre

Son grand-père paternel était de Naples, le père de son père Antoine, qu'on appelait « Tony ». Enfant, Michel regardait son grand-père jouer de la guitare ; il s'agitait et s'épuisait, et, autour de lui, tout le monde croyait qu'il s'amusait. On ne lui avait pas donné le prénom de son grand-père, mais il avait hérité de son talent musical. Tony fut le premier à s'en apercevoir. C'était « un homme très timide, très réservé, très italien. À la maison, il ne fallait pas parler de sujets trop personnels, ni d'argent ». C'est le souvenir qu'en a gardé Michel Petrucciani. Grand-père guitariste, père guitariste.

La famille Petrucciani doit élever trois enfants, avec ces guitares et le travail de couturière de la mère. Parfois, on dîne de café au lait, mais, à la maison, on ne manque de rien. Téléphone, voiture, beaux meubles. Un jour, un téléviseur fait même son apparition. Pas un de ces petits postes devant lesquels on s'abîme les yeux, mais une télé énorme. Michel se plante devant, toute la journée. La télévision l'ensorcelle et le changera définitivement.

Un soir, il a quatre ans à peine, son père laisse le téléviseur allumé. On retransmet un concert de

Duke Ellington. La magie opère sur l'enfant. Il veut un piano. Son père ne peut pas le lui acheter. Mais toute la famille veille sur Michel avec appréhension. Il est né avec une maladie au nom imprononçable : « ostéogenèse imparfaite ». Difficile d'imaginer ce que recouvre ce terme. Mais le nom populaire qu'on donne à cette maladie est, lui, terriblement clair : « os de verre ». Fragiles comme le verre, ses os se déboîtent, se fracturent, s'écaillent. Sans cesse, sans raison. Les cartilages se désagrègent. La première fois que les os de Michel se sont cassés, c'était le 28 décembre 1962, à Orange, dans le sud de la France. C'était le jour de son anniversaire. Il est né cassé, Michel, et il n'a eu de cesse, depuis, de chercher un moyen de reconstituer ses fragments d'os.

Le piano que son père finit par lui offrir produit un son discordant, rien à voir avec celui du concert d'Ellington. Le petit Michel le détruit, comme un jouet qui ne marche pas. Son père va donc récupérer un vrai piano à la base militaire américaine, où on se débarrasse souvent des pianos usagés. Michel, qui suit ses études à la maison, et dont l'impertinence exaspère les professeurs, commence à prendre des leçons de piano. Il étudie pendant dix ans le piano classique, obtient son diplôme au conservatoire. On ne lui autorise le jazz qu'à titre d'exercice physique. Une bizarrerie, mais dont le but est bien réel et pratique : tonifier ses muscles qui doivent soutenir des os si fragiles. On le met donc à la batterie, et il se produit en compagnie de son père et de ses frères.

Michel Petrucciani n'est pas seulement affecté de cette maladie rare, qui engendre une souffrance continuelle, et lui vaut une enfance faite de séjours dans les hôpitaux : il est également destiné à rester nain. Adulte, sa taille ne dépasse pas un mètre ; il pèse entre vingt-cinq et quarante-cinq kilos à la fin de sa vie, quand son ventre est devenu plus proéminent que son menton. Il passe des mois entiers alité, le corps plâtré, la colonne vertébrale maintenue par un corset, le cou immobile. Durant ces interminables périodes d'hospitalisation, il passe son temps à regarder les seules parties de son corps qui ne se cassent pas : les mains. Ses mains ne sont même pas petites. Ses mains, c'est son destin. La seule partie de lui-même qui lui permet de créer un monde, et de ne pas seulement subir celui dans lequel il est tombé. Avec ses mains, il peut changer les règles du jeu. Transformer la réalité. Le piano est son territoire, ses mains sont ses armes. Quand il est assis sur le tabouret du piano, ses jambes ne touchent pas le sol, il n'arrive pas à utiliser les pédales. Son père lui fabrique un engin en bois, un parallélogramme articulé, qui lui permettra de les atteindre.

Dès qu'il a dix-huit ans, Michel s'enfuit. De Paris, où il a commencé à donner ses premiers concerts et à obtenir ses premiers succès, il prend un avion pour les États-Unis, sans connaître un mot d'anglais et sans avoir assez d'argent pour se payer le voyage. Mis devant le fait accompli, Tony approvisionnera le chèque en bois avec lequel son fils est parti conquérir la terre natale du jazz. Le plus génial jazzman non américain y recevra un accueil digne des plus grands.

Il arrive dans le *Big Sur*, le Grand Sud, cette portion sauvage de côte californienne où ont vécu

Kerouac et Henry Miller. Ici, Orson Welles a fait construire une villa gigantesque pour y vivre avec sa femme, Rita Hayworth. Michel s'installe chez un ami fauché et se fait adopter par la communauté des hippies et des artistes.

Il est hébergé et nourri dans une clinique pour gens richissimes, en échange de quelques heures de piano quotidiennes. Là, il rencontre aussi une femme, Erlinda Montaño, dont il tombe amoureux au point de lui proposer de l'épouser. Elle finira par accepter pour obtenir la *green card.* Un peu comme dans le film du même nom[1], dira Petruche quelques années plus tard, sauf que Gérard Depardieu n'est pas un nain de dix-neuf ans, et Andie MacDowell, une Indienne navajo. La réalité dépasse la fiction et, dans le cas de Michel Petrucciani, elle le fait en grand style.

Un jour, on lui fait rencontrer Charles Lloyd, l'un des plus grands saxophonistes de tous les temps. Tourmenté et inquiet, il a connu son heure de gloire dans un quatuor où jouait également Keith Jarrett. Puis, du jour au lendemain, il a tout abandonné, dégoûté par le milieu des maisons de disques et des musiciens, et s'est retiré pour méditer dans la forêt, tout en travaillant comme agent immobilier. La célébrité de son vieil ami pianiste n'étant pas pour rien dans ce renoncement, Lloyd veut entendre cet hôte qui lui dit qu'il peut jouer du piano, et lui indique l'instrument qu'il a chez lui. Erlinda, qui porte en scène pour les concerts ce

1. *Green Card,* film de Peter Weir (1990), raconte l'histoire d'un Français employé dans un bar, qui, pour obtenir la fameuse carte de résident permanent, décide de contracter un mariage blanc.

mari dont le poids est celui d'un enfant de trois ans, range les béquilles et l'aide à s'installer. Et Michel commence à jouer. Charles Lloyd est bouleversé. Quelques jours plus tard, il organise un concert à Santa Barbara, où tous les deux se produisent ensemble pour la première fois. Le saxophoniste, son aîné d'une trentaine d'années, présente au public « l'enfant prodige français », qu'il porte dans ses bras, et décrit comme celui qui lui a donné envie de remonter sur scène. Un de ces miracles qui ressemblent aux rêves californiens si Michel, avec son humour féroce et sa vitalité méditerranéenne, n'était exactement le contraire. Petrucciani ressuscite le talent de Charles Lloyd, et Charles Lloyd fait naître Petrucciani.

En 1982, quand les deux hommes se produisent ensemble au Festival de Montreux, la carrière de Petrucciani ne fait que commencer. Il entame alors une tournée triomphale à travers le monde ; Petruche perfectionne sa technique, sa musique gagne en richesse et en liberté. Il improvise, ou compose, non seulement à partir des thèmes des plus grands maîtres du jazz – de Bill Evans à Miles Davis – mais aussi de chansons populaires comme « Bésame mucho ».

Il atteint les sommets. Il joue avec les légendes du jazz, Dizzie Gillespie et Wayne Shorter, Stan Getz et Sarah Vaughan, Stéphane Grappelli et tant d'autres. Il donne des concerts au Carnegie Hall à New York, et se produit devant le pape Jean Paul II. Il enregistre une trentaine de disques pour les labels les plus prestigieux, et reçoit la Légion d'honneur. Tout cela en un peu moins de vingt ans. Il semble que rien ne puisse l'arrêter, qu'il y ait, à l'intérieur de ce corps fragile comme du verre, une énergie inépuisable.

Lorsqu'il joue, on a parfois l'impression qu'il se noie, qu'il s'étouffe à cause de la position qu'il doit prendre devant le clavier. Il relève alors la tête, ravi par ce qu'il est en train de jouer, comme s'il fixait une partition imaginaire qu'il est seul à pouvoir lire et modifier si rapidement. Il tire la langue pour reprendre son souffle, il se concentre. Michael Jordan, le plus grand basketteur de toute l'histoire de la NBA, tirait lui aussi la langue, comme un chien qui a soif. La langue de Petrucciani est plus petite, mais il a la même mimique quand il reprend haleine, dans les moments de grande émotion, de concentration.

Son jeu stupéfiait tout le monde. Certains naïfs s'imaginaient qu'il ne devait sa notoriété qu'au phénomène de foire, petit monstre doué devenu malgré tout un bon pianiste. La vérité est tout autre. C'était un immense pianiste, dont le corps miniature et fragile risquait parfois de faire oublier le talent derrière la bizarrerie. Il poursuivait ses mains sur le clavier. Un cal osseux l'empêchait d'écarter les bras : il sautillait sur le tabouret, atteignant les octaves supérieures, avant de plonger vers les octaves inférieures. Quand on le regardait jouer, on avait souvent l'impression que le clavier était pour lui comme une montagne qu'il escaladait, en quête de vertige. Sa musique a bouleversé des millions de personnes, ses concerts étaient chaque fois un événement, mais il acceptait également de jouer dans des lieux sans glamour. Pour lui, le jazz devait toucher tout le monde. Je me souviens même qu'au sommet de sa notoriété il décida d'aller jouer à

Aversa, à quelques kilomètres de Naples. Le journal de sa vie est écrit en notes de musique.

Mais le 6 janvier 1999, Michel Petrucciani décède. La pneumonie qui lui a coûté la vie est très vraisemblablement liée à l'affaissement, au fil des ans, des os de sa cage thoracique, et à la compression des organes internes. Michel n'aurait jamais imaginé mourir si jeune. Il n'aimait pas seulement la musique, mais la vie. Concernant la musique, il disait que l'unique vrai talent est de pouvoir l'aimer éperdument, au point de jouer dix heures par jour en ayant l'impression de n'avoir joué que dix minutes. Michel Petrucciani aimait la vie. Et il est parvenu à vivre la sienne avec toute la passion qu'un être humain peut y mettre, dans le temps qui lui est donné. Il aimait rire de ses propres défauts physiques et de ceux des autres, il aimait voyager, voir le monde, avoir de belles maisons, il avait envie d'en acheter une dans chaque endroit qui lui plaisait. Heureusement, il ne gérait pas lui-même son argent : il aurait tout dilapidé en maisons. Il adorait être entouré de nombreux amis, et il aimait les femmes. Celles-ci le lui rendaient bien. Michel a eu de nombreuses compagnes, épouses, maîtresses. Après Erlinda, il a épousé, à New York, Gilda Buttà, une pianiste classique sicilienne, très belle. Puis, il s'est marié avec Marie-Laure ; Isabelle a été sa dernière épouse, et la dernière femme à vivre à ses côtés. Il disait les avoir toutes aimées et avoir toujours conservé avec chacune une vraie amitié, mais il s'avouait incapable de vivre plus de cinq ans avec la même.

On s'est souvent demandé comment Michel Petrucciani, qui avait certes un immense talent, a pu séduire tant de si belles femmes. On a entendu les ragots habituels sur les prouesses sexuelles des nains. Beaucoup de bruits ont couru, car les gens sont incapables de comprendre le mécanisme de la beauté. Ce n'était pas sa musique qui fascinait les femmes, comme un charmeur de serpents. Une des compagnes qui l'ont le plus aimé disait de lui : « Quand je voyais Michel, je voyais tout ce qu'il imaginait. Tout ce que Michel était. Et c'était très beau. » La beauté ne tient pas seulement à la physionomie, à l'élégance, au rayonnement, au charme. C'est aussi la capacité de faire apparaître à l'extérieur ce que l'on est à l'intérieur. De ressembler à ce que l'on imagine, de montrer qui l'on est vraiment. Chaque fois que je m'interroge sur la beauté, je pense à Michel Petrucciani.

Michel a eu deux enfants. L'un d'eux, Alexandre, a hérité de la maladie de son père. On le voit, dans un documentaire, au piano, sur les genoux de Michel. Un père et un fils qui possèdent quelque chose de plus que les autres, le don de la musique, et qui s'aiment comme n'importe quels père et fils au monde. Certains ont mal jugé cette décision de donner la vie à un enfant, au risque de lui transmettre sa propre pathologie. Et ils ont essayé de culpabiliser Michel. Mais comment un créateur aurait-il pu mettre en balance ce risque, avec celui de la vie même ? Ce qui aurait été impardonnable, c'est au contraire de ne pas accorder une chance à la vie. Encore une fois, il l'aimait trop pour refuser de la partager ou de la transmettre. Créer, c'était tout ce que la musique lui avait enseigné.

Car la musique de Michel est vie, elle est la vie même, non son ersatz. Elle est richesse infinie de la création, dont il connaît, ironie de la nature, la valeur et la beauté. Pour lui, les notes équivalaient à des couleurs. Sur un accord en sol, il improvisait une étendue verte, imaginant un paysage provençal baigné d'une chaude lumière. Grâce à la musique, Michel parvenait non seulement à faire passer au second plan son handicap (on dit qu'il en est de même pour Stevie Wonder et sa cécité), mais il obtint de la vie tout ce qu'un homme peut en attendre. « Ma philosophie, c'est de m'amuser comme un fou, et de ne laisser personne m'empêcher de faire ce que je veux. »

Après avoir joué sans interruption pendant presque une heure, lors d'un concert, Michel s'arrête, se tourne vers le public et demande : *« Ça va*[1] *?* » Le public éclate de rire. C'est sa façon à lui de remercier les gens et, en même temps, de se moquer gentiment d'eux. Ils s'inquiètent pour lui, ils se demandent comment il arrive à tenir, sans comprendre qu'en dépit de la souffrance physique Michel n'est jamais aussi content que lorsqu'il joue. Ce n'est pas le succès, pas même la satisfaction de s'améliorer constamment. Non, ce sont bel et bien les notes qui le rendent heureux. « C'est comme faire l'amour, parvenir à l'orgasme : mais c'est légal, et on peut le faire en public. »

1. En français dans le texte.

Tout risquer

Je le rencontre dans les vestiaires du Camp Nou de Barcelone, un stade gigantesque, le troisième plus grand stade au monde. Depuis les gradins, Messi est une tache minuscule, incontrôlable, incroyablement rapide. De près, c'est un garçon fluet mais bien bâti, très timide, qui s'exprime comme s'il chuchotait une cantilène argentine ; un garçon au visage doux et glabre, sans un poil de barbe. Lionel Messi est le plus petit champion de foot vivant. On le surnomme « La Pulga », la Puce. Il a la taille et le corps d'un enfant. Et en effet, c'est vers l'âge de dix ans que Lionel Messi a cessé de grandir. Les jambes des autres garçons continuaient de s'allonger, leurs mains, leur voix muait. Et Leo restait petit. Il y avait quelque chose qui ne tournait pas rond, et les analyses n'ont pas tardé à le confirmer : l'hormone de croissance n'agissait pas. Messi était affecté d'une forme très rare de nanisme.

Avec le blocage de l'hormone de croissance, c'est tout qui se bloque. Impossible à cacher. Sur le terrain, ses amis se sont aperçus que Lionel s'est arrêté. « J'ai toujours été le plus petit de tous, quoi que je fasse, où que j'aille. » C'est exactement ce qu'ils disent : « Lionel s'est arrêté. » Il n'avance plus, comme s'il était resté quelque part en arrière. À onze ans, il mesure moins d'un mètre quarante ; le maillot du Newell's Old Boys, son équipe à Rosario, en Argentine, est trop grand pour lui. Il nage dans son short et dans ses chaussures, même si les lacets sont serrés, C'est un joueur phénoménal, mais avec le corps d'un enfant de huit ans, pas celui d'un adolescent. Juste à l'âge où on lui entrevoit un bel avenir, où on pourrait développer son talent, sa croissance à lui, la croissance des bras, du torse, des jambes, s'arrête. Pour Messi, c'est la fin d'un espoir qu'il nourrit au fond de lui-même depuis ses débuts sur un terrain de foot, à l'âge de cinq ans. Il comprend parfaitement que s'il ne grandit plus, son rêve s'effondre. Les médecins estiment que, combattu à temps, son handicap ne sera peut-être que passager. Le seul traitement possible est à base d'hormone de croissance : des années d'administration massive de cette hormone lui permettront peut-être de récupérer les centimètres nécessaires pour continuer d'affronter les colosses du foot.

Les soins sont très coûteux, la famille ne peut pas se les permettre : chaque piqûre coûte cinq cents euros, et il en faut une par jour. Voici désormais son unique obsession : jouer au foot pour pouvoir grandir, grandir pour pouvoir jouer. Lionel n'imagine même pas un seul instant de thérapie en dehors de la passion de sa vie, le foot.

Mais ce maudit traitement, il ne pourra se le permettre que si un club d'un certain niveau le prend sous son aile, et le lui paie. Or, l'Argentine est en train de s'enfoncer dans une terrible crise économique : ce sont d'abord les capitaux qui prennent la fuite, puis les personnes, dont les économies se volatilisent en même temps que les actions s'effondrent. Les petits-enfants et les arrière-petits-enfants d'immigrés, qui ont grandi dans l'opulence, cherchent la fuite en retournant dans le pays d'origine de leurs aïeux. Dans ce contexte, aucun club argentin, même s'il devine l'immense talent du petit Messi, ne peut se risquer à prendre un tel pari.

À supposer qu'il grandisse de quelques centimètres, dans le foot moderne, ça ne suffit pas ; la taille n'est rien sans la puissance musculaire. La Puce ne passera aucune défense massive ; la Puce ne pourra pas marquer de la tête ; la Puce ne résistera pas aux efforts qu'on demande aujourd'hui aux attaquants. Lionel Messi continue cependant de jouer dans son équipe. Il sait qu'il doit le faire comme s'il avait dix pieds, qu'il doit courir plus vite qu'un poulain, qu'il doit être imbattable balle au pied, s'il veut espérer devenir un vrai footballeur, un professionnel.

Au cours d'un match, il est repéré par un observateur. Dans la vie d'un footballeur, c'est crucial. Chaque match suivi, chaque pénalité qu'on juge parfaitement exécutée, chaque gamin qu'on décide de suivre, chaque père avec lequel on va discuter, peuvent décider d'un destin, le dessiner dans ses grandes lignes, ouvrir des portes. Pour Messi, c'est beaucoup plus que cela. On ne lui donne pas seulement la possibilité de devenir footballeur, mais de guérir, d'espérer une vie normale. Avant de l'avoir vu, la plupart des observateurs sont très sceptiques. « S'il est trop petit, il n'y a aucune chance, même s'il est doué. » Mais Carles Rexach, le directeur sportif du F.C. Barcelone, raconte qu'après avoir vu Leo sur le terrain, il lui a suffi de « cinq minutes pour comprendre qu'il s'agissait d'un talent hors du commun ». Messi a dans les jambes un don unique, ça dépasse même le foot ; quand on le regarde jouer, c'est comme si on entendait une musique, ou que toutes les tesselles d'une mosaïque décollée reprenaient chacune leur place.

Rexach veut le prendre tout de suite : « Quiconque serait passé par là et l'aurait vu l'aurait acheté à prix d'or. » On ébauche donc un premier contrat sur une serviette en papier, dans un bar. Rexach et le père de La Puce signent. Cette serviette en papier change la vie de Lionel. Le Barça croit en cet éternel enfant. Il décide d'investir dans le traitement de l'hormone. Mais, pour être soigné, Lionel doit venir s'installer en Espagne avec toute sa famille ; ils quittent Rosario sans contrat, sans travail, se fiant à un engagement rédigé sur un coin de table, avec l'espoir que leur avenir à tous ne pèsera pas trop lourd sur ces épaules d'enfant. Entre 2000 et 2003, le club prend en charge les frais du traitement médical de Messi ; un gamin à ce point désireux de jouer au foot pour échapper à son infirmité possède de toute évidence au fond de lui le moteur rare qui permet d'arriver au sommet.

Mais le traitement est épuisant. Nausées permanentes, à en vomir son âme. Les poils ne poussent pas. À l'intérieur, les muscles explosent, les os se fêlent. En quelques mois, quand le processus naturel demande des années, le corps s'allonge, les os se dilatent. Messi raconte : « Je ne pouvais pas me permettre d'avoir mal, je ne pouvais pas me permettre de montrer mes souffrances, parce que je leur devais tout. » Il y a une différence sidérale entre celui qui utilise son talent pour se réaliser, et celui qui risque sa vie pour son talent. L'art devient alors la vie, non parce qu'il l'emporte sur tout, mais parce que lui seul permet dès lors de survivre, d'assurer un avenir. Ici, pas de plan B, pas de solution de rechange.

Enfin, au bout de trois ans, le F.C. Barcelone convoque Lionel Messi. La famille comprend que s'il ne joue pas comme l'on attend de lui, les difficultés vont devenir insurmontables. En Argentine, ils ont tout perdu, et en Espagne, ils n'ont rien. La charge du traitement retombera sur eux. Mais, que La Puce se mette à jouer, et les angoisses disparaissent. Il s'entraîne durement, avec le soutien de son équipe, et parvient à grandir, à développer non seulement sa taille, année après année, centimètre par centimètre gagné sur ses muscles, sur ses os, mais aussi son talent. Chaque centimètre est une souffrance. Personne ne sait vraiment combien il mesure à présent. Certains disent à peine un mètre cinquante, d'autres moins. Sur Internet, un mètre soixante. Les estimations officielles évoluent, lui accordant peu à peu les centimètres supplémentaires, comme un exploit, une récompense conquise sur le terrain.

Le fait est que, sur le terrain, lorsque les deux équipes sont alignées avant le match, la tête de Messi pointe au niveau des épaules de ses camarades. Rapporté aux presque deux mètres d'Ibrahimovic et au mètre quatre-vingt-cinq de Beckham, qui sont devenus la norme chez les attaquants,

Lionel ressemble toujours dangereusement à une puce. Comme le dit Manuel Estiarte, le meilleur joueur de water-polo de tous les temps, « c'est vrai, les probabilités de voir Messi dominé dans les chocs physiques sont élevées, de même que les risques de le voir balayé par les défenseurs. Mais encore faudrait-il qu'ils arrivent à le rattraper ».

Et c'est vrai, à la course, personne ne peut le suivre. Son centre de gravité est bas, les défenseurs essaient de s'opposer, mais il ne tombe pas, ne leur cède pas. Il continue à courir, repart balle au pied, sans s'arrêter, dribble, saute, esquive, s'enfuit, feinte. Il est insaisissable. À Barcelone, les mauvaises langues disent que les stars de la défense du Real Madrid, Roberto Carlos et Fabio Cannavaro, n'ont jamais réussi à voir en face Lionel Messi, parce qu'ils sont incapables de le rattraper. Leo est ultra-rapide, il court comme une flèche, ses petits pieds ressemblent à des mains qui ne lâchent pas le ballon, en contrôlent le moindre mouvement. Ses feintes font trébucher ses adversaires, empêtrés avec leur quarante-cinq de pointure.

Sur une publicité où on lui avait demandé de dessiner son histoire au feutre, on peut voir, amusant et mélancolique, un autoportrait de Messi en bambin minuscule, perdu dans une forêt de très hautes jambes, entre des ballons trop grands qui volent. Mais que les ballons touchent le sol et il les bloquera prestement et parviendra à passer entre les jambes de ses adversaires pour venir devant les buts. Quand les joueurs de l'équipe adverse reprennent leur souffle, c'est le moment qu'il choisit pour jaillir et les dépasser ; quand le joueur qui le marque le croit derrière lui, le voici déjà cinq mètres devant. Le grand joueur n'est pas celui qui se laisse pousser à la faute, mais celui qui échappe à tous les crocs-en-jambe.

Voir Messi jouer, c'est voir quelque chose qui dépasse le foot, quelque chose de l'ordre de la beauté. Un élan, un frisson, une épiphanie, qui permet aux spectateurs de faire corps harmonieusement avec le joueur et son ballon. Le jeu de Messi est comparable en cela au jeu d'Arturo Benedetti Michelangeli au piano, aux visages de Raphaël, à la trompette de Chet Baker, aux formules mathématiques de John Nash dans sa théorie des jeux ; à tout ce qui cesse d'être son, mathématique, couleur, pour devenir quelque chose de transcendant qui appartient aux éléments, à la vie même, sans plus de séparation, ni distance. Avant de vivre pareille expérience, c'est comme si on n'avait pas vécu, et on assiste, hypnotisé, à la bouleversante découverte de soi-même. On se connaît, on se voit au-dedans.

Il suffit d'écouter les journalistes sportifs commenter ses chevauchées fantastiques pour en comprendre la virtuosité épique. Lors d'une rencontre F.C. Barcelone-Real Madrid, les rivaux historiques, le commentateur, voyant Messi résister, alors qu'il est poussé à la faute de tous côtés, se met à crier, en empathie avec lui : « Il tient bon, il tient bon, il tient boooooooon. » Il y a aussi le cri d'extase « Messi, Messi, Messi, Messi », qui a fini un jour par garder son « a » final : Messi-a, le Messie. C'est l'autre surnom de La Puce, que lui valent la grâce moqueuse de ses percées, et cette stupeur quasi mystique suscitée par son jeu. « L'homme se fit

Dieu et envoya son prophète », lit-on sur les banderoles à l'occasion d'un reportage télévisé consacré à « el Mesias », et à la précédente incarnation divine du foot : Diego Armando Maradona.

Cela semble impossible mais, quand il joue, Messi a en tête les coups de Maradona, comme les joueurs d'échecs qui s'inspirent de la stratégie d'un maître en situation analogue. Le chef-d'œuvre que Diego Armando avait réalisé le 22 juin 1986, au Mexique, le « but du siècle », Lionel Messi est parvenu à le reproduire quasi à l'identique, presque exactement vingt ans plus tard, le 18 avril 2007, à Barcelone. Comme Maradona, Leo part à une soixantaine de mètres des buts, il se débarrasse en une seule course de deux milieux de terrain, accélère vers la surface de réparation où l'un des adversaires qu'il a dépassés tente en vain de le faire tomber. Trois défenseurs viennent autour de lui ; au lieu de viser les buts, il s'esquive à droite, évite le gardien de but, un autre joueur... et marque. On assiste alors à une scène incroyable : les joueurs du Barça, pétrifiés, les mains sur la tête, regardent autour d'eux comme s'ils n'en croyaient pas leurs yeux. On pensait qu'il n'y avait qu'un joueur au monde capable de faire cela. Mais non. La presse crée aussitôt le diminutif « Messidona », mais dans la ressemblance entre les deux champions argentins, il y a quelque chose qui va au-delà et donne le frisson. Dans un sport qui semble avoir dit adieu à sa période épique, les prouesses de Messi font renaître le mythe, et pas un mythe quelconque, mais celui qui est le plus en décalage avec notre époque : l'histoire de David contre Goliath. Diego et lui sont petits, ils viennent tous deux d'un quartier pauvre, ils partagent tous deux la même obsession du foot depuis leur enfance, le même entêtement, la même rage, comme une amertume intérieure. Ils n'avaient rien pour réussir dans ce monde, et tout pour perdre. Mais le destin en a décidé autrement.

À l'époque où Maradona marquait ce but au Mexique, Messi n'était pas encore né. Il naît en 1987. C'est la raison pour laquelle je suis allé à Barcelone pour le rencontrer : j'ai grandi à Naples, dans le mythe de Maradona. Je n'oublierai jamais le match du Mondial 1990 : le mauvais sort veut que l'Italie d'Azeglio Vicini et de Totò Schillaci joue la demi-finale contre l'Argentine de Maradona au stade San Paolo de Naples. Quand Schillaci marque le premier but, le stade exulte. Mais on sent que, dans les virages, quelque chose ne va pas. Après le but de Caniggia, les supporters qui ne sont pas de Naples commencent à s'en prendre à Maradona, et là, il se passe quelque chose qui n'arrivera plus jamais dans l'histoire du foot, et qui n'était jamais arrivé auparavant, les Napolitains prennent parti contre leur propre équipe nationale et se mettent à hurler : « Diego ! Diego ! » Certes, ils avaient l'habitude de le faire : comment les en blâmer, comment auraient-ils pu s'identifier à un autre joueur ? À cet instant, c'est Maradona qui représente les supporters du San Paolo plus que leur propre équipe nationale.

Maradona a fait basculer la grammaire des supporters. On le lui fit payer cher, à Rome, quand, durant la finale Argentine-Allemagne, le public, pour se venger de l'élimination de l'Italie en demi-finale, se mit à siffler l'hymne argentin. Maradona attend que la caméra, qui fait un travelling sur les joueurs, arrive sur lui, pour lancer un « *Hijos de puta !* » aux supporters qui ne respectent même pas l'hymne. Une finale terrible, durant laquelle, à Naples, tout le monde, évidemment, était pour l'Argentine. Puis, ce penalty douteux qui détruit tout espoir. L'Allemagne, nettement en difficulté, doit pourtant gagner et venger l'Italie vaincue. À la suite d'une faute sur Rudi Voeller sanctionnée par un penalty, Andreas Brehme marque un but. Le commentaire du chroniqueur argentin fut sans appel : « C'est seulement comme ça, mon frère, c'est seulement comme ça que vous pouviez gagner contre Diego. »

Je me souviens très bien de ces jours-là. J'avais onze ans, et il y a peu de chances que je revoie jamais un tel niveau de jeu. Mais quelque chose semble de retour aujourd'hui. Le but du Mexique contre l'Angleterre, celui que La Puce refera vingt ans après Maradona, est l'un des moments inoubliables de mon enfance. Je me dis qu'il serait merveilleux, vertigineux, de voir Messi jouer au stade San Paolo. Ce Messi, dont Maradona lui-même a dit : « Voir jouer Messi, c'est encore mieux que de faire l'amour. » Et Diego s'y connaît. « J'aime Naples, je veux y aller bientôt, a promis Lionel. Ce doit être très beau d'y vivre quelque temps. Pour un Argentin, c'est comme être chez soi. »

Le moment le plus incroyable de ma rencontre avec Messi, c'est quand je lui dis qu'il ressemble à Maradona quand il joue. Je ne sais comment exprimer cette idée qu'on a répétée des milliers de fois. Il me répond : « *Verdad ?* » (Vraiment ?) avec un sourire timide et content. Du reste, si Lionel Messi a accepté de me rencontrer, ce n'est pas parce que je suis écrivain ou Dieu sait quoi, mais parce qu'on lui a dit que je suis originaire de Naples. Pour lui, c'est comme, pour un musulman, être né à La Mecque. Aux yeux de Messi, comme à ceux de nombreux supporters du F.C. Barcelone, Naples est un des lieux sacrés du foot. C'est le lieu de la consécration du talent, la ville où le dieu du ballon a joué ses plus beaux matches, où il est parti de rien pour battre les plus grandes équipes, à la conquête du monde.

Lionel est le contraire de l'image qu'on se fait d'un joueur : il n'est pas sûr de lui, il ne répète pas les phrases habituelles ; quand il ne sait pas quoi dire et qu'il réfléchit, il rougit et fixe le bout de ses chaussures, ou se ronge les ongles de l'index et du pouce. L'histoire de La Puce ressemble à la fable du bourdon. On dit que le bourdon ne devrait pas pouvoir voler, parce que le poids de son corps est disproportionné par rapport à la portance de ses ailes. Mais le bourdon ne le sait pas, et il vole. Avec son corps de gamin, ses petits pieds, ses gambettes de gosse, son torse menu, avec tous ses problèmes de croissance, Messi ne devrait pas pouvoir jouer dans le monde du football actuel, fait de muscles, de masse et de puissance. Sauf que Messi ne le sait pas. Et c'est pour ça qu'il est le plus grand.

Tatanka, le fou de boxe

« Il n'est pas de meilleure entreprise que celle qu'on réalise de ses propres mains. » Les boxeurs sont d'accord en cela avec Homère. Boxer, c'est discipliner sa rage, canaliser sa force, organiser ses efforts, un défi de la tête et des muscles. Sur le ring, on fait tout pour rester debout, ou on mobilise son énergie et on se prépare à tomber. En tout cas, on se bat à un contre un. Pas d'autre possibilité.

Deux champions de l'équipe nationale italienne participeront aux prochains Jeux olympiques : Clemente Russo, quatre-vingt-onze kilos, chez les poids lourds, et Domenico Valentino, soixante kilos, dans la catégorie poids légers. Ils ont respectivement vingt-six et vingt-quatre ans. Le premier est champion du monde, le second vice-champion. Tous deux sont policiers. Des boxeurs que leurs adversaires chinois suivent depuis des années, en prévision de Pékin. Russo et Valentino viennent tous deux de Marcianise, l'écurie des poulains de la boxe. Le parcours est en général le suivant pour ces boxeurs ; ils entrent d'abord dans la police nationale ou dans l'armée, puis finissent aux Jeux olympiques.

Marcianise, gros bourg de quarante mille habitants, est une des capitales mondiales de la boxe, et sans aucun doute la capitale italienne de cette discipline. On y trouve trois salles d'entraînement gratuites, où les garçons de la région de Caserte viennent taper dans le punching-ball. Il y a une raison historique à cela. C'est ici que les Américains en garnison en Campanie faisaient venir les charpentiers et les gardiens de buffles de la région, pour se mesurer aux marines contre deux dollars. Après avoir mis KO quelques marines, les hommes continuèrent à combattre, montèrent des salles et se mirent à enseigner aux garçons du coin.

Mimmo Brillantino est l'un des entraîneurs qui a fait la gloire de l'« Excelsior » de Marcianise. Une espèce de sacristain de la boxe, qui s'occupe de champions européens, olympiques, mondiaux. Il les repère enfants, les flaire, les suit, regarde au fond de leur âme. Puis les élève, mi-dompteur de tigres, mi-grand frère. Tous les matins, Mimmo Brillantino se présentait à l'aube devant la porte de Clemente Russo pour le réveiller. Six heures : footing. Jusqu'à huit heures trente, début de l'école. Il allait le chercher à la sortie de l'école : déjeuner, devoirs, puis, de nouveau, entraînement. En manches courtes sous le soleil, en capuche sous la pluie. L'entraînement, toujours.

Quelques jours avant le départ pour les Jeux olympiques, je rencontre Clemente Russo et Domenico Valentino dans le centre omnisport où s'entraînent tous les sportifs de la police. Du grand judoka Pino Maddaloni à la championne d'escrime Valentina Vezzali, ils font tous partie des Fiamme

Oro[1]. Le surnom de Clemente Russo ici, c'est « Tatanka », terme qui désigne le bison mâle chez les Sioux. C'est un de ses profs qui l'a surnommé ainsi après avoir vu le film *Danse avec les loups*. Dans une scène, pour pouvoir communiquer avec son nouvel ami indien Oiseau bondissant, le lieutenant John Dunbar se met à quatre pattes et place deux doigts au-dessus de sa tête, pour figurer les cornes d'un bison. Le chef de tribu comprend et dit : « *Tatanka.* » Dunbar acquiesce et répète le mot.

Clemente Russo a gagné ce surnom parce qu'une fois sur le ring, il lui arrive d'oublier qu'il est un boxeur. Il baisse la tête, nez à la hauteur de la poitrine, yeux levés, front bas, et se met à cogner comme un sourd. Du coin du ring, il faut lui crier qu'il est un sportif, pas un tueur. Mais, comme le dit Giulio Coletta, de l'équipe nationale : « Si tu combats comme ça et que tu n'envoies pas tout de suite ton adversaire au tapis, tu te fais piéger parce que tu perds toute ton énergie, et il ne te reste plus de souffle ensuite pour te défendre, ni de concentration. Et tu t'effondres. Comme un bison après la charge. »

Tatanka a un tatouage sur le flanc. Un bison américain en pleine course, dont les pattes antérieures portent des gants de boxe. Il me raconte qu'il s'est mis au sport, parce qu'il n'était qu'« un bon à rien », et qu'il en avait « ras-le-bol de traîner devant les bars ». Aujourd'hui, la qualité principale de Clemente Russo est sa capacité à avoir une vision d'ensemble du match. De la première à la dernière

1. Groupe sportif de la Police nationale, créé en 1954 et qui a remporté de nombreuses médailles olympiques.

minute, il a en tête ce qu'il doit faire. En outre, il est puissant, mais pour lui, ce n'est pas la qualité principale : « La force, c'est secondaire. Le plus important, c'est le mental. C'est essentiel, Robbè. » Les vrais boxeurs ne sont pas des bagarreurs nés ; au contraire, on va souvent dans une salle de boxe pour développer son agressivité et, seulement après, pour la dominer. « Premier point : ne pas prendre de coups. Second point : en donner. » Là-dessus, Clemente et Domenico sont entièrement d'accord.

La salle de boxe qui les a formés, l'Excelsior, a fêté ses vingt ans d'activité, dont dix dans le classement réservé aux clubs de boxe. Mais, contrairement aux autres sports, les entraîneurs qui suivent leurs champions avec une patience de missionnaires, et qui passent leurs journées à compter les flexions, à leur apprendre à trouer le sac de frappe, à sauter à la corde, à courir, à résister, gagnent à peine de quoi vivre. « Ils leur apprennent surtout à être des hommes », ajoute Claudio De Camillis, policier, arbitre international et chef du secteur Fiamme Oro, qui les a tous bien connus.

« Ils nous appellent de Marcianise pour nous signaler les gamins doués. On reçoit un coup de fil de Brillantino, du coach Angelo Musone, de Clemente De Cesare, de Salvatore Bizzarro ou de Rafaele Munno, les "Templiers" de la boxe. On les prend, parce qu'ils nous décrivent même la tête des garçons, leur provenance, leur sérieux. » La police les enrôle et croit en eux. Sans les Fiamme Oro, la boxe amateur n'existerait pas. Ce serait la fin de la boxe en Italie.

Aujourd'hui, les sponsors n'investissent plus là-dedans. La seule possibilité, c'est d'aller en Allemagne, le pays qui attire les écoles les plus redoutées de la boxe contemporaine, les boxeurs de l'Est, les Russes, les Ukrainiens, les Kazakhs, les Ouzbeks, les Biélorusses. Les nouveaux combattants affamés. Des gladiateurs qui ont relancé l'attention mondiale sur ce sport, et qui font aujourd'hui de l'Allemagne la terre promise du ring. Marcianise aussi a fabriqué quelques champions italiens ; d'autres sont restés de bons athlètes, mais rien de plus. Tous se sont toujours tenus à distance de la Camorra. Parfois, les garçons apparentés à une famille allaient s'entraîner le matin, et ceux de la famille rivale y allaient l'après-midi, mais quoi qu'il en soit, la boxe les sortait d'une certaine logique.

Les règles de la boxe sont incompatibles avec celles des clans. On est à un contre un, face à face. Les efforts de l'entraîneur, le respect de la défaite. La lente construction de la victoire. Comme le rappelle Clemente Russo : « C'est une vie de sacrifices, ça fait vingt ans que je n'ai plus la force de sortir le soir. Et je ne me souviens pas d'un seul moment où j'aurais pu me permettre de glandouiller dans les bars, comme on le fait chez nous. » Si la Camorra ne gère pas la boxe, c'est pour une raison très simple, que Clemente Russo connaît bien : « Il n'y a plus beaucoup d'argent en circulation. Avec le premier titre de champion d'Europe juniors que j'ai remporté, je me suis acheté un scooter. »

C'est seulement en Allemagne et en Espagne que la mafia russe s'infiltre continuellement pour essayer d'entrer dans le business. Mais pour ceux qui commandent à Marcianise, les Belforte et les

Piccolo, l'argent et les occasions ne manquent pas. Les premiers ont même réussi à faire venir les caméras de télé de l'émission « La Vita in diretta[1] » pour filmer le mariage de Franco Froncillo, le frère de Michele Froncillo, le parrain « qui monte ». Ils ne voulaient pas que ce mariage, avec sa ribambelle d'hélicoptères qui font pleuvoir des nuées de pétales sur les mariés et les invités, soit immortalisé comme d'habitude par des petits films de commande, mais par la RAI. Pour que la famille et les ménagères de toute l'Italie puissent admirer et envier la mariée.

Les deux clans rivaux, les « Mazzacane[2] » et les « Quaqquaroni » comme on les appelle, sont capables d'étendre leur hégémonie sur un vaste territoire, constellé de petites et moyennes entreprises. Un territoire sur lequel ont poussé le plus grand centre commercial et le plus grand cinéma multiplexe d'Italie, curieux records pour une région de chômage et de forte émigration. Cela veut dire qu'il y a beaucoup de sous-traitance, beaucoup de parkings à gérer, beaucoup de polices privées à imposer. Et surtout, beaucoup de racket.

En mars 2008, le conseil municipal de Marcianise a été dissous pour infiltration camorriste. Et en 1998, Marcianise a été la première ville italienne, depuis la fin de la Seconde Guerre mondiale, à se voir imposer un couvre-feu par le préfet. Dans les années 1990, on comptait un mort par jour. Quand les Mazzacane et les Quaqquaroni ont commencé à

1. Émission de télévision de RAI Uno diffusée l'après-midi, et qui propose des reportages, des interviews, des débats.

2. « Tueurs de chiens ».

se massacrer entre eux, les entraîneurs de boxe ont joué un rôle salutaire fondamental. Ils ont suivi le seul impératif de la boxe : « Tous en salle de sport, sans distinction de couleur, de faciès, de goût », en vertu du principe qui veut, comme on le dit chez moi dans les salles de sport, qu'« à l'intérieur, on est tous rouges, comme le sang ».

Mimmo Brillantino et les autres coaches allaient chercher les garçons dans les bars, sur les places, devant les écoles. Ils les arrachaient ainsi à ce no man's land, où, de génération en génération, les clans recrutent les jeunes pour les placer sur leur échiquier. La boxe a permis de casser ce mécanisme de manière définitive. Le ring est plus efficace en cela qu'un diplôme. Une fois qu'on a combattu avec ses poings et à la sueur de son front, se faire enrôler dans la Mafia ne peut être vécu que comme une défaite.

À Chicago, en 2007, Tatanka a montré ce que signifie venir d'une salle de boxe de Marcianise. Il a mis son petit casque bleu ciel et il a battu l'Allemand Povernov, contre lequel il avait perdu en 2005, aux Championnats du monde en Chine. Il a esquivé les poings du Monténégrin Gajovic qui, bien qu'abonné aux victoires et grand habitué des championnats d'Europe, du monde, ou encore des Jeux olympiques, n'a pas réussi à le battre. Il a dominé l'ambitieux boxeur chinois Yushan. Jusqu'à son coup de maître final contre le puissant Chakhkiev, le gaucher, qui mène pendant trois rounds, avec l'aval des juges, ignorant des coups que prépare Russo. Sa tactique a permis à Chakhkiev de bondir dès l'annonce du dernier round, avec un 6-3 qui semble le mettre à l'abri.

Le camp de Clemente est démoralisé. Ils tentent de ne pas le lui montrer mais se préparent déjà à la défaite. Tatanka y croit pourtant jusqu'au bout. « *Nun ce 'a fa cchiù, ha finito la miscela. Lo batto, lo batto.* » (« Il n'en peut plus, il n'a plus de jus. Je vais le battre, je vais le battre. ») En deux minutes, il remonte. Un crochet, un *jab*, il esquive un direct du gauche, et atteint la tempe du Russe. Il aligne quatre points sans encaisser un seul coup. Chakhkiev prend une pluie de coups. Il ne sait plus où il est. La rencontre s'achève sur le score de 7-6, et Clemente est sacré champion du monde.

L'autre gloire mondiale de Marcianise, c'est Domenico Valentino. Tout le monde l'appelle Mirko. C'est le prénom que sa mère avait choisi. Par respect pour son beau-père, elle a ensuite donné à l'enfant le prénom de son grand-père. Mais après avoir payé sa dette à l'état-civil, elle l'a aussitôt appelé Mirko. Le meilleur poids léger que j'aie jamais vu. Rapide, technique, ne laissant aucun répit à l'adversaire. Il nous explique sa stratégie : « Touche et esquive, touche et esquive. » « J'étais coiffeur pour dames, raconte-t-il, puis j'ai commencé à m'entraîner. À Marcianise, c'est normal et ça m'a permis de me rendre compte qu'à l'intérieur de moi, il y avait un boxeur. » Il semble incroyable qu'un des meilleurs boxeurs au monde ait été coiffeur ; cela jette une autre lumière sur l'image de la profession.

De coiffeur, Mirko est devenu le poids léger le plus redouté d'Europe. Quand il est dans le coin du ring, il parle espagnol. « Je mets un "s" à la fin de tous les mots, comme ça, j'ai l'impression d'être Mario Kindelán. » Kindelán, poids léger cubain et idole de Mirko, a été deux fois médaillé d'or aux Jeux olympiques, et trois fois champion du monde. Lorsqu'il gagnait, il lançait aux challengers qu'il envoyait au tapis : « Ils ne sont pas à moi, ces poings, ce sont les poings de la révolution. »

Domenico Valentino se regarde dans la glace pour étudier ses mouvements, très rapides, ses pieds prêts à partir en même temps que son coup droit. Dans la boxe, le miroir est fondamental. On saute à la corde devant la glace, on lance les poings, on étudie sa garde. On s'examine tellement qu'on finit par se voir comme s'il s'agissait de quelqu'un d'autre. Le corps reflété n'est plus le vôtre. Ce n'est plus qu'un corps à modeler, à construire. À rendre insensible à la douleur, et prompt à réagir.

La boxe reste un sport épique, car elle se fonde sur des règles corporelles qui mettent l'homme en face de ses possibilités. Même le dernier des derniers peut, avec ses mains, sa rage, sa vitesse, prouver sa propre valeur. Tout combat devient une confrontation ultime, que la vie contemporaine a rendu presque impossible. Sur le ring, on comprend qui on est et ce qu'on vaut. Quand on combat, le droit ne compte pas, la morale ne compte pas, rien ne compte à part votre propre surface de chair, vos mains, vos yeux. La vitesse avec laquelle on frappe et esquive, la capacité de survivre ou de succomber, de gagner ou d'abandonner. On ne peut pas mentir, dans le contact physique. On ne peut pas appeler au secours. Le faire, c'est s'avouer vaincu.

Pourtant, ce n'est pas l'issue d'une rencontre qui décide qui est le plus fort. Plus que la victoire ou les résultats des rencontres, ce qui compte, c'est la pratique et l'expérience de la douleur, c'est le sens de l'absurde qui est nécessaire pour monter sur le ring et y rester. Pour rester à l'intérieur de la vie. Antagonisme et agonie. Claudio De Camillis prend Mirko par le bras et me dit : « Regarde ça, Robbè, il ne pèse pas soixante kilos. Si tu le croises dans la rue, tu te dis : ce type-là, je l'écrase. Alors que c'est un char d'assaut. »

Au Championnat du monde de Chicago, Domenico Valentino a battu l'Arménien Javakhyan, vice-champion d'Europe, grâce à sa rapidité. Il dansait devant lui, et dès que l'autre essayait de l'atteindre, il le bourrait de coups de poing. Puis il a gagné contre Kim Song Guk, un boxeur nord-coréen, avec des coups rapides lui aussi, mais qui n'arrivait pas à en placer un. En finale, contre l'Anglais Frankie Gavin, Valentino s'est présenté avec une blessure à la main droite ; c'est son point faible, des mains petites et fragiles. Un avantage que Gavin a exploité à la perfection. Dommage. « Moi, je ne lave aucune de mes affaires, slip, chaussettes, short, avant d'avoir gagné. Si je perds, je jette tout. Et quand je gagne, tu ne peux pas rester à côté de moi, tellement je pue. »

Cette fois aussi, il est blessé aux mains. Je lui demande : « Tu ne les avais pas protégées avec des bandages ? — Non, me répond-il, c'est autre chose. » Et il baisse la tête. Sur sa nuque apparaît un prénom tatoué : *Rosanna*, le prénom de sa petite amie. Au bout d'un moment, il reconnaît : « Je me suis disputé avec elle et, comme je suis nerveux, j'ai démoli le scooter à coups de poing. Mais si je gagne aux JO, je l'épouse. » Domenico Valentino a un sens aigu du défi et du respect de l'adversaire.

« Tu n'entendras jamais, venant de mon coin, des phrases du genre "Tue-le". Jamais. L'ennemi, on le bat. Un point c'est tout. » Il a gardé d'excellentes relations avec Frankie Gavin, il s'entend bien avec l'équipe nationale d'Ouzbékistan. Mais il reconnaît : « Je n'aime pas les Turcs, parce que, quand ils gagnent, ils se foutent de toi, ils viennent t'agiter leur drapeau sous le nez. Pour le reste, on est tous des frères combattants. »

La rencontre avec Marcel Schinske, à Helsinki, en 2007, est restée dans les mémoires. Les garçons de Marcianise se la repassent sur Youtube. Le boxeur allemand tente une stratégie d'attaque. Il s'agite, veut impressionner. Il se découvre, erreur fatale quand on combat un adversaire rapide. Valentino en profite, lui décoche immédiatement un direct au menton, si violent que Schinske va au tapis, et tombe raide, les bras encore en garde, les yeux levés. Domenico Valentino n'oubliera jamais ce direct. « Robbè, j'ai senti comme une décharge électrique dans tout le bras. Jamais senti un truc pareil. C'est comme si toute sa douleur était entrée en moi. J'ai eu peur, parce qu'après s'être retrouvé K.O., il s'est mis à lancer des coups de pied, comme un épileptique. »

Claudio De Camillis se souvient : « J'ai dû le prendre dans mes bras et le faire descendre doucement du ring. Il pleurait, il a sangloté pendant quarante minutes, il pensait l'avoir tué. C'est seulement quand on lui a assuré que son adversaire allait bien, qu'il s'est calmé. » Cela peut sembler difficile à croire, mais c'est comme ça : on monte sur le ring pour envoyer l'adversaire au tapis, et une fois qu'on l'a fait, on s'assure qu'il ne va pas trop mal, qu'il va pouvoir continuer à être un homme et boxer. Comme Joe Frazier, l'un des héros de Clemente Russo.

Joe Frazier combattait d'un seul bloc, un bloc de muscles tout noir mais agile, et il remporta le titre de champion du monde. Mais, à l'époque, le superchampion, Mohamed Alì, n'était pas sur le circuit, il avait décidé de laisser tomber la boxe. Et en 1971, quand Frazier rencontre Alì, il comprend que c'est seulement après ce combat qu'il pourra se vanter d'être vraiment un champion. Au bout de quinze rounds, il arrive à placer un crochet. Alì tombe. Battu. Quatre ans plus tard, Frazier renouvelle le défi. Un match considéré comme l'un des meilleurs de l'histoire de la boxe. Aucun des deux hommes ne parvient à prendre le dessus. Frazier et Alì saignent tous les deux, leur champ visuel se rétrécit à cause de leurs yeux tuméfiés, ils sont à bout de souffle. Les arbitres n'ont pas le courage d'arrêter un match suivi dans le monde entier, les entraîneurs n'osent pas jeter l'éponge eux-mêmes. Alors, c'est Frazier qui décide. Ils sont tous les deux épuisés, et Frazier craint de tuer ou d'être tué. Cœur affolé, souffle court, mâchoire luxée, arcades sourcilières en sang, juges embarrassés. Joe Frazier comprend que c'est à lui de décider. Et il abandonne, laissant la victoire à Alì.

Les lois qui entrent en vigueur quand les autres ne valent plus sont écrites avec le corps. Loyauté, rage, estime de l'adversaire, naissent après qu'on a tenté de le vaincre, après qu'il a tenté de vaincre, et que les deux sont à égalité. « Au fond, avait dit Frazier à l'époque, ce n'est pas la peine de chercher toutes sortes de motivations. Au fond de soi-même, on sait toujours ce qui est juste et ce qui ne l'est pas. » Joe Frazier, sans le savoir, venait de citer Emmanuel Kant.

Domenico a une tête qui ne trompe pas. Il porte le masque du boxeur ; même si, explique-t-il, « on ne m'a jamais fracturé le nez, il est comme ça naturellement ». Un de ces visages que les poings et les exercices polissent lentement, comme le font l'eau et le vent avec les rochers. Piero Pompili est en train de le photographier ; dans l'objectif qu'il me tend, un visage aztèque apparaît. Piero Pompili photographie des boxeurs depuis toujours. Il a fait le portrait de presque tous les boxeurs du monde, dans les salles d'entraînement, alors qu'ils n'étaient qu'un sac d'ambitions et d'espoirs face à cet autre sac de frappe. Pompili reconnaît en eux les œuvres des grands maîtres : « Guido Reni, voilà Guido Reni », ou bien : « Le Caravage, tu es un Caravage. » Les boxeurs le regardent, l'aiment bien, mais ne comprennent pas ce qui l'exalte. Et lui les stimule, comme le font les photographes avec les top models, mais avec des mots bien différents : « Vas-y, Tatanka, crochet, crochet ! Vas-y, Mirko, plus vite, frappe, frappe. » Pompili voit au-delà. Il saisit, dans le noir et blanc de ses photos, le faisceau de pulsions qui déchirent un homme.

En regardant Tatanka sur le ring pendant que Pompili est en train de le photographier, j'éprouve des sentiments contradictoires. De ma vie, je n'ai jamais envié un homme, mais j'envie Clemente Russo. Son corps en mouvement transmet une sensation archaïque de familiarité. C'est ainsi qu'on imagine Hector, Alexandre, Achille, Énée, les soldats de Xénophon, ceux de Salamine ou des Thermopyles. Plus tard, on découvre qu'ils n'étaient pas musclés, qu'Achille ne mesurait pas plus d'un mètre cinquante, que Léonidas était bedonnant et chauve, mais personne ne peut vous ôter de l'esprit l'image de la beauté épique du combattant ; et en ce moment, c'est Clemente Russo qui l'incarne devant mes yeux.

« Avant un match, dit Tatanka, je suis incapable de penser à quoi que ce soit. Avant un match, je ne fais pas l'amour pendant une semaine. Rien. Je me concentre et je ne vois dans ma tête que les coups, ceux qui devront être décisifs pour la rencontre. » « Moi, par contre, explique à son tour Mirko, je pense à ceux qui ne sont plus là, aux amis qui sont partis. Aux membres de ma famille qui ont disparu. » On combat toujours pour quelqu'un, pour quelque chose qui doit arriver, on combat toujours au nom de quelque chose, mais instinctivement. « Nous, avant le match, on est comme des chevaux en cage avant la course. Voilà ce qu'on est. »

Les boxeurs préférés de Clemente sont Roy Jones Jr et Oscar De La Hoya. Et Mohamed Alì ? C'est Mirko qui répond : « Alì était très fort dans sa tête, mais il y en avait peut-être de meilleurs que lui. Mais personne n'a été, comme lui, à la fois tête, corps, image, et combat politique. Alì était un champion de la communication. Pas seulement un boxeur. »

Roy Jones Jr est le boxeur qui a importé la *break dance* dans la boxe. Ses matches étaient un véritable spectacle chorégraphique. Parfois, avant de frapper, il faisait des pas rythmés en reculant, comme les mouvements saccadés d'un rappeur. Roy Jones Jr combattait toujours avec une garde basse, il ouvrait complètement les bras, tendait la tête en avant et lâchait une grêle de *jab*, du droit ou du gauche. Souvent, il s'entraînait dans l'eau. « Donner des coups de poing sous l'eau rend l'air plus léger », lui disait son entraîneur.

Oscar De La Hoya, également très admiré de Valentino, est un boxeur américain d'origine mexicaine. Il change sans cesse de catégorie, parce que, durant des années, personne n'a réussi à le battre. Il a dû se trouver des challengers à travers le monde. Oscar De La Hoya monte sur le ring, et derrière lui, son staff porte un drapeau à deux faces : d'un côté, les rayures et les étoiles, de l'autre, le drapeau tricolore avec l'aigle du Mexique. Oscar dédie chaque match qu'il gagne à sa mère, morte d'un cancer quand il avait dix-huit ans. Il martèle les flancs, puis décoche des coups sur les pommettes, vise les yeux et, quand l'adversaire se réfugie dans les cordes et tombe, Oscar De La Hoya s'éloigne, laissant l'arbitre compter jusqu'à dix. Alors, il lève les yeux au ciel et s'écrie : « Pour toi, maman. » De La Hoya est un boxeur complet, rapide, il n'encaisse pas très bien mais il est dynamique, rageur. « Pour moi, dit Mirko, le plus beau match a été celui qui opposait De La Hoya à Floyd Mayweather Jr, deux condottiere. C'est ce qu'il y a de mieux dans la boxe, et dans l'absolu. » De La Hoya, face d'Indien. En face, Mayweather, tête de bon garçon, traits fins. Le premier représente les Mexicains, les Portoricains, les Latinos, et en général toute cette émigration sans *green card*. Le second, c'est la bourgeoisie afro-américaine, les hommes d'ébène élégants, les Noirs qui ont réussi. Malcolm X est loin. Et les O. J. Simpson, Puff Daddy, ceux qui exhibent leur fric, leurs succès et leurs femmes, sont encore plus loin.

Pendant la présentation du match, Mayweather s'amusait à imiter Alì en insultant De La Hoya, mais pour le Mexicain, « il ressemblait plus à un chihuahua qu'à un dur ». Pour un sport devenu pauvre, cette rencontre avait pourtant un enjeu des plus respectables : quarante-cinq millions de dollars. De La Hoya a été entraîné par le père de Mayweather qui, avant la rencontre, rompt toute relation avec lui. Il ne peut pas entraîner son boxeur en vue d'un match contre son propre fils. C'est ainsi que De La Hoya change de coach. Le combat est spectaculaire. De La Hoya attaque, frappe, mais Mayweather se défend et contre-attaque. Il a la rage des ambitieux, il veut prouver que c'est lui le numéro un. De La Hoya sait déjà qu'il est le plus grand, on dirait qu'il n'a plus rien à prouver. Il combat mais ne semble plus très intéressé par la victoire. C'est comme s'il était blasé. Et à la fin, le *chico de oro* de la boxe mondiale est battu par un boxeur invaincu. « Les matches sont toujours gagnés par ceux qui doivent prouver quelque chose à quelqu'un, mais surtout à eux-mêmes », me dit De Camillis.

Clemente et Mirko iront à Pékin chargés à bloc. Ils emporteront, serrée dans leurs poings, toute la rage de cette terre. À Marcianise, lorsqu'ils les arrêtent dans la rue, les gens leur demandent : « Quand est-ce qu'on part pour Pékin ? » Ils ne disent pas « vous partez », mais « on part ». Parce que, dans ce genre d'aventure, on n'est plus seul mais on devient la somme de plusieurs. Une somme qui fortifie l'âme. Et on a envie de leur demander ceci, à ces deux boxeurs : redonnez à cette terre ce qu'ils lui ont enlevé, montrez ce que signifie naître ici, la rage, la solitude, chaque soir le néant. C'est la matière dont Clemente et Mirko sont faits, une matière unique au monde. La faim de devenir quelqu'un, d'atteindre un objectif, de se distinguer de la couardise et des flatteries de l'entourage. Car la vie se mesure à chaque chute ; car combattre signifie ne se fier à personne et savoir qu'ici, on va toujours à contre-courant ; regarder sans cesse derrière soi, et se souvenir toujours de ceux qui ont perdu la partie.

Mais dans cette ambition, les aspirations de toute une région convergent, et l'on porte alors, dans son défi, les espoirs de toute une population. Les coups de poing donnés et reçus cessent de n'être que de simples gestes sportifs et acquièrent une dimension symbolique. Ce sont les coups de poing de toute une génération, les crochets et les uppercuts de ceux qui n'en peuvent plus de lutter quotidiennement et qui, jour après jour, accumulent une nouvelle couche de rage. Alors, on cesse de combattre pour soi-même, pour le titre, pour les entraîneurs, pour l'argent à rapporter à la maison, pour la petite amie que l'on veut épouser, et on combat pour tous. Comme De La Hoya, dont les poings ont toujours combattu au nom de tous les Latinos ; comme Mohamed Alì qui a lutté, avec son sang, pour l'affranchissement de tous les Africains du monde ; ou comme Jack La Motta, avec la fureur qui bouillait dans le corps de tous les Italo-Américains.

Alors, Clemente et Mirko, lourds de tout ce qui

est inscrit dans vos muscles, avec votre regard, avec la vitesse de vos poings et de vos jambes, avec ce courage qui vous fait marcher sans jamais raser les murs, il ne vous reste qu'un seule chose à faire : clouer dans son coin celui qui vous défie, et vaincre.

L'homme qui était Donnie Brasco

« Mieux vaut se rencontrer dans un endroit passant, on attirera moins l'attention... » Joe Pistone n'est pas vraiment tranquille en Italie : il regarde les visages des gens qui l'entourent, parle à voix basse, il est en état d'alerte permanent mais il le gère sereinement. Cela n'a rien de nouveau pour lui. J'attends devant le restaurant. Pas de Joe à l'horizon. Joe Pistone est une espèce d'icône vivante, une légende ambulante, et je suis plutôt nerveux à l'idée de me retrouver face à son talent. Un talent tragique, complexe.

Le mystère de Joe Pistone reste pour moi son aptitude à se camoufler, à se transformer, et à croire en son propre rôle. Mieux encore : à savoir si bien compartimenter son âme que ce qu'il y a de pire en lui n'apparaît pas comme quelque chose d'extérieur, mais comme une facette de sa personnalité. De longues minutes passent, j'entre pour jeter un coup d'œil. Joe est assis dans un coin. Dos au mur. Il est assis à une table, grignote des olives et recrache les noyaux dans sa main. Je l'attendais dehors, et lui, il était à l'intérieur depuis un bon moment. « Mieux vaut attendre assis en mangeant, que dehors, debout, à moins de vouloir jouer les cibles. »

Pistone me salue et me regarde : « Difficile, pour un Italien, de s'habiller plus mal que toi. » Joe Pistone, c'est Donnie Brasco, l'homme qui est devenu célèbre grâce au film de Mike Newell. Pendant des années, ce nom a été tenu tout ce qu'il y a de plus secret. Il n'était connu que des affiliés du clan Bonanno, et du FBI. Et au sein même du FBI, seul un petit nombre de personnes savait que Donnie Brasco était le nom de couverture de l'agent infiltré depuis six ans dans la « famille » la plus puissante de New York.

Joe est le contraire de Johnny Depp qui a joué son rôle ; il y avait sans doute plus de ressemblances entre Al Pacino et Lefty, le mafieux qui a fait entrer Donnie dans le clan, le prenant pour un joaillier. Mais Joe est très clair : « Le film c'est un film, ma vie c'est ma vie. » Nous nous mettons à discuter. « Tu sais, me dit-il, à New York, la Mafia était très puissante dans le bâtiment et dans les ordures. Elle avait quasiment le monopole sur les deux marchés. Elle a pu le faire en contrôlant les transports, les syndicats, et grâce à ses relations avec le monde politique. Aujourd'hui, également parce que la police s'est mise à frapper plus fort, tout ça n'existe plus ; la Mafia n'est plus aussi présente. Tout a changé. Les jeunes générations veulent tout, tout de suite. Elles y arrivent avec la drogue : c'est comme ça qu'on fait de l'argent facile, non ? Quand je me suis infiltré, ma génération s'occupait du trafic de drogue, bien sûr, mais les parrains étaient les seuls à le contrôler. La règle était claire : pas de drogue dans le quartier. On la vendait à

Harlem. Aux Noirs. Ou aux fils à papa de la New York branchée. Mais dans les zones qui nous appartenaient, pas question. Alors qu'aujourd'hui, les jeunes s'en foutent parce qu'ils veulent du fric maintenant, tout de suite. Eux-mêmes se droguent. Autrefois, il était impensable que, dans une famille mafieuse, le parrain et ses seconds prennent de la coke. Du coup, ça crée des frictions entre les générations. Les nouveaux clans ont perdu le contrôle des syndicats, parce que les jeunes n'ont ni l'expérience ni le sens nécessaire pour corrompre les politiciens comme leurs pères savaient le faire. Ce serait trop long pour eux. Eux, ils vivent dans l'immédiat. Ils n'ont aucune compétence politique. Une fois qu'ils ont perdu les syndicats, ils ont aussi perdu le contrôle sur le commerce, sur les transports routiers, et du coup, sur les prix. »

Ce qui étonne Joe Pistone, c'est que les cartels italiens aient conservé leur pouvoir en Italie et dans le monde. Toutes les mafias du monde, en matière de logique, d'action, ou d'investissements, s'inspirent de la mafia italienne ; même si, à New York, les Italiens ont, depuis des années, délégué le contrôle de leur territoire aux Albanais, aux Nigérians et surtout aux Russes. Joe m'a demandé de lui apporter un exemplaire américain de *Gomorra*. Il retourne le livre, tente d'en cacher la couverture en un énième réflexe de prudence. Puis il me dit : « Mais, de toute façon, cette couverture américaine, on ne la connaît pas en Italie, n'est-ce pas ? »

Quand il s'est retrouvé devant le Sénat américain pour parler de ses activités d'infiltré, Pistone a dit que plus les mafieux s'américanisaient, plus ils s'éloignaient de la mentalité mafieuse. Plus les USA leur entraient dans les veines, moins ils étaient fiables. « Tu sais, à un certain moment, aux États-Unis, le clan Bonanno a fait venir beaucoup de gens de Sicile ; comme ça, ils se sentaient plus en sécurité. À l'époque, le parrain Carmine "Lilo" Galante a importé des mafieux siciliens aux États-Unis. Il avait compris avant les autres quelle direction prenaient les jeunes Italo-Américains qui étaient en train de perdre leur "culture". Et c'était vrai, la troisième génération commençait à s'éloigner. Voilà pourquoi il a fait venir en Amérique la mafia sicilienne, qui était plus loyale avec lui. Il savait que les mafieux siciliens pourraient circuler en Amérique et tuer en toute liberté ; une fois arrêtés, personne ne saurait qui ils étaient. Et puis, ils étaient fiables : pas de drogue, pas d'extravagances. Honneur et discipline. »

Durant les six années de sa vie d'infiltré, Joe a vu se structurer tout l'organigramme des clans. « Avec le temps, les Siciliens sont devenus très puissants, au point qu'aujourd'hui, à l'intérieur du clan Bonanno, tu trouves deux factions : des Siciliens et des Américains, qui ne se voient pas entre eux d'un bon œil. Les Américains étaient jaloux des Siciliens importés par les Bonanno, et les Siciliens trouvaient que les Américains étaient trop *soft*. Parce que les Américains ne tuaient pas de policiers ni d'hommes politiques, alors qu'en Sicile, on n'avait pas tant de scrupules. À la fin, Galante, le parrain, a été tué. Et les Américains ont dû nouer une alliance étroite avec les Siciliens, auxquels on a promis des positions de pouvoir dans la famille Bonanno. »

De temps à autre, pendant que je parle, j'oublie

que je suis devant Donnie Brasco. Nous nous laissons aller à des réflexions sur les grands systèmes criminels. Jusqu'à ce que je lui dise : « Joe, tu sais que, chez moi, tu es une légende pour ceux qui sont des deux côtés : pour les carabiniers, mais aussi pour les garçons de la Camorra. Donnie Brasco est Donnie Brasco parce qu'il a des couilles. Le reste, ça compte pour du beurre. » Joe éclate de rire, et lance en guise de commentaire : « *Forget about it !* », la phrase mythique du film, que tous les gangsters répètent continuellement, et que les gamins chez moi se lancent en imitant les expressions d'Al Pacino et de Johnny Depp. On l'a traduite par « Oublie ça ». Alors ça donne : « La Porsche est une grosse bagnole, oublie ça », « Les Yankees ont un très mauvais serveur, mais oublie ça », « Alicia Keys a le plus beau cul du monde, oublie ça ». Une expression qui confirme ce qu'on dit. Qui confirme tout et son contraire.

Je demande à Joe Pistone si l'infiltré qu'il était n'a jamais reçu l'ordre de tuer. Et lui répète ironiquement : « *Forget about it !* » Plus d'une fois, on l'a envoyé pour tuer quelqu'un, mais il raconte qu'il a toujours réussi à s'en tirer. « On m'a assigné des "contrats". Et j'ai dû dire oui : tu ne peux pas refuser, sinon ils te tuent. Et je vais te dire une chose : s'il avait fallu choisir entre un mafieux et moi, ça aurait été lui. Je l'aurais tué. Mais je ne me suis jamais retrouvé dans cette situation. Un jour, j'étais avec d'autres mafieux dans un club où on avait l'habitude de se rencontrer. Je reçois un coup de fil, et le type au téléphone me dit que l'homme que je dois tuer se trouve à une certaine adresse. Les autres me disent : "OK, on va aller le buter." J'ai compris que j'étais coincé, parce que, si on allait là-bas et que je ne le tuais pas, eux, ils me descendraient. J'ai compris que ce type devait mourir. Mais, alors qu'on allait sortir, on reçoit un autre coup de fil qui nous dit que les informations étaient bidon. Du coup, on n'y est pas allés. Mais je devais toujours avoir à l'esprit ce que j'étais prêt à faire pour sauver ma peau. »

Avoir à l'esprit ce qu'il était. C'est cela, le plus difficile. L'avoir seulement à l'esprit, et non sur la poitrine ou dans l'estomac. À l'intérieur de lui, il devait être Donnie Brasco, pas Joe Pistone. Éloigné de sa famille pendant six ans ; six ans durant lesquels on ne peut s'avouer à soi-même qui l'on est vraiment, sans quoi on se met à commettre des erreurs, des fautes, on devient imprécis, scrupuleux et moral. Le contraire de ce qu'il faut. Six années durant lesquelles on doit tout enregistrer, observer les visages, les humeurs, essayer de comprendre ce qui est en train de se passer, ce qui va arriver. Joe le fait avec foi. Foi dans le destin, manière de dire : on mourra tous tôt ou tard, et quand mon tour viendra, je n'y pourrai rien, mais avant que ce moment n'arrive, je vais tout faire pour rester en vie. « Un jour, un type me dévisage : "Convaincs-nous que tu es vraiment un voleur de bijoux, ou on te retrouvera enroulé dans un tapis." J'ai dû me sauver avec des mots, sans laisser filtrer la moindre anxiété, comme si je lui disais simplement : "Si tu veux me descendre, fais-le, je suis là." »

« Une autre fois, quelqu'un m'a accusé d'avoir volé au clan de l'argent provenant de la drogue. Pour savoir si c'était vrai, ils ont organisé des réunions. Dans ce cas-là, si tu paniques, ils t'emmènent “faire un tour”, c’est-à-dire à l’extérieur de la ville, puis ils te font cadeau d’une balle dans la nuque. Alors, au lieu de m’éloigner, pour éviter qu’ils me fassent “faire un tour”, je suis resté dans les parages, juste devant la porte du lieu de réunion. Attendant qu’ils aient fini, sans la moindre peur. C’est tout. Il n’y a pas grand-chose d’autre à faire. » Je n’arrive pas à comprendre comment il a pu feindre de ne pas avoir peur. On peut faire semblant de sourire, faire semblant d’être mafieux, mais je n’arrive vraiment pas à imaginer comment on peut feindre de ne pas avoir peur. On ressent la peur et on la chasse ? Impossible à comprendre, ce sont des mécanismes que l’on peut seulement vivre, ou plutôt auxquels on peut seulement survivre. Si on a de la chance. Je lui dis : « J’admire la capacité que tu as eue de garder séparées tes deux vies. À mon avis, c’est ce qui a sauvé ton âme. » Joe me regarde avec mélancolie, et se contente de me répondre : « *Thanks.* »

Nous commençons le repas, et le ton devient moins sérieux, l’enregistreur se remplit de bruits de couverts qui raclent les assiettes, de verres qui tintent pour porter des toasts idiots aux choses les plus disparates, « à la vie », « que les mafieux aillent se faire enc... », « à l’Italie », « au Sud ». L’anxiété et la tension initiale se relâchent, je prononce même le nom de Donnie Brasco à voix haute, et Joe se contente de jeter un coup d’œil dans la salle de restaurant pour voir s’il y a des réactions. Rien. Nous pouvons continuer à parler sur un ton normal. Je lui explique que « dans mon pays, faire partie de la Mafia signifie avoir du sex-appeal, on est entouré de *groupies* ». Joe Pistone confirme l'universalité du phénomène. « En Amérique, c'est pareil. Quand tu es un mafieux et que tu entres dans un restaurant, on te donne la meilleure table. Même chose quand tu entres dans un magasin de vêtements. Quand tu es un chef mafieux, les femmes se donnent à toi "sur le bras"... » Une expression que je ne connaissais pas, *on the arm*, ce qui veut dire quelque chose comme « rubis sur l'ongle ».

Je demande si, après ces années si particulières et difficiles, cette vie ne lui a pas manqué, mais Joe est catégorique : « Non, ça ne m'a jamais manqué. Pour moi, c'était juste un travail. J'ai eu la chance de grandir dans un quartier italien où la Mafia était chez elle : je la connaissais, et elle ne me fascinait pas. Je ne pensais pas que c'était un truc remarquable. » Dans le film, en revanche, la relation entre Johnny Depp et Al Pacino est entièrement centrée sur une espèce de nostalgie. Brasco sait qu'il perdra l'affection de Lefty ; que Lefty sera peut-être tué dès qu'on découvrira que Brasco est un inflitré. Mais, dans la réalité, ça ne s'est pas passé ainsi. « Lorsqu'on tourne un film, on doit faire en sorte que le héros montre ses sentiments. Si le héros dit aux flics : "Faites ce que vous voulez de ces crapules, tuez-les. Moi, je m'en fous", les scénaristes modifient la scène, parce que le public n'aime pas ça. Voilà pourquoi ils ont voulu donner l'impression que je regrettais de voir les gens se retrouver en taule, ou tués ; pour ne pas que l'on pense que mon personnage était insensible. Mais peut-être que, quand je me suis transformé en Donnie Brasco, je suis vraiment devenu insensible. »

Moi qui suis né et qui ai grandi sur un territoire

où beaucoup de gens qui m'étaient chers se sont retrouvés dans la Camorra, je n'ai jamais pu les considérer comme étrangers à tout sentiment ou à toute émotion, simplement parce qu'ils avaient choisi une route différente de la mienne. On ne peut pas continuellement obliger son cœur à ne pas aimer quelqu'un parce que, dans la vie, il se comporte selon des principes que votre cerveau méprise et déteste. Je lui demande comment il a fait pour ne pas tenir compte de cette relation naturelle qui naît parfois entre les gens, et pour dénoncer ceux que, au fond, il avait aimés. Sa réponse est très claire : il n'a jamais nui qu'à des affiliés, pas à des gens obligés d'entrer en relation avec la Mafia. « Je te comprends, me dit-il. Quand je travaillais comme infiltré pour le FBI, on m'a demandé si j'avais des informations sur des gens de mon quartier, des gens que j'ai connus dans mon enfance. J'ai refusé, parce que j'avais vécu là. En définitive, tu vois, que ce soit dans le sud de l'Italie ou à New York, c'est pareil. »

En six ans de couverture, Joe Pistone ne voyait ses trois filles qu'une fois tous les six mois ; elles vivaient dans le New Jersey, et lui travaillait à Manhattan. Une frustration terrible. « Quand je rentrais et que je croyais être encore un père, je découvrais que je ne l'étais plus. Que j'étais habitué à être un homme sans famille, et que ma famille n'était plus habituée à moi. Mais j'étais persuadé d'agir pour une société meilleure, pour un pays meilleur, je savais qu'à la fin, mes filles tireraient un bénéfice de ce que je faisais. C'était la seule manière possible de voir les choses. Et ma famille l'a compris. » Pistone a fait arrêter environ cent cinquante affiliés au clan Bonanno, et sa tête est toujours mise à prix pour cinq cents mille dollars par la mafia italo-américaine de Manhattan. Lors des procès, plusieurs tueurs des clans, ses anciens amis, lui ont adressé un geste depuis leur cage : de la main, l'index tendu, ils ont mimé le tir d'un revolver pointé sur lui. J'ose lui répéter que je ne comprends pas comment il a pu surmonter sa peur. Quand on m'a attribué une escorte, Gaetano Maruccia, le colonel des carabiniers, m'a dit, citant Roosevelt : « La seule chose dont il faut avoir peur, c'est de la peur elle-même. » Comme pour m'inciter à continuer, à faire sereinement mon travail et à ne pas tomber dans le piège des clans qui veulent vous coller une angoisse perpétuelle et vous éloigner ainsi de vous-même. « Entièrement d'accord, dit Joe. Je n'ai jamais eu vraiment peur. Si tu as peur, ils le lisent sur ton visage. J'étais toujours en alerte, j'étais toujours conscient du fait que, si je commettais une erreur, je risquais de mourir. Et la peur te fait commettre des erreurs. »

Bien sûr, me dis-je, mais après ? Une fois que le travail d'infiltré est terminé ? Comment fais-tu pour vivre sereinement ? Tu ne peux pas continuer pendant des années à ne pas avoir peur de la peur, non ? « La Mafia, on en a les preuves, a envoyé des gens de tous les coins des États-Unis pour me descendre. Au fond, après, je n'étais pas si différent de ce que j'étais en tant qu'infiltré : parce que, dans ma tête, je faisais la même chose. Je faisais ce qui était juste. Et, comme c'était juste, il n'y avait aucune raison d'avoir peur. Parce que je faisais partie des bons. Et si je me posais la question :

“Quelle est la pire chose qu’ils puissent me faire ? Me tuer ?”, ça ne me semblait pas si grave. »

Au fond, Joe est un homme simple. En paix avec lui-même. Il a toujours été persuadé que c’était son travail qu’il accomplissait, qu’il était du côté de la justice, et il faisait tout son possible pour bien s’acquitter de sa tâche. Il ne s’est jamais considéré ni comme un héros, ni comme un « infâme[1] ». Mais sa conscience a eu plus de mal à admettre ce que sa famille a dû supporter. « Ça a été le moment le plus dur de ma vie. Quand la mise à prix de ma tête s’est étendue à toute ma famille, et que mes proches ont dû changer d’identité et s’installer ailleurs. Oui, je me suis senti coupable, parce que ce n’est pas une vie normale. Jamais. Quand tu rencontres des gens nouveaux, tu ne peux avoir aucune conversation concernant ton passé, qui tu étais, ce que tu as fait. C’est dur pour ta famille. Et cette situation a entraîné plus de contraintes pour eux que pour moi. Sans doute aussi parce que moi, je sais prendre soin de moi-même. » Je lui demande s’il a essayé de sauvegarder sa mémoire. « La première chose que j’aie faite a été de raconter à quelqu’un le récit de ma vérité, de manière à ce que, s’il m’arrivait quoi que ce soit, quelqu’un pourrait la restituer. Il y a un agent du FBI à qui j’ai tout raconté. C’était un de mes amis. Et le juge Falcone aussi était un ami. »

Puis, c’est au tour de Joe de me poser des questions. Il dit avoir du mal à imaginer que la lutte antimafia puisse l’emporter en Italie. Il se rend

1. Dans le langage de la Mafia, l’« infâme » est celui qui collabore avec la police.

compte qu'aujourd'hui, chez nous, la Mafia est encore plus puissante qu'au temps de Donnie Brasco, quand les clans américains avaient des accointances politiques et contrôlaient, non seulement la drogue, mais les transports, le business des ordures et l'immobilier, toutes ces ramifications qu'ils ont continué à cultiver et à renforcer ici. Les parrains italiens sont de vrais entrepreneurs, plusieurs chefs de zone ont un vrai diplôme, et leur parcours est impressionnant. Il est presque bouleversé par la férocité bourgeoise des organisations italiennes. « Tu sais, les mafieux américains sont des gangsters, et eux-mêmes se considèrent comme tels. Ils partent de la rue, comme des criminels ordinaires, puis gravissent les échelons de l'organisation. C'est dans les classiques du cinéma que tu les vois jouer un rôle de businessmen. Ils se sentent en dehors de la société "normale", comme une caste à part. Ici, en Italie, je sais que des médecins et des avocats en font partie. » Joe a tenté de démonter le mythe mafieux, avec les comptes rendus que faisait Donnie Brasco du système. « Chez nous, une grande partie des mafieux ne se fait pas construire des villas et des palais. Leur vanité se focalise sur les vêtements, les voitures, les femmes qu'ils fréquentent. Il n'était pas difficile de les démystifier, ils ne sont pas comme les parrains italiens qui construisent leur propre légende. Seul Gotti a fait cela, aux États-Unis. » Dans la bouche de Joe, de tels propos font réfléchir. Je me demande si la mafia italo-américaine n'a pas pu être vaincue parce qu'au fond, elle n'a jamais confondu cinéma et réalité ; alors que la nôtre a joué à imiter Hollywood, en se faisant construire des villas de rêve, et jusque dans sa soif de grandeur et de pouvoir. Et elle y est parvenue. Impossible, en abordant le sujet, de ne pas parler des *Soprano*, la série télévisée qui semble avoir changé le cours de l'histoire de la télévision et de l'image de la Mafia, aux États-Unis, et dans une bonne partie de l'Europe.

« En Amérique, on ne connaît la Mafia que dans les villes les plus importantes, comme Chicago et Detroit, parce que les activités mafieuses se concentrent dans les régions industrialisées. Dans d'autres régions des États-Unis, comme dans le Sud, il n'y a pas d'influence mafieuse parce qu'il n'y a pas d'industrie. On peut donc dire que, si cette série a eu un tel succès chez nous, c'est parce que les gens étaient fascinés par quelque chose que souvent, ils ne connaissaient pas ; par la possibilité de voir à la télévision le "bon" côté de la famille mafieuse, même si celle-ci est violente et corrompue ; aucune autre émission ne le leur avait jamais montré. J'aime bien les *Soprano*, mais les Italo-Américains sont trop susceptibles ; aux États-Unis, il existe des associations dont le but est de protéger leur image. Cela peut sembler paradoxal, mais là-bas, il est extrêmement courant, quand tu rencontres quelqu'un et qu'il s'aperçoit que tu es italien, d'entendre des commentaires du genre : "Donc, tu fais partie de la Mafia." Ça, je ne le supporte pas. »

Je lui raconte un épisode qui le concerne : « Un jour, un parrain napolitain a dit que Joe Pistone était devenu Donnie Brasco en roulant les Bonanno parce qu'il n'avait pas la tête d'un mafieux, mais celle d'un vrai homme. Alors que mes amis me disaient, pour se moquer de moi, que, pour moi, il n'y avait pas d'espoir, avec la binette que j'ai. » Joe se met à rire : « Je me dis que, tout compte fait, il est comique que les parrains doivent recourir à de telles excuses pour se justifier. Je les ai roulés, un point c'est tout. Il n'y a pas d'excuses. »

Oui, il les a roulés, un point c'est tout. Pas avec sa tête, mais grâce à toutes les autres qualités que je découvre à mesure que l'atmosphère se détend et que Joe Pistone remplit son verre. Joe sait regarder les gens qui se trouvent devant lui, il les soupèse du regard, il remarque les détails ; il semble même capable de deviner quand on s'est coupé les ongles et si l'on a des images pieuses dans son portefeuille. Il me regarde, me questionne sur la petite plaque militaire que je porte au cou : « Des parachutistes, n'est-ce pas ? » Puis il veut savoir : « Comment se fait-il que tu portes ces trois bagues ? » J'essaie de lui expliquer que, chez moi, c'est une vieille coutume, que je les porte plus par tradition que par croyance. Trois comme le Père, le Fils et le Saint Esprit. « C'est beau », dit-il. Joe aussi aime porter des symboles. Il me montre sa *Claddagh Ring*, un symbole irlandais d'amitié et d'amour, une bague qu'il partage avec sa femme. Ce sont toujours les détails qui montrent à quel point la réalité dépasse l'imagination, et font comprendre que ce monsieur d'un certain âge, bien portant et bedonnant, est bien plus grand que Johnny Depp. Cette alliance celtique, un objet qui n'a rien à voir ni avec Donnie Brasco ni avec tout l'imaginaire italo-américain, choisie pour témoigner du lien avec la femme restée à ses côtés toute la vie, en dépit de tout.

Joe Pistone se lève. Nous avons fini. Il m'étreint fort, m'entourant les épaules de ses bras, puis sort un appareil photo. Nous avons l'air d'un couple de touristes éméchés. Ou plutôt, d'un oncle d'Amérique venu rendre visite à son neveu. Nous ne nous soucions plus de ne pas nous faire remarquer, nous nous levons et, dans la salle de restaurant, prenons au flash des photos souvenirs, des photos horribles, mais qui témoigneront d'un moment trop important pour qu'on se soucie de la beauté des images. C'est un climat étrange, empreint d'amusement et de sérénité. Joe met son chapeau et son manteau, et sort. Nous nous étreignons de nouveau, puis il me dit, en me regardant dans les yeux : « Continuez ; ici, en Italie, tout reste à faire, ce n'est qu'un début. » Continuons. C'est promis, Donnie, c'est promis, Joe.

Siani, journaliste authentique

Le 23 septembre 1985, Giancarlo Siani, jeune journaliste local au *Mattino*, est assassiné devant son domicile, dans le quartier du Vomero. Il avait raconté de manière très précise et documentée les guerres entre clans de la Camorra. Giancarlo Siani a été assassiné dans une Naples fondamentalement différente de la Naples d'aujourd'hui, qui semble presque pacifiée ; trois cents morts par an en faisaient une ville en perpétuel état de guerre.

Pour beaucoup, le mobile précis de cet assassinat reste un mystère. Les révélations du procès[1] ne suffirent pas à convaincre, en tout cas pas tout le monde. Un article de quatre mille signes, signé de Siani, et publié dans *Il Mattino* du 10 juin 1985, avait fortement contrarié le clan Nuvoletta. Le jeune journaliste avait osé insinuer que l'arrestation, à Marano, de Valentino Gionta, le boss de Torre Annunziata, était le prix payé par les Nuvoletta pour éviter la guerre avec le clan des Bardellino. Les Nuvoletta, décidés à se défaire de leur affilié

1. Il a fallu plus de quinze ans et plusieurs procès (le dernier, en cassation, s'est tenu en 2000-2001) pour identifier les coupables.

gênant, Valentino Gionta, dont les affaires avaient empiété sur les territoires de Bardellino, auraient préféré le vendre à la police plutôt que de le tuer. Le fait d'être découverts et dénoncés en tant qu'« infâmes » dans un article du *Mattino* aurait irrité le clan de Marano, et derrière lui leur puissant allié Totò Riina, le patron de la Mafia de Corleone, en Sicile. Les Nuvoletta décrétèrent la mort de Siani, afin de démontrer au clan Gionta que l'hypothèse avancée par le jeune journaliste – en réalité exacte – était mensongère.

Beaucoup d'observateurs considéraient que cet article ne suffisait pas à expliquer la condamnation à mort ; ils recommandaient de s'intéresser aux recherches que Giancarlo Siani menait également sur la reconstruction immobilière après le tremblement de terre en Irpinie, le grand business des marchés publics qui avait rempli les poches des dirigeants politiques, des entrepreneurs et, surtout, des camorristes. Siani avait rassemblé une documentation précieuse, avec des noms et des données précises ; il comptait en faire un livre, qui ne vit jamais le jour, et dont l'ébauche ne fut jamais retrouvée.

Le dénominateur commun à ces hypothèses ne fait aucun doute : Siani a été tué à cause de ce qu'il écrivait. Dans les espaces restreints qui lui étaient offerts, ce jeune journaliste a été capable de reconstituer les scénarios de la Camorra, de mettre en balance les forces en présence, sans se perdre dans les faits divers. À partir des éléments qu'il a trouvés sur le terrain ou de faits, Giancarlo Siani a ouvert de nouvelles pistes. Son travail se fondait sur une analyse de la Camorra en tant que phénomène de pouvoir, et non en tant que simple phénomène criminel. Ainsi, les conjectures, les hypothèses devenaient, dans ses articles, des outils pour comprendre les connivences entre Camorra, industrie et politique.

Réfléchir sur l'affaire Siani ne doit pas se réduire à la seule commémoration de son sacrifice, ni à l'évocation de sa vie ; ce devrait être l'occasion de considérer l'état actuel du journalisme d'enquête, qui semble au point mort. La mort de cette forme de journalisme est une garantie de silence sur les affaires économiques complexes de la Camorra, sur la question, toujours sans réponse, des liens entre le parti démocrate chretien, le parti socialiste italien, et « Nuova Famiglia », le cartel camorriste qui, dans les années 1980 et 1990, regroupait toutes les « familles » de Campanie, et que l'historien Eric Hobsbawn a défini comme la plus grande holding d'entrepreneurs d'Europe. Après plusieurs renvois en jugement, sentences et appels, les enquêtes judiciaires se sont toutes ensablées et, avec elles, les enquêtes journalistiques. Et pourtant, le repenti Pasquale Galasso avait commencé à raconter avec précision les mécanismes et les opérations économiques, les investissements et les relations clientélistes, mettant au jour les logiques et les dynamiques précises avec lesquelles le pouvoir démocrate-chrétien avait géré l'État.

L'assassinat de Siani s'est produit il y a vingt ans, et pourtant, à considérer la situation actuelle, on dirait que c'était hier. La Naples des centurions de la DC, que Siani observait et dénonçait, demeure invaincue : Antonio Gava, Paolo Cirino Pomicino,

Alfredo Vito, Aldo Boffa sont toujours les représentants de pouvoirs politiques et économiques puissants, et en apparence toujours blancs comme neige. La Camorra n'est pas morte. Son hégémonie est totale. Si l'on totalise les profits de leurs activités légales et illégales, les clans de Campanie brassent plus de dix milliards d'euros par an, un patrimoine astronomique qui se greffe sur le tissu de l'économie légale, européenne et mondiale. Au point qu'il semble absurde de parler encore de criminalité organisée. Il serait plus judicieux de définir les clans comme de véritables entreprises capables d'accéder au marché « propre », avec de très précieuses plus-values garanties par la protection militaire et par l'accès à ces marchés clandestins pérennes que sont l'usure et la drogue.

Jamais comme aujourd'hui on n'a eu autant besoin d'un journalisme d'enquête, capable de démêler l'écheveau des investissements grâce auxquels les clans camorristes se métamorphosent en entreprises prestigieuses, contrôlent les transports, les prix et les produits, comme dans l'affaire Parmalat, dont l'alliance avec la Camorra a permis au groupe émilien de monopoliser toute la distribution du lait. Avec, au bout de la chaîne, le contrôle des votes et du pouvoir politique. Les journaux locaux sont les seuls à donner des informations sur la Camorra, informations qui se bornent, le plus souvent, à de simples bulletins nécrologiques, rapports de règlements de comptes dans un flux de faits divers qui ne cherche ni à approfondir ni à dénoncer. Le journaliste d'enquête devrait jouer le rôle d'intermédiaire entre la vérité judiciaire et la vérité historique. Deux niveaux très différents et, souvent, non superposables. C'est précisément sur l'infinie construction et déconstruction des éléments, des faits et des hypothèses, que devrait se pencher le journaliste qui enquête sur la Camorra.

Giancarlo Siani a été tué à l'âge de vingt-six ans, par une soirée de septembre encore estivale, alors qu'il rentrait chez lui au volant de sa Méhari. Restent ces images : cette vie si jeune encore, ce visage derrière des lunettes épaisses, ce corps fluet fauché par les balles de revolver, toute la fragilité de ce jeune homme qui avait réussi, avec ses seuls mots, à faire trembler des parrains. Et c'est au nom de la force de la dénonciation, unie à la faiblesse de la personne humaine, qu'il faudra trouver les outils pour faire renaître un nouveau journalisme d'investigation, plus diffus et plus efficace. Pour ne pas contraindre à un combat héroïque et solitaire quelques journalistes locaux, que personne n'écoute.

Le gardien du phare

Je suis réveillé par un coup de téléphone de la directrice du magazine l'*Espresso,* qui m'annonce la mort d'Enzo Biagi. Je reste longtemps dans mon lit, à fixer le plafond. On m'avait dit qu'il allait mal, mais je ne m'étais pas trop inquiété : ces dernières années, j'avais vu Biagi résister à tous les commentaires sur sa vieillesse, ainsi qu'à ceux qui le disaient déjà quasiment sénile. Je croyais que, cette fois encore, il parviendrait à chasser les ailes noires des corbeaux qui planaient au-dessus de lui. Mais non.

Biagi, pour les gens du métier, c'est une multitude d'éditoriaux et d'émissions, un pilier de la communication démocratique en Italie. Je me sens incapable de me mesurer à sa vie, ou à ce qu'il a représenté pour l'information en Italie.

Pour moi et, je crois, pour toute ma génération, il a représenté un vrai renouvellement. Cela peut sembler étrange qu'un homme élégant, assis derrière son bureau, puisse devenir la norme de nouvelles tendances et servir de référence à une innovation de fond. Totalement éloigné de ce qu'il avait été dans sa jeunesse, un directeur sévère, un chroniqueur virulent se tenant au-dessus des partis, loin de ses relations avec la Démocratie chrétienne et le Parti communiste italien. Rien de tout cela pourtant n'est encore Enzo Biagi. Biagi et sa génération sont différents des contestataires barbus des années 1968 et 1977. Ils n'avaient pas les mêmes lectures, ne se référaient pas à Mao, ne tombaient pas dans les dérives léninistes.

Avec Enzo Biagi, nous parlions souvent de Corrado Alvaro, l'écrivain calabrais qu'il aimait beaucoup. Il le considérait comme « un conteur capable de faire que toute l'Italie se reflète et se reconnaisse dans l'Aspromonte ». Biagi a toujours été différent à mes yeux des hommes de la génération de mon père. Des hommes qui, hier, prophétisaient le renversement historique, et qui prêchent aujourd'hui l'impossibilité de tout changement. Biagi avait le mérite d'affronter le quotidien. De prendre chaque problème point par point. Sans se précipiter sur la solution, mais en avançant étape par étape. Il avait envie de traiter d'abord ce qui intéressait les gens. D'être utile à ceux qui n'ont pas de temps à perdre. Il avait le souci des sujets touchant au quotidien – les impôts, le terrorisme, l'enseignement, la maladie – et savait les relier à des perspectives plus larges. Faire comprendre, diffuser, divulguer mais aussi discipliner et contrôler.

Je n'ai jamais considéré Biagi comme un chien de garde de la démocratie, mais plutôt comme un homme qui n'a jamais renoncé à sa vocation de gardien de phare. Le gardien du phare de la démocratie. Comme Maqroll, le gabier, décrit par Álvaro Mutis, qui surveille l'entrée au port. Pas pour guider les navires vers la haute mer, ou leur indiquer un cap, mais pour éclairer l'arrivée. Pour que chacun puisse choisir librement. C'était ça, le talent de Biagi, et c'était ce qui faisait son autorité. Ils savait parler à tout le monde comme il l'aurait fait avec des invités, comme s'il les recevait chez lui. Pas une seule fois, il n'a snobé le téléspectateur, ni ne l'a traité comme un singe nu devant l'écran.

L'autre forme de résistance que Biagi a pratiquée est celle qui consiste à bien faire les choses. Il était capable de parler de manière claire et factuelle de la complexité italienne. Chose rare pour un éditorialiste qui détestait la dimension de commentaire personnel de l'exercice. Il lui préférait la confrontation des actes, des idées, des visions. Je me souviens de son agacement devant les certitudes idéologiques, le Bien et le Mal, les revendications d'athéisme comme le catholicisme orthodoxe, la politique spectacle, les combines. Cette opposition existentielle qui consistait pour lui à agir de manière exactement contraire à tout ce que l'on déteste. Si l'on déteste le ricanement des politicards, on recherchera la parole légitime ; si l'on abhorre l'approximation, on ira dans le sens de la plus grande exactitude. C'est une attitude de vie assez simple : se vouloir différent de ce que l'on refuse ; ne pas chercher à plaire à tout le monde ; identifier les causes pour lesquelles il vaut la peine de prendre position. Pour Biagi, adopter des positions tranchées a toujours été une manière de témoigner du respect à ceux qui lui accordaient leur confiance et l'écoutaient. Seulement ensuite, dans un second temps, une manière de se respecter lui-même. Ne pas considérer son espace de communication comme un vaste palais dont chaque porte s'ouvre sur un pouvoir en place, où les starlettes se transforment en experts du monde politique, et les employés du fisc en stratèges et conseillers ministériels.

Quand il avait fait son retour à la télévision, Enzo Biagi m'avait appelé. Je m'étais alors rendu compte qu'il y a des moments où le temps se condense, où les secondes et les minutes prennent une densité particulière, vous forçant à comprendre que chacun de ces instants restera gravé dans votre mémoire. Le retour d'Enzo Biagi à la télévision a été pour moi un de ces moments-là.

Je me suis rendu chez lui, nous avons mangé ensemble. Biagi me racontait ce qu'il avait vécu à Naples, après la guerre. Il me parlait de rues où j'avais habité pendant des années, mais qui, dans son souvenir, étaient éventrées, sombres ; et pourtant, nous arrivions à nous comprendre en voyageant à travers la cartographie de deux siècles différents. Nous discutions de l'état actuel des choses : comme une reconnaissance des éléments du désastre. D'une politique qui ignore la rigueur de la bonne gouvernance et qui n'a pas l'énergie de susciter de grandes passions. D'un pays cassé en deux, où Nord et Sud ne communiquent pas, où tout est raconté de manière unilatérale, où l'on sait de moins en moins ce qui se passe, et où toute l'attention se focalise sur les querelles politiques ; nous discutions d'un pays où « la petite phrase d'un parlementaire risque de susciter davantage d'intérêt que les faits ; le public connaît ces propos lamentables, mais ignore ce que vit l'Italie ». Biagi me parla du jour où il était allé au mariage de Giovanni Falcone. « Jusqu'à la fin, ils se sont méfiés de lui, c'est seulement avec sa mort qu'il a réussi à rendre justice à son propre travail. C'est seulement après sa mort qu'ils ont compris que sa stratégie était la bonne pour essayer de changer cette relation mortifère entre Cosa Nostra et la politique. Un pays qui ne reconnaît ces choses-là qu'après le sacrifice d'une vie est un pays malade. »

Une voix nous convie à aller nous faire maquiller. Loris Mazzetti[1] l'appelle alors qu'il s'apprête à s'asseoir sur le petit fauteuil de l'émission, accompagné par sa fille Bice. Loris et lui se regardent. « Cinq ans, Enzo, cinq ans. Et nous voilà de retour. » Biagi est ému, Mazzetti semble serrer les dents. L'heure a sonné, en quelque sorte, un veto vient d'être levé ; avoir résisté apparaît enfin comme ce qu'il fallait faire, comme une force venue de loin, muscles entraînés à traverser les bourbiers empoisonnés, le fascisme, les Brigades rouges, la Démocratie chrétienne, le Parti communiste italien, Tangentopoli.

Dans le studio, Biagi me sourit et chuchote, en homme qui invite à regarder ce qui est important : « Sans le Sud, ce pays serait un pays mutilé, pauvre. Je ne supporte pas ceux qui déblatèrent contre le Sud. » Il sera difficile de surmonter son absence : c'est comme lorsqu'un mathématicien perd une formule, un modèle pour résoudre une équation.

Biagi était ainsi. Même quand il se taisait, on se demandait ce qu'il allait dire et penser, de quelle manière ce jaguar de la parole démonterait les contradictions de son interlocuteur. Il incarnait la confrontation.

---

1. Chef de projet à RaiUno, documentariste et réalisateur de nombreuses émissions de télévision.

« Il faut qu'on se revoie bientôt, m'avait-il dit, qu'on parle d'un tas de choses qui ne vont pas, mais je crois qu'il est encore possible de les changer.

— Bien sûr, on se revoit bientôt, Enzo », lui avais-je répondu.

Nous savions tous les deux que nous ne nous reverrions plus. Adieu, Enzo, que la terre te soit légère.

Au nom de la loi, d'un père et de sa fille

En tant qu'Italien, j'espère simplement que mon pays présentera ses excuses à Beppino Englaro[1]. Des excuses pour avoir donné aux yeux du monde l'image d'un pays cruel, incapable de comprendre la souffrance d'un homme et d'une jeune femme malade. Des excuses pour avoir vitupéré et pris parti pour ou contre, alors qu'il n'aurait pas fallu juger.

En l'occurrence, il ne s'agit pas d'être dans le camp de la vie ou dans celui de la mort. Il ne s'agit vraiment pas de cela. Beppino Englaro n'était certainement pas partisan de la mort d'Eluana ; son regard est celui d'un père qui souffre, et qui a perdu tout espoir de bonheur, et même de beauté,

1. La fille de Beppino Englaro, Eluana, a vécu dix-sept ans dans un coma végétatif à la suite d'un accident de voiture survenu en 1992. La famille ayant demandé en 1999 l'arrêt de l'acharnement thérapeutique, une longue bataille judiciaire s'en est suivie, accompagnée d'une bataille médiatique et politique. Le 9 février 2009, la jeune fille décédait après l'arrêt de toute hydratation ; une partie de la presse et de la classe politique s'est aussitôt déchaînée contre le père de la jeune fille.

à cause des souffrances endurées par sa fille. Beppino avait le droit, il a toujours le droit, d'être respecté en tant qu'homme et citoyen, même et surtout si l'on ne partage pas ses idées. Parce que c'est vers les institutions qu'il s'est tourné, et que, se battant à l'intérieur des institutions et avec les institutions, il a seulement exigé que la sentence de la Cour suprême soit respectée.

Je me suis demandé pourquoi Beppino Englaro, comme certains, du reste, le lui avaient conseillé, n'avait pas jugé bon de résoudre le problème « à l'italienne ». Dans les hôpitaux, on entend : « Mais pourquoi en faire un combat symbolique ? Il n'avait qu'à emmener sa fille aux Pays-Bas, et tout était réglé. » D'autres encore conseillaient la méthode habituelle et discrète : deux cents euros glissés à une infirmière habile, et le problème était réglé sans faire de vagues.

Comme dans ce film, *Les Invasions barbares*[1], où un professeur canadien à la retraite, en phase terminale et souffrant atrocement, réunit des amis et des membres de sa famille dans une maison au bord d'un lac et, grâce au soutien économique de son fils et à une infirmière, se fait euthanasier.

Je me demande pourquoi Beppino Englaro a accepté toute cette médiatisation bruyante. Pourquoi il n'a pas suivi l'exemple de ceux qui émigrent sans faire de bruit, pour rechercher le bonheur ailleurs, quand leurs conditions financières le leur permettent. Que ce soit les techniques de fécondation interdites en Italie, ou une fin de vie dans la dignité. Il y a une certaine amertume à penser que

1. Film canadien de Denys Arcand (2002).

désormais on ne quitte plus l'Italie seulement pour chercher du travail, mais aussi pour pouvoir naître et mourir. Avec l'affaire Englaro, ont ressurgi dans leur version moderne toutes les vieilles formules poussiéreuses qu'on nous répétait à l'université, pendant les cours de philosophie.

Le principe kantien : « Agis comme si la maxime de ton action devait être érigée par ta volonté en loi universelle de la nature » s'est fait ici chair et sueur. Cet exemple permet peut-être de comprendre le geste de Socrate qui ne s'enfuit pas et boit la ciguë. La question est redevenue d'une actualité brûlante ; et il est assez évident que cette volonté de rester jusqu'au bout, d'ignorer ou plutôt de refuser la possibilité de fuite, est bien plus qu'une campagne en faveur d'une mort digne : c'est un combat pour la défense de la vie d'autrui.

Nul ne dénie à ceux qui ne partagent pas la position de Beppino Englaro le droit, voire le devoir de conscience, de manifester leur opposition à la mort par cessation d'alimentation et d'hydratation. Retirer la sonde. Mais c'était un combat à mener sur le terrain de la conscience, et non en cherchant par tous les moyens à empêcher une décision de justice qui avait été, par ailleurs, difficile à prendre.

Beppino s'est tourné vers la loi, et la loi a fini par confirmer que sa question était un droit. Cela a suffi à déclencher la fureur et la haine. La charité chrétienne consiste-t-elle à le traiter d'assassin ? L'histoire chrétienne m'a appris à reconnaître la douleur d'autrui avant toute chose. À la comprendre et à la ressentir dans ma propre chair. Et certains, qui ne savent rien de la douleur que l'on éprouve à voir sa fille immobile sur un lit, comparent Beppino au comte Ugolino[1] qui, poussé par la faim, dévore ses propres enfants ! Et ils osent dire ces infamies au nom de la religion. Mais ils se trompent ! Je connais une Église qui est la seule à agir sur les territoires les plus difficiles, qui est proche des situations les plus désespérées, qui est la seule à offrir une dignité de vie aux émigrants, à ceux qui sont ignorés des pouvoirs publics, à ceux qui n'arrivent pas à s'en sortir par ces temps de crise. La seule à donner de la nourriture, la seule à être présente auprès de ceux qui ne trouvent plus aucune écoute. Les pères comboniens[2], la communauté de Sant'Egidio et le cardinal Carlo Maria Martini ont un rôle essentiel pour le maintien d'une certaine dignité en Italie.

Pour moi, l'histoire chrétienne, c'est cela. Non celle qui accuse un père qui n'a pour lui que l'arme du droit. Par respect pour sa fille, Beppino a diffusé des photos d'Eluana belle et souriante, pour qu'on se souvienne d'elle en vie, mais il aurait pu montrer son visage déformé, émacié, bouffi, ses oreilles devenues calleuses, la salive qui coule, un corps inerte et une tête chauve. Or, il ne voulait pas l'emporter en recourant au chantage de l'image. Il voulait se contenter de ce droit qui permet à l'être humain de décider de son propre sort. À ceux qui croient s'attirer les faveurs de l'Église en affichant leur proximité avec Eluana, je demande : où étiez-vous

1. Allusion au chant XXXIII de l'*Enfer* de Dante, quand les fils du comte Ugolino, affamé, s'offrent en pâture à leur père.

2. Pères missionnaires dont le nom dérive de celui du saint Daniele Comboni (1831-1881).

quand l'Église tonnait contre la guerre en Irak ? Et où êtes-vous quand l'Église demande de l'humanité et du respect pour des migrants entassés entre Lampedusa et les abysses de la Méditerranée ? Où êtes-vous quand, sur certains territoires, l'Église, unique voix de résistance, exige une intervention décisive en faveur du Sud et contre les mafias ?

J'aimerais pouvoir exhorter tous les chrétiens d'Italie à ne pas croire ceux qui spéculent sur la division, à ne pas suivre des débats qui ne reposent sur aucun fait précis. Comme toujours, ce qui nous a manqué ici, c'est la capacité à éprouver la douleur. La douleur d'un père. La douleur d'une famille. La « douleur » d'une femme immobile depuis des années, plongée dans un état irréversible, et qui avait dit à son père sa volonté. Et aujourd'hui, des gens qui ne la connaissaient même pas, des gens qui ne connaissent pas Beppino, mettent cette volonté en doute.

Le respect du droit a été quasiment nul. Même si l'on considère ce droit comme contraire à sa propre morale, cela reste un droit, et chacun est libre de l'exercer ou non. C'est là l'essence de la démocratie. Je comprends la volonté d'influencer les personnes ou de tenter de les convaincre de ne pas exercer ce droit, mais je ne comprends pas ceux qui le nient. Le spectacle que l'Italie a donné au monde est celui d'un pays qui, pour la énième fois, a spéculé sur une tragédie.

De nombreux politiciens ont, une fois encore, utilisé l'affaire Englaro pour créer autour d'eux un certain consensus, et distraire l'opinion publique, dans un pays mis à genoux par la crise, un pays où la crise permet aux capitaux criminels de dévorer les banques, un pays où les salaires sont bloqués et où l'on n'entrevoit aucune solution. Mais ça, c'est une autre histoire. Or, c'est précisément au moment où la crise frappe, où l'on entend le plus de phrases toutes faites, où le respect est bafoué, que Beppino Englaro a eu la force d'agir en plein jour, en refusant les chemins de traverse de l'illégalité, qui ne lui auraient laissé, sans doute, que sa douleur. En en appelant au droit, en se battant à l'intérieur des institutions et avec les institutions, en demandant que la sentence de la Cour suprême soit respectée, il a fait de sa douleur privée, personnelle, la douleur de voir sa fille de dix-sept ans dans le coma, une douleur collective. Il nous a permis de redécouvrir une des merveilles oubliées du principe démocratique : l'empathie. Quand la douleur d'un seul est la douleur de tous. Et que le droit d'un seul redevient ainsi le droit de tous.

Felicia

Pendant vingt ans, vingt ans, un temps que l'on n'arrive même pas à imaginer. Pendant vingt ans, Felicia a lutté pour que la mémoire de son fils ne soit pas effacée ; pour que l'absence de condamnation n'engloutisse pas dans le néant le sens de ce que son fils avait fait, avait tenté de faire. Pendant des années, une certaine presse et certains politiciens se sont emparés de Peppino[1] pour en faire un apprenti terroriste, mort en plaçant une bombe sur une voie ferrée. La mise en scène que les mafieux de Badalamenti ont imaginée pour ne pas avoir de problèmes dans leur propre village a fonctionné pendant vingt-quatre longues années.

Chaque jour, avec son fils Giovanni, la fragile Felicia a regardé en face les gens de Cinisi[2], les carabiniers, les hommes de Cosa Nostra. Pendant

1. Giuseppe (Peppino) Impastato (1948-1978), homme politique et animateur d'une radio qu'il avait créée, Radio Aut. Issu d'un milieu familial mafieux, il rompit avec celui-ci et s'engagea dans l'action politique et la dénonciation de la Mafia. Il fut tué la nuit précédant les élections municipales, auxquelles il était candidat. Sa mort fut d'abord présentée comme le résultat d'un acte de terrorisme ou d'un suicide.

2. Village des environs de Palerme.

vingt ans, elle a attendu que la vérité émerge et que Tano Badalamenti, le boss de Cosa Nostra qui avait assassiné son fils, soit enfin condamné. Pendant vingt ans, Felicia Bartolotta-Impastato a vu l'assassin de son fils faire la loi à Cinisi, quand il rentrait de ses voyages aux États-Unis, aux côtés de Badalamenti qui, avant d'être défait par les Corleonesi de Riina et de Provenzano, était le roi incontesté des affaires de Cosa Nostra.

Dans une belle interview que j'avais faite d'elle il y a quelques années, j'avais posé à Felicia la question habituelle, celle que l'on pose toujours aux Méridionaux. Une question grossière, mais que tout le monde considère désormais comme normale lorsqu'on interroge un homme ou une femme du Sud : « Pourquoi ne vous installez-vous pas ailleurs ? » Elle avait répondu avec son sens de la résistance, naïf en apparence : « Je ne peux pas m'installer dans un autre village, d'abord parce que j'ai tout, ici ; ma maison, mon fils Giovanni qui travaille ici, et puis je dois défendre mon autre fils. » Et elle l'a vraiment défendu. Pendant l'audience au tribunal, la petite Felicia pointa le doigt sur Badalamenti, le fixa dans les yeux et l'accusa d'être l'assassin de son fils, de l'avoir non seulement tué, mais déchiqueté, d'être non seulement un mafieux, mais un fauve. Badalamenti resta immobile, lui contre qui Andreotti n'osa jamais élever la voix, il lui semblait impossible d'être accusé par cette petite vieille. Felicia l'a porté à l'intérieur d'elle-même, ce fils, jusqu'à ce qu'au bout de vingt-quatre ans, une sentence et un film à succès, *I cento passi*[1], rendent

1. Film de Marco Tullio Giordano (2000).

enfin justice à ce jeune homme qui n'avait jamais quitté son village et qui avait pris position contre Cosa Nostra, en révélant ses mécanismes à travers la voix de sa petite Radio Aut et quelques polycopiés. Un combat incessant et solitaire, qu'il avait mené dans l'urgence, « avant qu'on ne s'aperçoive plus de rien ».

J'envoyais à Felicia les articles que j'écrivais sur la Camorra, comme ça, parce qu'une espèce de fil me liait, à distance, au combat de Peppino Impastato. Un après-midi, en plein mois d'août, je reçus un coup de téléphone : « Roberto ? Je suis la signora Impastato ! » Je ne savais quoi dire, j'étais très embarrassé, mais elle poursuivit : « On n'a pas besoin de parler, je te dis juste deux choses, une en tant que mère et une en tant que femme. En tant que mère, je te dis : "fais attention", et en tant que femme : "fais attention et continue". »

Aujourd'hui, de nombreux jeunes se sont rassemblés devant la maison de Felicia pour rendre hommage à cette femme qui, jusqu'à la fin, s'est battue avec une fougue continuelle, contre toute certitude de défaite. Mais Cinisi est absente, pas de maire, pas de président de la région, rien. C'est mieux ainsi. Les sourires des jeunes venus des quatre coins de la Sicile sont beaucoup plus beaux. Les maîtres de toujours sont revenus et continuent de commander, mais elle, elle est là. Son corps est serein. La vérité a émergé, les jeunes connaissent Peppino, ils savent qui il a été, ils connaissent la route qu'il a tracée. Ils peuvent la suivre. Désormais, elle pouvait mourir tranquille. Adieu, Felicia.

BUSINESS

La fabuleuse marchandise

Il n'est rien au monde qui puisse rivaliser avec elle. Rien qui puisse assurer des profits aussi rapides. Rien qui puisse garantir la même distribution immédiate, le même approvisionnement continu. Aucun produit, aucune idée, aucune marchandise qui puisse jouir d'un marché en croissance exponentielle depuis plus de vingt ans, suffisamment vaste pour accueillir de manière illimitée de nouveaux investisseurs, de nouveaux agents commerciaux et de nouveaux distributeurs.

Rien d'aussi désiré ni d'aussi désirable. Rien, sur terre, n'aura permis un tel équilibre de l'offre et de la demande. La première lève constamment, telle une pâte ; la seconde est en croissance permanente : elle transcende les générations, les classes sociales, les cultures. Avec des demandes multiformes et des exigences sans cesse différentes, en matière de qualité et de goût. La cocaïne est le vrai miracle du capitalisme contemporain, capable d'en dépasser toutes les contradictions. Les rapaces l'appellent « le pétrole blanc ». Les rapaces, c'est-à-dire les groupes mafieux nigérians de Lagos et de Bénin City, devenus des interlocuteurs essentiels pour le trafic de la coke en Europe et en Amérique, à tel point qu'aux États-Unis, ils sont présents avec un réseau criminel qui ne peut plus être comparé, selon la revue *Foreign Policy*, qu'à la mafia italo-américaine. Si l'on voulait user de métaphores, on pourrait dire que la coke est le soufflet qui attise la construction, le vrai sang des flux commerciaux, la lymphe vitale de l'économie, la poudre légendaire posée sur les ailes de papillon de toute grande entreprise financière. L'Italie est le pays où les grands intérêts du trafic de cocaïne s'organisent et se consolident en macrostructures qui en font une plaque tournante pour l'échange international et pour la gestion des capitaux investis. L'entreprise-cocaïne est sans aucun doute le business le plus rentable du pays. La première entreprise italienne, celle qui a les relations internationales les plus importantes. Elle peut tabler sur une augmentation annuelle de 20 % des consommateurs, une hausse inimaginable pour n'importe quel autre produit. Sauf que, avec la coke, les clans réalisent un chiffre d'affaires soixante fois supérieur à celui de Fiat et cent fois supérieur à celui de Benetton. La Calabre et la Campanie fournissent les plus grands intermédiaires mondiaux du trafic de coke. Les plus grosses prises réalisées en Europe ces dernières années (une tonne en 2006) ont eu lieu en Campanie ; en regroupant les informations de l'Antimafia calabraise et napolitaine concernant le trafic de stupéfiants, on calcule que la 'Ndrangheta et la Camorra traitent environ six cents tonnes de coke par an.

La route africaine, la route espagnole, la route bulgare, la route néerlandaise sont les voies de la drogue, infinies et multiples, qui convergent vers un seul point, l'Italie, d'où elles repartent ensuite pour d'autres destinations. Les alliances sont étroites avec les cartels équatoriens, colombiens, vénézuéliens, avec Quito, Lima, Rio, Carthagène des Indes. La coke abolit les barrières culturelles, les distances entre continents. Elle annule les différences. Un seul marché : le monde. Un seul objectif : l'argent. En Europe, 'Ndrangheta et Camorra parviennent, mieux que toute autre organisation, à faire circuler la cocaïne. Souvent en s'alliant entre elles ; des alliances nouvelles et inédites entre des groupes auxquels les médias italiens, traditionnellement, réservent une attention marginale confinée à la rubrique des faits divers ; ainsi, dans le cône d'ombre engendré par la célébrité de Cosa Nostra, ils peuvent améliorer et transformer leur capacité d'importation et de gestion de la coke. Les jeunes affiliés, comme le révèlent souvent les enquêtes de l'Antimafia calabraise, n'appellent plus la 'Ndrangheta par son nom archaïque et dialectal, mais « Cosa Nuova ». Et, que Cosa Nuova puisse être la définition adéquate pour une organisation de plus en plus transversale et étroitement liée aux cartels napolitains et *casalesi* de la Camorra, c'est plus qu'un simple soupçon. L'Amérique du Sud et le sud de l'Italie semblent reliés entre eux par un cordon ombilical qui transmet la coke et l'argent, des canaux sûrs et connus, comme s'il existait des rails aériens et des tunnels sous l'océan, reliant les clans italiens aux narcos sud-américains.

Un jour, sur une plage des environs de Salerne, j'en ai rencontré un. Le seul qui semblait éprouver de la satisfaction à s'entendre appeler « narco ». Avachi sur un transat, aisselles offertes au soleil, il parlait de lui-même avec des silences calculés, pour alimenter la curiosité sans la rassasier. Il parlait de lui-même sans fournir aucun détail qui aurait pu devenir une preuve, laissait entendre ce qu'il était et se gargarisait de légendes. Il disait être l'ami d'un chef de la guérilla colombienne, Salvatore Mancuso, il en parlait comme d'une espèce de demi-dieu, une puissance capable de mobiliser des capitaux énormes et de lier de manière indéfectible le sud de l'Italie à la Colombie. Mais ce nom ne me disait rien. Un nom italien en Colombie, parmi tant d'autres. Puis, quelques années plus tard, j'ai appris tous les détails de sa légende, tous les comptes-rendus judiciaires le concernant.

Salvatore Mancuso est le chef des AUC (Autodefensas Unidas de Colombia), les paramilitaires qui, depuis des décennies, règnent sur plus de dix régions à l'intérieur de la Colombie, disputant villages et plantations de coca aux guérilleros des FARC. Mancuso est responsable de la mort de trois cent trente-six personnes, entre autres des syndicalistes, des maires, des juges et des militants des droits de l'homme. Il l'a lui-même reconnu devant la commission « Justice et Paix », instituée dans le cadre des négociations entre les paramilitaires et le gouvernement du président colombien Alvaro Uribe. Salvatore Mancuso a réussi jusqu'à présent à échapper à toute demande d'extradition, que ce soit aux États-Unis ou en Italie, où l'on voudrait qu'il réponde des tonnes de coke exportées ; mais il s'est fait arrêter, se plaçant ainsi sous la « protection » de la justice de Bogotá. Condamné à quarante ans de prison pour un des massacres les plus féroces de l'histoire de la Colombie, celui d'Ituango, il collabore actuellement au processus de démantèlement de la guérilla. C'est pourquoi la loi colombienne nº 975 a ramené sa peine à huit ans seulement, qu'il purge en travaillant dans une ferme du nord du pays. Mais de là, en fait, il gère la diffusion de la meilleure cocaïne colombienne, en collaboration avec les cartels italiens.

Entendre prononcer le nom de Mancuso signifie, pour beaucoup, réentendre la voix d'un témoin qui a échappé à l'un des pires massacres accomplis par les hommes des AUC. Un paysan, qui serrait le micro comme s'il pressait un tube de dentifrice pour en extraire la dernière goutte, a déclaré devant le tribunal : « Ils arrachaient à la petite cuillère les yeux de tous ceux qui osaient se rebeller. » Des milliers d'hommes à son service, une flotte d'hélicoptères militaires et des régions entières sous sa domination ont fait de lui un roi de la coke et de la jungle colombienne. Mancuso est surnommé : « El Mono », le Singe, à cause de son allure d'orang-outang, râblé et agile. L'enquête internationale Galloway-Tiburon coordonnée par la DDA[1] de Reggio de Calabre a démontré qu'il traite la plupart de ses affaires avec l'Italie. Il est même en possession d'un passeport italien. L'Italie serait le pays le plus sûr pour y passer ses quartiers d'hiver, si jamais la Colombie devenait trop dangereuse. Dans plusieurs enquêtes menées par l'Antimafia, Mancuso est considéré comme le narcotrafiquant qui, à travers les fenêtres des ports italiens, inonde l'Europe de coke. Le gouvernement italien qui réussira à extrader Mancuso en Italie sera le seul à pouvoir

1. Direzione Distrettuale Antimafia.

déclarer avoir fait quelque chose de décisif contre le trafic de la cocaïne car tant que cet homme vivra en Colombie, chaque jour verra une nouvelle signature apposée sur ses affaires.

La contribution fondamentale de la criminalité organisée, en Italie, consiste à jouer les intermédiaires et à garantir des fonds d'investissement. Les capitaux permettant l'achat de la drogue s'appellent des « mises ». Et les mises des clans italiens, immédiates, ponctuelles, juteuses, garantissent aux producteurs des ventes en gros, et les soulagent du souci de transporter le chargement jusqu'à destination. L'opération « Tiro Grosso » coordonnée par les juges Antonio Laudati et Alberto Cannavale, réalisée en 2007 par les carabiniers du Nucleo operativo provinciale de Naples, a radicalement modifié le regard sur les routes de la coke. Elle a été le fruit d'une collaboration de la police et de la *guardia di finanza*[1], ainsi que la participation de dizaines de polices européennes, de la DEA[2] américaine et de la Direction centrale pour le service antidrogue dirigée par le général Carlo Gualdi. On assiste à la naissance d'une nouvelle figure, le courtier, et l'axe international du trafic s'est déplacé de l'Espagne à Naples.

Après les attentats du 11 mars 2004, l'Espagne a instauré une politique de surveillance rigoureuse de ses frontières, traduite par une augmentation exponentielle des contrôles des ports et des véhicules

1. Corps militaire chargé de protéger des intérêts financiers de l'État, notamment à travers la surveillance des frontières et des ports.

2. Drug Enforcement Administration, service de police fédérale américain créé en 1973, dépendant du département de la justice et chargé d'appliquer la loi sur les stupéfiants et contre leur trafic.

à moteur. Le pays, auparavant considéré par les narcotrafiquants comme un gigantesque entrepôt pour stocker la cocaïne (à la seule condition qu'elle ne soit pas destinée au marché intérieur), a cessé d'être une plaque tournante sûre. Toute la drogue a donc été détournée vers d'autres ports comme Anvers, Rostock, Salerne. La coke y arrivait après fixation des mises, et ne participaient pas seulement aux mises les clans, mais aussi les passeurs, les courtiers eux-mêmes et tous ceux qui voulaient investir dans cette substance magique qui rapporte cent fois son coût initial. Dans une conversation téléphonique interceptée par les carabiniers de Naples dans le cadre de l'opération Tiro Grosso, Gennaro Allegretti, soupçonné d'être un passeur, prépare un voyage en Espagne et appelle un de ses amis pour le faire participer à la mise. À l'autre bout du fil, l'ami, qui vient de sortir de la banque, sait qu'il n'a pas beaucoup de liquide et voudrait faire machine arrière.

— Toi, lundi, tu fais quoi ? Parce que, moi, dimanche, faut que je sois prêt... Si tu me dis non... moi, la nuit de dimanche, je prends la bagnole et je m'en vais. Lundi à l'aube, on part.

— Je pense que non, je reviens de la banque, je suis presque sûr que non.

— Mon vieux... ne rate pas toujours les occases. Y a plein de monde qui participe : pourquoi tu hésites ? Le mois prochain, tu auras trois millions en plus sur ton compte.

Les courtiers se rencontrent dans les hôtels du monde entier, de l'Équateur au Canada, et les meilleurs sont ceux qui créent des sociétés d'import-export. Toujours selon l'enquête Tiro Grosso, ils traitent avec des producteurs comme Antonio Ojeda Díaz qui, de Quito à Guayaquil, établissait les contacts avec les Italiens à travers des sociétés d'import-export travaillant avec la Turquie. À Istanbul n'arrivaient que les contenants, la drogue avait été débarquée par étapes dans les ports italiens et allemands. Les modalités du trafic géré par les courtiers napolitains sont infinies. Cela va des boîtes d'ananas en conserve, où la coke est cachée en coussinet entre deux tranches, aux régimes de bananes, où les boulettes de coke sont introduites dans chaque fruit, dont la peau est ensuite recousue.

Les intermédiaires sud-américains comme Pastor ou Elvin Guerrero Castillo vivent souvent à Naples, d'où ils gèrent directement leurs affaires. En Italie, le courtier numéro un serait Carmine Ferrara, de Pomigliano. D'après les enquêteurs, c'est lui qui parvenait à gérer les mises les plus importantes. Dans une conversation téléphonique interceptée, lui-même s'en vante : « Tout le monde veut travailler avec moi. » Les mises sont récoltées par plusieurs clans, Nuvoletta, Mazzarella, Di Lauro, les *Casalesi*, Limelli, des groupes souvent rivaux, mais qui accèdent à la coke à travers les mêmes courtiers. L'organisation du trafic est simple et fonctionne comme une entreprise. Les courtiers traitent avec les narcotrafiquants, les passeurs transportent la marchandise, puis les « chevaux », qui sont des affiliés, la passent aux divers sous-groupes des clans, et enfin les « petits chevaux » la livrent aux dealers. Chaque intermédiaire touche sa part, mais aujourd'hui, la coke est passée de quarante euros le gramme, en 2004, à dix-quinze euros sur les places les plus importantes d'Italie. Les places en plein cœur de Naples, la capitale de la vente, c'est un autre chapitre.

Le rouage des courtiers est essentiel pour les producteurs de coke : ils ne sont pas affiliés aux clans, n'ont aucune connaissance, sinon sommaire, de leur structure, et même s'ils en parlent parfois, ils en ignorent tout et les clans ignorent tout d'eux. S'ils sont arrêtés, le cartel criminel subsistera, se tournera vers de nouveaux courtiers, et par ailleurs, si une « famille » mafieuse est démantelée, les courtiers continueront à avoir les mêmes interlocuteurs sans autre dommage que la perte d'un client. Ils s'adresseront à d'autres familles, ou à de nouvelles familles émergentes.

Un vent de scandale souffle parfois, momentanément, lorsqu'on diffuse des nouvelles inquiétantes : lorsqu'on apprend, par exemple, que 80 % des billets de banque italiens présentent des traces de cocaïne, ou que les égouts de Florence contiennent plus de résidus de drogue que ceux de Londres. Que la coke soit le premier moteur de l'économie criminelle, et que cette économie criminelle soit la plus florissante des économies de notre temps, c'est un fait sur lequel travaillent en silence plusieurs parquets. En silence et, souvent, avec des moyens inadaptés.

Le procureur Franco Roberti est un Méditerranéen au visage anguleux et aux yeux en amande ; coordonnateur de la DDA de Naples jusqu'en avril 2009, il a passé plusieurs années à la Direction nationale antimafia. Depuis longtemps et loin de toute actualité brûlante, il répète, rappelle, souligne, avec l'obstination de qui veut regarder au-delà du moment critique, où se situe le cœur du problème. Dans des conférences de presse qui se sont tenues au moment des opérations antidrogue les plus importantes, coordonnées par ses services, il décrit sans mâcher ses mots la situation extrêmement grave à laquelle on doit faire face : « À Naples, on tue presque exclusivement pour la drogue. La cocaïne coule à flots et engendre des gains fabuleux. Les clans se battent entre eux pour le contrôle des trafics. Si un clan investit un million d'euros dans une mise de coke, il en empoche, en très peu de temps, au moins quatre. Il quadruple ses gains par rapport au coût initial, en un temps record. » Rien que dans les affaires mises au jour par l'opération Tiro Grosso, les courtiers napolitains agissaient en Espagne (Barcelone, Madrid, Málaga), en France (Marseille et Paris), aux Pays-Bas (Amsterdam et La Haye), en Belgique (Bruxelles), en Allemagne (Munster) ; il y avait aussi des passeurs et des contacts en Croatie, à Athènes, en Bulgarie (Sofia et Pleven), en Turquie (Istanbul) et enfin en Colombie (Bogotá et Cucuta), au Venezuela (Caracas), à Saint-Domingue, et aux États-Unis (Miami).

Les passeurs utilisés avaient un casier judiciaire vierge et voyageaient à bord de voitures trafiquées. Dans ces voitures, l'ingéniosité de certains aménagements était ahurissante. La cocaïne et le haschisch étaient étendus de manière à former un matelas juste au-dessus du châssis, sur lequel était ensuite montée la caisse du véhicule. Dans les ateliers de mécanique des environs de Naples, à Quarto, Agnano, Marano, cette méthode est appelée « à la kamikaze ». Comme les kamikazes qui ont bouleversé la stratégie militaire, mettant en échec toute défense – car, jusque-là, on se fondait sur la thèse selon laquelle l'assaillant tente toujours de sauver sa peau –, les narcotrafiquants ont compris que le seul moyen d'échapper aux barrages était d'organiser des chargements qui ne puissent être découverts qu'en démontant entièrement la voiture. Ce qui est impossible, pour n'importe quelle patrouille.

Un jour, sûrs de la présence de cocaïne dans un véhicule saisi, les carabiniers n'arrivaient pas à la trouver. Et pourtant, la voiture avait été démontée pièce par pièce. Les chiens la sentaient et ils s'agitaient, excités et écumants. La coke était cachée, sous sa forme cristallisée, dans les fils du circuit électrique. Seul un mécanicien-électricien aurait pu la dénicher, en dénudant un maximum de fils.

Pour le transport, on utilise les familles des trafiquants. C'est le meilleur moyen de répartir les charges. Les familles réelles, pas une métaphore des clans, mais bel et bien les membres d'une même famille, casier judiciaire vierge et qui exercent les métiers les plus divers. On leur offre un week-end en Espagne et cinq cents euros par personne pour le voyage. Et, bien entendu, on leur paie l'avocat en cas d'arrestation. Une famille irréprochable – le père, la mère et leur petite fille –, qui part le samedi ou le dimanche matin en voyage, n'éveillerait les soupçons d'aucune patrouille. Sur l'autoroute Rome-Naples, le printemps dernier, les carabiniers ont arrêté une famille qui voyageait à bord d'une Chrysler, spacieuse et bien chargée, sur un matelas de deux cent quarante kilos de cocaïne. Lorsqu'on a arrêté les parents, un sous-officier n'arrivait pas à arracher des bras de sa mère la petite fille, totalement désespérée et en larmes. Et les visages de ces trafiquants du dimanche étaient incrédules, comme quelqu'un qui ne se rend pas vraiment compte de ce qu'il a fait.

La Chrysler semble construite exprès pour que les trafiquants la bourrent de drogue. Les ailes, l'intérieur des portières, dont les vitres, souvent, ne peuvent être baissées parce que la portière déborde de coke. Dans les années 1980, c'était la Panda ; aujourd'hui, en revanche, tous les trafiquants rêvent d'avoir une Chrysler dans leur écurie. Chaque voiture est protégée par un système de relais qui signalent la présence de barrages de police et qui s'organisent de manière à préciser, à chaque sortie, s'il faut quitter l'autoroute ou continuer. On ne parle jamais par téléphone de l'arrivée ou du départ du chargement, et même les passeurs ne connaissent pas tout l'itinéraire ; ils savent seulement dans quelles villes sont leurs bases et ne font référence à celles-ci qu'une fois arrivés. Parvenus à destination, ils signalent leur présence, de manière que les enquêteurs n'aient pas le temps de saisir la marchandise, s'ils ont intercepté leur conversation. Une carte téléphonique par voyage. Après quoi, on la jette.

Une interception téléphonique révèle qu'un trafiquant, au péage de Caserta Nord, se rend compte que les carabiniers l'ont piégé et l'attendent. Alors, il temporise devant le guichet du péage et appelle aussitôt les autres : « Ils m'ont repéré. Appelez l'avocat, coupez tous les portables, ne bougez plus. » Quand ils sont filés, les passeurs et les relais tentent de semer les voitures banalisées des carabiniers. Des camions sont prêts sur certaines aires de repos : ils ouvrent le ventre de leur remorque, chargent la voiture et démarrent. Ni vu ni connu. Des camions parmi tant d'autres. Et il est si difficile d'enrayer le fonctionnement des relais que, en avril dernier, les carabiniers ont dû se poser en hélicoptère sur l'autoroute, près de Capoue, pour arrêter un passeur.

Les méthodes utilisées pour déjouer les forces de l'ordre sont épuisantes. Une voiture, suivie dans le cadre de Tiro Grosso, a effectué, pour aller d'Espagne à Naples, le trajet suivant : partie de Vintimille, elle est allée à Gênes puis est retournée à Vintimille pour se rendre à Rome, puis est remontée à Florence ; elle s'est ensuite rendue à Caserte, puis à Naples. Tout arrive à Naples, mais peut aussi repartir de Naples. Pistoia, La Spezia, Rome, Milan puis Catane. Tous les nez blancs d'Italie sniffent de la coke baptisée à Naples. Il n'est aucun endroit où ne parvienne la coke négociée par les courtiers napolitains. Il n'est aucun groupe criminel qui ne traite avec eux. Même la mafia turque a demandé de toute urgence de la coke aux courtiers napolitains, offrant des armes en échange. Les enquêtes visant à démanteler le courtage de la cocaïne sont extrêmement compliquées. Une grande partie des réseaux de contrebande s'est transformée en trafic de coke. En effet, les Mazzarella – selon les enquêteurs – ont cédé aux courtiers leurs « capitaines », c'est-à-dire les pilotes des vedettes qui, dans les années 1980, transportaient les « blondes » et qui, aujourd'hui, depuis les ports marocains et espagnols, apportent leur chargement à Naples, Mergellina, Salerne. Avant d'être utilisée, une vedette Squalo était obligatoirement testée par les capitaines napolitains. Les Napolitains sont toujours insaisissables, dans la gestion des trafics maritimes. Selon des sources policières, les introuvables frères Russo, les parrains de Nola, héritiers de l'empire de Carmine Alfieri, se planquent dans des bateaux, n'accostent jamais, voyageant sans cesse à travers la Méditerranée et les océans.

Naples est une ville où il y a beaucoup à faire : la petite délinquance et les règlements de compte ne laissent guère le temps de s'occuper des affaires des clans et des gros bonnets de la drogue. Les courtiers le savent pertinemment. Mais il n'en est pas toujours ainsi. Pour le comprendre, il faut rencontrer le général Gaetano Maruccia, commandant des carabiniers pour la province de Naples. Lors de notre première entrevue, j'ai eu l'impression de discuter avec un stratège compétent et impassible, mais en même temps, j'ai retrouvé chez lui la fougue du capitaine Bellodi dans *Le Jour de la chouette*, de Leonardo Sciascia. Des qualités inconciliables mais qui semblaient cohabiter, chez un homme capable d'assumer les contradictions entre ce à quoi on ne peut renoncer à aucun moment ni à aucun prix, et ce que l'on fait parce que, derrière le devoir, il reste le moteur, toujours vivant, d'un choix personnel. Originaire des Pouilles avec du sang calabrais, des années passées en Sicile et à Rome, une certaine ressemblance avec un Marlon Brando d'âge mûr, cheveux blancs coiffés en arrière, voix de basse. Inévitable cigare au coin des lèvres et, dans son bureau, un objet bizarre qui diffuse, de temps à autre, un parfum pour neutraliser la puanteur du tabac. J'ai été étonné qu'il parvienne à saisir le problème structurel du territoire, dans une situation où on est toujours dans l'urgence, soumis aux impératifs du quotidien, à la demande, obsédante, de solutions immédiates. Maruccia a des idées claires : « Il est fondamental de comprendre que le marché légal n'est pas seulement infiltré par les capitaux générés par la coke, mais qu'il est fortement conditionné par ces mêmes capitaux. La tâche la plus compliquée, c'est de comprendre ces conditionnements. Nos dernières enquêtes démontrent que Naples est une plaque tournante du trafic international de la coke, mais également un point de départ pour le blanchiment, le réinvestissement, la transformation de la valeur ajoutée du profit du trafic de drogue en valeur ajoutée légale. Découvrir les trafics, les canaux qu'ils utilisent, les multiples techniques grâce auxquelles la cocaïne et le haschisch arrivent jusqu'à nous est un travail fondamental, mais ce n'est que la première partie du travail, et peut-être la plus simple. Ce que nous devons comprendre, ce sont les transformations : comprendre comment la poudre blanche devient tout le reste. Commerce, entreprises, constructions, flux bancaires, gestion du territoire, empoisonnement du marché légal. Il faut partir de cette macroéconomie et la démanteler, puis la petite et la moyenne criminalité auront la vie dure et agiront sans espoir de développement. Mais le parcours à suivre doit être celui-ci, et non l'inverse. »

Les résultats obtenus par Maruccia et ses hommes

sont multiples. Récemment, le clan des Sarno, puissant dans le domaine du racket et de la coke, qui gérait un trafic d'armes avec les pays de l'Est en utilisant, en guise de couverture, les cars transportant les aides ménagères, a été sérieusement mis à mal : soixante-dix arrestations. Le mécanisme du trafic de stupéfiants a été, lui aussi, touché, avec non seulement des arrestations de masse au dernier niveau – celui des dealers – mais avec la destruction des places fortes grâce auxquelles les clans défendaient leur marché : une méthode nouvelle et efficace qui mobilise des centaines d'hommes, et empêche ainsi toute possibilité ou velléité de révolte.

Maruccia ne croit pas aux miracles, mais il sait voir au-delà du chaos, au-delà des faits isolés qui cachent la réalité : l'énorme potentiel de cette criminalité aux dimensions industrielles. « Il est indéniable que leur capacité à gérer l'industrie de la coke est leur meilleur atout. Transformer une banlieue sinistrée, comme les quartiers nord de Naples, en une entreprise florissante, bien que criminelle, est une capacité à laquelle nous devons nous confronter et que nous devons démonter, comme on démonte des groupes industriels et financiers, et non des petites bandes de brigands. Nous avons, face à nous, la plus grande entreprise de tout le territoire et, je le crains, non seulement du territoire, mais de tout le pays. Lorsqu'il s'agit d'affronter les problèmes de Naples, on ne peut pas s'en tenir aux frontières de la région ; et les ressources, les moyens, la vigilance ne sont jamais suffisants parce que, même si les routes de la drogue ont ici leur point de départ et leur point d'arrivée, elles concernent l'ensemble de notre pays et, souvent, le monde entier. Une coopération internationale, de plus en plus efficace, est importante, pas seulement pour le trafic des stupéfiants ; elle doit aussi être transversale, frapper les fonds d'investissement que les clans gèrent aux quatre coins du monde. Soit on part de cette réalité, soit on raisonnera toujours de manière myope. »

Il est donc impensable de continuer à considérer le trafic de cocaïne comme une dynamique exclusivement criminelle. La coke est devenue un prisme à travers lequel on peut comprendre l'économie européenne, qui ne possède pas d'or noir. Elle est devenue, en tout cas, une porte d'accès pour comprendre l'économie italienne. Il suffirait de suivre à la trace les investissements en coke des courtiers de Campanie et de Calabre pour savoir comment s'orienteront, dans le futur, les marchés légaux.

La coke, l'innommable valeur ajoutée de la vie quotidienne de milliers de personnes, l'imprononçable talent criminel de l'économie italienne, ne peut être racontée que comme un modèle métaphorique, comme le zéro de la pensée mathématique. En paraphrasant Robert Kaplan, pour qui « si tu regardes le zéro, tu ne verras rien, mais si tu regardes à travers le zéro, tu verras l'infini », il semble impératif d'affirmer : « Regarde la coke et tu ne verras que de la poudre ; regarde à travers la coke, et tu verras le monde. »

Construire, conquérir

Ben Laden a réussi à s'emparer d'un des territoires les plus convoités : le centre de Milan, à l'intérieur du cercle des *Navigli*, les canaux de la vieille ville. Via Santa Lucia est l'une de ces petites rues élégantes, paisibles, presque invisibles, à deux pas des boîtes à la mode et des imposants palais historiques où des avocats et des notaires ont leur étude, et où les entrepreneurs cherchent des appartements et des show-rooms pour vivre à côté des vieilles familles milanaises. C'est justement là que se trouve la dernière proie urbanistique d'une ville qui voit ses flancs se dilater et, dans les banlieues, son extension doubler et tripler. Alors que son cœur était intact, un territoire vierge sur lequel on peut encore construire et vendre à quinze mille euros le mètre carré. C'est là que Ben Laden a réussi à pénétrer, dans la grande affaire immobilière milanaise.

Ben Laden n'est pas le redoutable chef d'Al Qaeda, il n'est pas saoudien, ce n'est même pas un islamiste et il ne connaît d'autre dieu que l'argent. « Ben Laden » est le surnom de Pasquale Zagaria, entrepreneur du clan du béton, le clan des Casalesi. Il est originaire de Casapesenna, un village près de Caserte, où l'on compte plus d'entreprises du bâtiment que d'habitants. « Ben Laden » est le surnom qui apparaît dans les enquêtes de la commission antimafia de Naples coordonnées par les juges d'instruction Raffaele Cantone, Raffaello Falcone et Francesco Marinaro : une appellation qu'il doit à sa capacité de disparaître et, surtout, à la crainte qu'il inspire, à la peur que son nom suscite dès qu'on le prononce. On raconte pourtant que ce surnom est né d'une plaisanterie : certains entrepreneurs mafieux et leurs fidèles ont déclaré, ironiquement, que si la tête de Pasquale Zagaria avait été mise à prix comme celle de Ben Laden, ils l'auraient trahi, car si la fidélité elle-même devient une source de profit, il est normal de pactiser et de la vendre.

Pasquale Ben Laden Zagaria, selon les accusations de l'Antimafia de Naples, est l'un des entrepreneurs capables de mettre la main sur la sous-traitance de la ligne à grande vitesse Naples-Rome, de décider des travaux pour la ligne ferroviaire Alifana ; d'entrer dans l'affaire du train à grande vitesse Naples-Bari et dans le projet de métro d'Aversa ; de gérer la reconversion de l'aéroport militaire de Grazzanise (près de Caserte) en aéroport civil, et d'en faire le plus grand d'Italie. Les entreprises de Zagaria ont remporté plusieurs victoires sur le marché national grâce à des prix concurrentiels, à leur capacité d'actionner les machineries et les hommes, et à leur vitesse d'exécution. Elles construisent partout en Émilie-Romagne, en Lombardie, en Ombrie et en Toscane.

L'ascension de Pasquale Zagaria, qui en fait l'un des entrepreneurs en bâtiment les plus importants d'Italie, est devenue exponentielle depuis qu'il a réussi à installer le cœur de son empire et celui des Casalesi en Émilie-Romagne, et plus particulièrement à Parme : aujourd'hui, c'est l'une des villes les plus infiltrées par la Camorra car elle a absorbé, dans son tissu économique, les capitalistes des clans.

Mais il n'y a eu aucune colonisation, au contraire. Dans le Nord, les entreprises du BTP se développent rapidement ; elles travaillent, bâtissent, vendent, achètent, louent – sauf qu'elles sont souvent en crise. Si bien qu'il faut des capitaux nouveaux, des hommes et des groupes capables de rassurer les banques et d'intervenir rapidement. La camorra casalese offre des conditions optimales : les capitaux les plus juteux, les meilleurs ouvriers et une suprématie absolue dans l'art de résoudre tous les problèmes bureaucratiques et logistiques. Et la famille Zagaria qui détient, à l'intérieur du clan, le leadership du ciment, peut battre n'importe quel concurrent dans l'acquisition des terrains, dans le choix des matériaux au meilleur prix, dans le repérage des zones constructibles, dans la transformation de bourbiers en terrains alléchants, où l'on construira des copropriétés de luxe.

L'homme qui fait le trait d'union entre Ben Laden Zagaria et Parme est le constructeur Aldo Bazzini. « Homme du béton » qui a des intérêts à Milan, à Parme et à Crémone ; d'après les accusations, il est devenu l'homme de paille de Zagaria depuis le mariage de Ben Laden avec sa belle-fille.

Aldo Bazzini, téléphonant à Conti, son avocat, commente ainsi la nouvelle :

Conti : Votre fille, qu'est-ce qu'elle est devenue ?
Bazzini : Ma fille a épousé un... un gros boss ! Eh ! Dans le Sud !
C : Ça alors ! Et elle va bien ?
B : Elle va bien.
C : C'est vous qui lui avez trouvé ce mari, hein, Bazzini ?
B (Il rit) : ... Eh oui, eh !
C : Faut faire gaffe quand on est avec vous !... Vous pourriez aussi me trouver un mari...
B : (Il rit.)
C : C'est vraiment un boss ?
B : Eh oui, oui, oui !
C : Et elle, elle mène... une vie... de riche ?
B : De très riche, ça oui !
C : De très riche !

Et effectivement, la vie s'améliore. Sur une note trouvée par les carabiniers sont mentionnées les dépenses des Zagaria, et entre les prix des pavés, du mortier, des briques et des peintures, figurent dix-neuf mille euros pour une journée à Monte-Carlo et vingt mille pour des emplettes à Oro Mare[1], la cité des joailliers.

Ainsi, après le mariage du parrain, les entreprises de Bazzini, qui se dirigeaient peu à peu vers la faillite, ont refleuri, grâce aux capitaux et aux compétences des Casalesi. Il est intéressant de

---

1. Oromare est un consortium réunissant plusieurs joailliers, à Marcianise (province de Caserte).

remarquer que les noms des entreprises de Bazzini, qui, d'après la DDA de Naples, sont, en fait, gérées par les Casalesi, n'ont aucun lien avec le Sud. Nuova Italcostruzioni Nord srl, Ducato Immobiliare srl, et même une entreprise dédiée à l'auteur de *La Chartreuse de Parme*, Stendhal Costruzioni srl.

L'Émilie-Romagne a toujours été un territoire d'investissements pour le clan des Casalesi. Le parrain Giuseppe Caterino, arrêté en Calabre il y a deux ans, avait son fief à Modène. Via Benedetto Marcello, il existe toujours une place forte casalese, et il y en a aussi à Reggio Emilia, Bologne, Sassuolo, Castelfranco Emilia, Montechiarugolo, Bastiglia, Carpi. Il suffit de suivre le parcours des entreprises du BTP et la souffrance de nombreux habitants de l'*agro aversano*[1], opprimés par leurs compatriotes des clans. Même les méthodes militaires ont été exportées sur les territoires où l'on a investi. Cela a commencé le 5 mai 1991, avec un conflit entre des groupes armés des Casalesi à Modène. Le 14 mars 2000, à Castelfranco Emilia, ils tendent une embuscade. À Modène, le 10 mai 2007, Giuseppe Pagano, titulaire de l'entreprise Costruzioni Italia, est atteint de plusieurs balles aux jambes, en guise de représailles.

Le béton unit l'Italie. Il est le sang qui irrigue son économie. On naît avec le béton et on devient entrepreneur ; loin du béton, tout investissement chancelle. Le béton armé est le territoire des vainqueurs. En silence, le clan du béton a pris le pouvoir

1. Campagne des environs d'Aversa où l'on produit, en particulier, la fameuse mozzarella de bufflonne.

en Italie, un silence qui s'est construit avec la certitude que tout ce qui concerne le clan ne franchirait jamais les frontières de la Campanie. Un clan inconnu en Italie, mais extrêmement connu et redouté là où il parvient à imposer son hégémonie. Le juge d'instruction Raffaele Cantone, lors du procès contre le clan Zagaria, a affirmé · « Nous nous trouvons face à des parrains qui agissent, pensent et se présentent comme des entrepreneurs. Et ce sont des entrepreneurs. Dire que le clan Zagaria existe et qu'il commande sur tout le territoire, c'est comme dire que l'on respire de l'air. »

Si le clan est devenu aussi puissant, c'est parce que le Sud contrôle la totalité du circuit du béton. Il impose les fournitures, gère tous les marchés publics, dicte les lois du racket pour chaque activité. Un système parfaitement rodé. L'extorsion est un outil essentiel pour tout mettre en relation, pour mettre tout le monde dans le même réseau économique, et celui qui est victime de l'extorsion fait obligatoirement partie du réseau. Dans des dizaines d'interceptions téléphoniques, on entend des entrepreneurs demander aux hommes du clan : « Faites-moi travailler » ; on leur téléphone pour les dissuader de participer aux ventes aux enchères : « On est de Casapesenna, ces terrains sont à nous. » Il suffit de prononcer le nom du village dont on est originaire, et tout entrepreneur avisé comprend. Les clans monopolisent le béton, et quiconque veut travailler doit s'adresser à eux, ce sont eux qui conditionnent tous les produits liés au béton : Cocem, Dmd Beton, Luserta, Cls.

Aucun chantier ne peut employer des sociétés qui n'ont pas l'autorisation expresse des Casalesi.

Un exemple significatif, révélé par une enquête : une société, qui leur était apparemment inconnue, travaillait sans « permis » au chantier du chenil de Caserte. Immédiatement, ordre est donné : « Bloquez les camions, ne faites plus travailler personne. » Ils se sont aperçus ensuite que la société en question était l'une de leurs innombrables émanations, et tout est rentré dans l'ordre.

C'est ainsi que les entreprises appartenant aux clans font des économies, remportent les appels d'offres dans le Sud et améliorent leurs prestations dans le Nord. En se développant, elles ont accédé aux grands travaux publics. En 2003, le projet de grands chantiers du gouvernement Berlusconi est lancé ; d'après les enquêtes de la DDA de Naples, un sommet se tient dans un hôtel de Rome pour tenter de faire entrer le clan dans le projet. Rome est un territoire bien connu des Casalesi, ils ont déjà essayé de conquérir l'équipe de foot, la Lazio, et sont devenus les partenaires privilégiés d'Enrico Nicoletti, le caissier de la Banda della Magliana[1]. Le lieu de rencontre est la salle de réunion d'un hôtel proche de la via Veneto. Il y a là l'entrepreneur Aldo Bazzini, le parrain Pasquale Zagaria, il y a aussi Alfredo Stocchi, homme politique, ancien adjoint socialiste, et enfin, le président du conseil municipal Bernini, conseiller de Piero Lunardi, ministre des Travaux publics. Giovanni Bernini,

1. Puissante organisation criminelle de Rome, liée aux autres mafias italiennes ainsi qu'aux mouvements d'extrême droite et à la loge P2. Elle commit plusieurs homicides et attentats entre la fin des années 1970 et le début des années 1990. Le roman de Giancarlo De Cataldo, *Romanzo criminale* (2002), et le film du même nom, réalisé par Michele Placido, lui ont été consacrés.

homme de pointe de Forza Italia en Émilie-Romagne, a été élu conseiller municipal de Parme en 1994 ; en 2002, il est l'homme le plus populaire de son parti (CDL, Casa delle Libertà). Interrogé par le parquet antimafia en tant que témoin, Bernini explique que Zagaria lui avait été présenté comme un entrepreneur – ce qui, du reste, est exact – mais déclare ignorer que c'était aussi un chef mafieux. L'enquête s'arrête là, on ignore ce qui s'est passé ensuite. Mais il est évident que ce ne sont pas les clans qui ont besoin des grands travaux, mais l'inverse. Le béton appelle le béton le plus efficace, les prix les plus intéressants.

Pasquale Ben Laden Zagaria était en cavale, vainement recherché alors que ses sociétés satellites continuaient à remporter des appels d'offres. Par la suite, il s'est constitué prisonnier et a demandé une procédure accélérée. À son procès, au tribunal de Naples, tout l'état-major du clan était présent. C'est la meilleure stratégie : la loi devient un moyen de contrôle du business, de la pratique économique. Il est donc inutile de la défier quand on n'arrive pas à l'entamer, quand les mailles du filet se resserrent dangereusement. Il faut encaisser les dommages, faire en sorte qu'ils soient minimes. Ne pas s'opposer à l'État.

Quand le juge Raffaele Cantone réussit à comprendre les mécanismes, en ouvrant des enquêtes d'envergure sur les clans du béton, et en parvenant à confisquer des chantiers pour une valeur de plus de cinquante millions d'euros, le clan envisagea de l'éliminer. Des notes d'informations parlent de TNT commandé aux fidèles alliés calabrais. Des informations que presque tous les médias ignorent.

L'escorte du juge est doublée, la tension, sur le territoire, est à son maximum. 'Ndrangheta et camorra casalese sont de plus en plus alliées, jumelles dans le silence qu'elle parviennent à obtenir, à la différence de Cosa Nostra. Mais progressivement, les faucons du clans sont calmés par les colombes. Ils comprennent que ce n'est pas le moment de perpétrer ce meurtre. Et le clan – qui avait pourtant massacré un jeune syndicaliste, Federico Del Prete, et qui n'avait pas, non plus, hésité à massacrer un des ses affiliés parce que, en prison, il avait eu des relations homosexuelles, « salissant » ainsi l'honorabilité du cartel –, le clan le plus féroce du Sud ne fait rien. Il ne veut pas de caméras de télévision, il ne veut pas attirer l'attention. Il veut demeurer inconnu. Et donc, il suspend la condamnation du magistrat.

Pasquale Zagaria est le frère de Capastorta. « Capastorta » (Tête tordue) est le surnom de Michele Zagaria. Recherché depuis onze ans, celui-ci a remplacé aujourd'hui Bernardo Provenzano au palmarès des parrains les plus recherchés d'Italie. Il est le chef militaire du clan des Casalesi, le leader incontesté. En réalité, il joue le rôle de vice-roi, aux côtés d'Antonio Iovine, « *'o ninno* », du parrain en détention Francesco Sandokan Schiavone. Michele Zagaria a mis sur pied un clan efficace, et sa vie est évidemment matière à légende, mais dans les histoires de pouvoir de la Camorra, la légende est construction de mythes plutôt qu'invention. De nombreux témoignages évoquent sa villa de Casapesenna dont le toit a été remplacé par un dôme en verre afin qu'un arbre gigantesque, planté dans le salon, puisse avoir de la lumière. Mais, au-delà des stupéfiantes fantaisies architecturales communes à tous les chefs du clan du béton, la vie du parrain est quasiment monacale. Michele Zagaria a refusé la famille, il n'en a pas fondé une, officiellement. On dit qu'il a eu une fille, mais qu'il n'a pas eu le courage de la reconnaître ; il ne s'est pas marié et vit dans la solitude. Durant sa cavale, il passait une grande partie de son temps dans l'église et, au village, tout le monde sait qu'il donnait rendez-vous à ses fidèles dans le confessionnal. Pas pour se confesser, mais pour traiter les affaires. Le clan Zagaria est discipliné, il refuse la cocaïne pour son usage personnel. Quand les jeunes du clan ont commencé à en consommer, Pasquale Zagaria est intervenu et les a punis en les enfermant dans une porcherie. Mais le parrain lui-même cède à la coke : dans une conversation enregistrée par la police, un de ses subordonnés, Michele Fontana, dit « 'O Sceriffo » (Le Shérif), timide et respectueux, ose demander au parrain s'il n'a jamais cédé au vice de la drogue. La réponse est terriblement épique : « Je lui ai dit, Michele, j'ai une question qui me trotte dans la tête... Tu l'as jamais fait ?... Je lui ai dit... Excuse-moi si je me permets... Et lui, il m'a regardé droit dans les yeux et m'a répondu : "Tu ne sais pas que je suis comme les curés ? Fais ce que je dis, mais ne fais pas ce que je fais"... »

Michele Zagaria est également attentif à sa propre mise en scène. Un jour, une femme entrepreneur très puissante, Immacolata Capone, rencontre un des hommes du parrain, justement 'O Sheriffo, qui lui annonce une surprise. Il l'invite à s'asseoir dans sa voiture, sur le siège avant ; la femme entend des bruits en provenance du coffre, et une voix qui se lamente. Lorsqu'elle demande des explications, le Shérif se contente de murmurer : « Madame, ne vous inquiétez pas. » Ils arrivent devant une villa pharaonique dans la campagne des environs de Caserte et là, Michele Zagaria surgit du coffre et entre dans la maison. Sidérée de voir le parrain, elle est incapable de lui adresser la parole, bien que, depuis des années, ils soient partenaires dans des affaires florissantes. Zagaria prend place au centre du salon, un salon carrelé de marbres précieux et, tout en caressant un tigre en laisse, se met à causer marchés publics, béton, constructions et terrains. Une image cinématographique capable, à elle seule, de créer un mythe, qui permet aux clans d'alimenter leur pouvoir, fait de disparitions et d'appels d'offres.

Donna Immacolata avait réussi à créer un tissu extrêmement solide, à base d'entreprises et de relations politiques. Elle, une des femmes du clan Moccia, était devenue l'interlocutrice du clan Zagaria, convoitée par de nombreux camorristes qui la courtisaient afin de devenir le compagnon d'une femme entrepreneur, mafieuse de premier plan. Selon les accusations, l'homme politique qui l'avait soutenue dans ses affaires est Vittorio Insigne, conseiller régional de l'UDEUR[1], à l'encontre duquel les juges Raffaele Cantone et Francesco Marinaro avaient requis une condamnation à trois ans et huit mois de prison pour complicité extérieure d'association camorriste. Vittorio Insigne

1. Union des démocrates pour l'Europe, parti politique italien de centre-droit.

aurait intercédé afin d'obtenir un certificat antimafia destiné aux entreprises d'Immacolata Capone. Les interceptions révèlent de continuelles allusions au conseiller régional, y compris concernant la répartition des bénéfices. Selon l'accusation, Insigne intervenait pour que « la » Capone remporte les appels d'offres, et celle-ci lui remettait ensuite une partie des gains. Au moment de l'enquête, Vittorio Insigne était membre de la Commission des transports de Campanie.

Le pool de l'antimafia napolitaine, coordonné par Franco Roberti, a également découvert qu'Immacolata Capone avait contacté le colonel d'aviation Cesare Giancane, directeur des travaux sur le chantier de l'OTAN de Licola. En effet, le clan Zagaria – selon l'accusation – a même réussi à travailler pour le Pacte atlantique, construisant la centrale radar située dans les environs de Lago Patria, un lieu fondamental pour les activités militaires en Méditerranée. Mais son talent lui a sans doute été fatal : en novembre 2004, Immacolata Capone a été tuée dans une boucherie de Sant'Antimo. Quelques mois plus tôt, son mari aussi avait été éliminé.

Le clan fait ce qu'il veut de la politique. Il n'existe pas, comme dans les années 1990, de soumission nécessaire. Au contraire, c'est la politique qui est aujourd'hui soumise aux affaires, et donc à celles de la Camorra. Dans une conversation interceptée, Michele Fontana, 'O Sheriffo, raconte comment il s'est intéressé à la campagne électorale pour les dernières élections à Casapesenne. Il dit : « Mon petit cheval a progressé. » L'homme politique qui, selon les enquêteurs, est Salvatore Carmellino, 'O Sheriffo l'appelle « petit cheval » : pour lui, c'est un moyen d'être tranquille à la mairie, un contact susceptible, dans son esprit, de devenir un référent en cas d'association. La politique locale comme espace pour ses propres affaires, la politique nationale comme terrain à l'intérieur duquel on peut, régulièrement, intervenir, utiliser, ignorer, abuser, gérer. Si, pour Clausewitz, la guerre n'est qu'un prolongement de la politique avec d'autres moyens, et si, pour Michel Foucault, la politique, c'est la guerre conduite avec d'autres moyens, les clans d'entrepreneurs ne sont qu'une forme d'économie qui utilise tous les moyens pour remporter la guerre économique.

Aujourd'hui, les carabiniers du ROS[1] de Rome, qui avaient remarquablement conduit la traque de Capastorta, devraient de nouveau le traquer. Sa présence à Casapesenna est certaine : un chef militaire n'abandonne pas son territoire. Il faudrait que les forces de police du lieu soient épaulées, que les recherches s'intensifient et que les entreprises liées au béton soient surveillées, suivies à tous les niveaux, de manière qu'elles ne monopolisent pas le marché, détruisant ainsi toute possibilité de libre concurrence. Face au pouvoir des clans mafieux, la moindre inattention a un goût de connivence. Le gouvernement de centre-gauche, jusqu'ici, n'a pas suffisamment agi, il s'est montré lent, distrait et indulgent, dans son combat contre les entreprises du BTP criminelles, contre les entrepreneurs de la bourgeoisie liés aux clans. Il est indispensable qu'il intervienne pour réglementer le mécanisme des

1. Raggruppamento Operativo Speciale, organisme créé en 1990 pour lutter contre la criminalité organisée et le terrorisme.

appels d'offres et ne pas permettre qu'une seule entreprise du Nord puisse l'emporter, puis donner tous les travaux à des sous-traitants.

Mais le silence est total, et coupable. Lors du procès Spartacus, le plus grand procès de ces quinze dernières années contre la Mafia – procès qui, le jour de la sentence, n'a pas eu de la part de la presse nationale l'écho mérité –, la Camorra a tenté, en appel, de faire annuler les vingt et une condamnations à perpétuité prononcées à son encontre. Il serait gravissime d'abandonner une des rares tentatives accomplies sur ce territoire pour s'opposer aux caïds du béton criminel. Les défenseurs des clans, l'armada d'avocats dont disposent les diverses familles de la Camorra – Schiavone, Bidognetti, Zagaria, Iovine, Martinelli –, veulent surtout que l'on se taise, que l'on minimise, que l'on regarde ailleurs. Ils veulent que l'opinion considère ces péripéties comme des incidents de banlieue, souvent secourus par le dégoût d'une classe d'intellectuels qui ne s'intéressent pas à ces mécanismes, et d'une classe politique qui, lorsqu'elle n'est pas engluée dans ces dynamiques, est incapable de les comprendre. Il est édifiant d'écouter à ce sujet les enregistrements des conversations des chefs de zone, des entrepreneurs mafieux : pour eux, il est essentiel que l'intérêt des citoyens se focalise sur la guerre en Irak, sur la législation concernant le concubinage et, surtout, sur le terrorisme de tout bord.

Dans les mois à venir, il ne faudra pas quitter des yeux le procès Spartacus. Les condamnations de parrains ne sont pas définitives, la Cour de cassation risque de les annuler. Il est fondamental que l'attention de tout le pays ne faiblisse pas, que l'on suive l'odeur du béton afin que béton, ordures, transports et supermarchés cessent d'être les réservoirs du blanchiment et de l'investissement, sur lesquels reposent les clans. Sinon, il sera trop tard. Il n'y aura plus de frontière – à supposer qu'il y en ait encore une – entre économie légale et illégale. Je crains que la parole de ceux qui dénoncent ces dynamiques ne s'éloigne, ne devienne incompréhensible, comme provenant d'un monde que l'on croit très éloigné. Je crains que chaque enquête judiciaire ne soit plus qu'une affaire entre juges, avocats et accusés, à régler le plus lentement possible et face à une attention publique des plus limitées, que même l'assassinat soit considéré comme de l'ordre de la maladie, une sorte de phénomène inéluctable. On n'écrira plus pour informer de ce qui s'est passé, mais pour faire défiler devant les yeux des spectateurs ou des lecteurs ce qu'ils ne comprendront jamais.

La peste et l'or

C'est un territoire qui ne sort pas de la nuit. Et qui ne trouvera pas de solution. Ce qui est en train de se passer est grave, car les droits les plus élémentaires deviennent extraordinaires : disposer d'une rue accessible, respirer un air non pollué, avoir une espérance de vie dans la moyenne des autres pays européens. Vivre sans l'obsession d'émigrer ou de s'engager dans l'armée. C'est une nuit obscure qui descend sur ces terres, car être rongé par un cancer finit par apparaître comme un destin commun et inéluctable, comme naître et mourir, parce que ceux qui gouvernent continuent à parler de culture et de démocratie électorale, comètes plus vaines que leurs discussions byzantines, et ceux qui sont dans l'opposition semblent dévorés par la terreur de ne pas participer aux affaires, au lieu d'essayer d'en modifier les mécanismes. On meurt d'une peste silencieuse qui naît à l'intérieur du corps et qui conduit, au final, dans les services d'oncologie de toute l'Italie. Les dernières statistiques publiées par l'OMS montrent que la situation, en Campanie, est ahurissante ; elles révèlent une augmentation vertigineuse des pathologies cancéreuses. Cancers du pancréas, du poumon, du canal hépatique, plus de 12 % par rapport à la moyenne nationale. La revue médicale *The Lancet Oncology* évoquait déjà, dès septembre 2004, une augmentation de 24 % des tumeurs du foie sur les territoires proches des décharges ; les femmes sont les plus touchées. Il convient de rappeler que, dans les zones les plus à risque du nord de l'Italie, cette augmentation est de 14 %.

Mais sans doute ces faits se produisent-ils dans un autre pays que l'Italie. Parce que ceux qui gouvernent et ceux qui sont dans l'opposition, qui causent et discutent, vivent dans un autre pays. S'ils vivaient ici, ils se rendraient compte de tout cela avant que les rues ne débordent d'ordures. C'est sans doute dans un autre pays que le président de la commission des affaires générales de la Région Campanie possédait une entreprise – l'Ecocampania – qui collectait des ordures aux quatre coins de la région et au-delà, sans posséder de certificat antimafia. Et pourtant, c'est bien dans ce pays que les ordures constituent un énorme business. Tout le monde y gagne : c'est une ressource pour les entreprises, pour la politique, pour les clans, une ressource payée en broyant les corps et en empoisonnant la terre.

Elles y gagnent, les entreprises de ramassage d'ordures : aujourd'hui, celles de Campanie comptent parmi les meilleures d'Italie et peuvent entrer en relation avec les plus grands groupes de collecte de déchets du monde entier. Les entreprises napolitaines sont effectivement les seules, en Italie, à faire partie de l'EMAS français, un système de gestion de l'environnement dont le but est de prévenir et de réduire l'impact des activités exercées sur le territoire. En Ligurie ou dans le Piémont, les nombreuses activités gérées par des sociétés de Campanie se déroulent dans le respect des normes et de la meilleure manière possible. Dans le Nord, on nettoie, on ramasse les ordures, on se soucie de l'environnement. Dans le Sud, on enterre, on souille, on brûle.

Elle y gagne, la politique, car, comme le démontre l'enquête des juges Milite et Cantone, de l'Antimafia de Naples, visant les frères Orsi (des entrepreneurs passés du centre-droit au centre-gauche), actuellement, le mécanisme criminogène sur lequel se fondent trois pouvoirs – le politique, l'industriel et le camorriste – est le système des consortiums. Le consortium, qui unit le privé et le public, permet de contourner tous les mécanismes de contrôle. Dans la pratique, il a servi à créer des situations de monopole concernant le choix d'entrepreneurs souvent proches de la Camorra. Ceux-ci ont considéré qu'il revenait à la société publique de ramasser les ordures dans toutes les communes liées au consortium. Ce qui a eu pour conséquence pratique d'engendrer des situations de monopole et des bénéfices énormes, qui n'existaient pas autrefois. Dans l'affaire suivie par les juges Milite et Cantone, le consortium a acheté, pour une somme colossale (environ neuf millions d'euros), gonflée grâce à de fausses factures, la société de collecte de déchets Eco4. Les sociétés privées ont gardé pour elles les profits et fait endosser les pertes au consortium. La politique a tiré de ce système treize mille voix et neuf millions d'euros par an, et le chiffre d'affaires du clan a atteint six milliards d'euros en deux ans.

Mais les propriétaires des décharges, eux aussi, gagnent des sommes mirobolantes, comme le montre l'exemple de Cipriano Chianese, avocat et entrepreneur à Parete, un petit village qui est son fief. Pendant des années, il a géré la SETRI, une société spécialisée dans le transport de déchets spéciaux provenant de l'étranger : il faisait venir à Giugliano-Villaricca, des quatre coins de l'Europe, des cargaisons illicites, sans jamais avoir reçu l'accord de la Région. Mais il possédait la seule autorisation indispensable, celle de la Camorra. Accusé par les juges antimafia Raffaela Marino, Alessandro Milita et Giuseppe Narducci de complicité en association camorriste, ainsi que d'extorsion aggravée et prolongée, il est l'unique destinataire de la mesure conservatoire signée par le GIP (juge pour les enquêtes préliminaires) de Naples. Au centre de l'enquête figure la gestion des carrières X et Z, décharges illicites de Scafarea, à Giugliano, appartenant à la société RESIT et achetées par le « commissariat du gouvernement » chargé de gérer la crise des ordures de 2003. Selon l'accusation, Chianese est l'un de ces entrepreneurs capables d'exploiter la crise. Grâce à l'activité de traitement de sa société, il a pu facturer au commissariat du gouvernement plus de trente-cinq millions d'euros, pour la seule période comprise entre 2001 et 2003. Les installations utilisées par Chianese auraient dû être fermées et assainies, alors qu'elles sont devenues des mines d'or en période de crise. Grâce à ses amitiés avec certains représentants du clan des Casalesi

– ont rapporté les collaborateurs de justice –, Chianese a acheté à prix cassés des terrains et des bâtiments de valeur, il a obtenu de se présenter aux élections législatives de 1994 (candidat sur les listes de Forza Italia, il n'a pas été élu) et l'autorisation légale pour le traitement des déchets sur le territoire du clan. Le parquet a ordonné la confiscation, à titre préventif, des biens attribuables à l'avocat-entrepreneur de Parete : des complexes touristiques et des discothèques à Formia et à Gaète, ainsi que de nombreux appartements entre Naples et Caserte. En situation de crise, avec la ville noyée sous les ordures, les conteneurs qui débordaient, les protestations, les politiciens élus ont trouvé, dans la RESIT, située à la limite entre Parete et Giugliano, la solution idéale.

Les entreprises du Nord-Est gagnent beaucoup d'argent grâce au traitement des déchets en Campanie. Comme l'a démontré l'opération « Houdini » en 2004, le coût du marché, pour traiter correctement les déchets toxiques, imposait des prix allant de vingt et un à soixante-deux centimes d'euros le kilo. Les clans proposaient le même service pour neuf ou dix centimes le kilo. Les camorristes ont réussi à garantir que huit cents tonnes de terre contaminée par des hydrocarbures, appartenant à une usine de produits chimiques, seraient traitées au prix de vingt-cinq centimes le kilo, transport compris. Une économie de 80 % sur les prix normaux. Si les déchets illégaux gérés par les clans étaient amoncelés, on obtiendrait une montagne de 14 600 mètres de hauteur sur une base de trois hectares : ce serait la plus grande montagne de toute la Terre. Les clans n'ont même pas refusé de traiter le *Moby Prince*[1], le ferry qui avait pris feu et dont personne ne voulait. Selon Legambiente, l'organisme principal de protection de l'environnement, ce bateau aurait été transporté dans la région de Caserte, démantelé et laissé à rouiller dans des champs et des décharges à ciel ouvert.

Dans ce pays, il faudrait faire connaître *Biùtiful cauntri* (« Écrit à la napolitaine »), un documentaire d'Esmeralda Calabria, Andrea D'Ambrosio et Peppe Ruggiero : il montre le poison qui, venu de tous les coins d'Italie, a été enterré dans le Sud, massacrant brebis et bufflonnes, conférant une odeur acide aux pêches et aux pommes.

Mais peut-être est-ce dans un autre pays que l'on connaît les visages de ceux qui ont empoisonné cette terre. Dans un autre pays que l'on connaît les noms des responsables – et pourtant cela ne suffit pas à faire d'eux des coupables. Dans un autre pays que la plus grande puissance économique est la criminalité organisée – et pourtant, l'obsession de l'information demeure la politique, qui remplit le débat quotidien de polémiques, pendant que les clans qui détruisent et construisent le pays le font sans qu'il y ait une réelle opposition de la part des médias, ou une opposition trop épisodique, trop peu attentive aux mécanismes de ce phénomène.

Ce n'est pas la Camorra qui a créé cette situation d'urgence. La Camorra n'a pas intérêt à créer ce type de situation, elle n'en a pas besoin, ses intérêts

1. Le 10 avril 1991, au large de Livourne, ce ferry était entré en collision avec le pétrolier Agip Abruzzo. Tout l'équipage (sauf un mousse) et tous les passagers du *Moby Prince* (en tout, 140 personnes) périrent dans l'incendie du bateau.

et ses profits sur les ordures, comme sur tout le reste, existent depuis toujours, quoi qu'il en soit, qu'il pleuve ou qu'il vente, en situation de crise ou de normalité apparente. Il lui suffit que personne ne s'intéresse à son territoire, quand le reste du pays lui confie ses propres poisons pour un coût défiant toute concurrence, puis s'en lave les mains et dort du sommeil du juste.

Quand on jette quelque chose à la poubelle, dans le seau qui est sous l'évier de la cuisine, il faut se dire que cela ne se transformera pas en fumier, en compost, en matière fétide qui engraissera les goélands et les rats, mais que cela se métamorphosera directement en actions, capitaux, équipes de foot, immeubles, mouvements financiers, entreprises, bulletins de vote. On ne veut ni ne peut sortir de la crise parce que c'est dans ces moments-là qu'on gagne le plus. Mais la crise n'est jamais directement provoquée par les clans ; le problème, c'est que, ces dernières années, la politique n'est jamais parvenue à résoudre le problème des déchets. Les décharges sont insuffisantes. On a feint de ne pas comprendre que, lorsque tout se retrouve à la décharge, on arrive forcément à saturation. Les décharges devraient accueillir un minimum de déchets alors que, si l'on y traite tout, elles s'engorgent. Le plus tragique, dans tout cela, c'est que ce n'est pas le présent qui est compromis, ce ne sont pas les rues envahies par les sacs d'ordures qui subissent les vrais dégâts. Ce sont les générations futures qui seront frappées. L'avenir lui-même est compromis. Ceux qui naissent aujourd'hui ne pourront plus changer ce que leurs prédécesseurs ont été incapables de modifier. Sur ces terres martyrisées, on relève 80 % de malformations prénatales de plus par rapport à la moyenne nationale. Il faudrait se souvenir de la leçon de Beowulf, le héros épique qui arrache les bras de l'ogre qui empoisonnait le Danemark : « L'ennemi le plus astucieux n'est pas celui qui te prend tout, mais celui qui, lentement, t'habitue à ne plus rien avoir. » C'est cela : s'habituer à ne pas avoir le droit de vivre sur sa propre terre, le droit de comprendre ce qui se passe, de décider de sa propre vie. S'habituer à n'avoir plus rien.

GUERRE

Syndrome Vollmann

J'ai rencontré William Trevor Vollmann[1] une fois, sur la côte amalfitaine. Voir Vollmann sur la côte amalfitaine, pour moi qui avais lu tout ce qui avait été publié de lui en Italie, c'était comme rencontrer Mike Tyson dans une loge de la Scala de Milan. En réalité, le talent de Vollmann coïncide avec l'art le plus vrai et le plus ambigu du romancier-né : être capable de se transformer sans se perdre, se mettre dans les situations les plus diverses tout en restant égal à soi-même. Un œil qui s'implique et se camoufle pour comprendre, mais qui ne parviendra jamais à être totalement ce qu'il voudrait connaître. Alors il le raconte.

Invité par Antonio Scurati, Vollmann était à Ravello avec l'écrivain italien Antonio Moresco, face à un public essentiellement composé de vacanciers venus passer une soirée un peu différente des inévitables soirées tarentelles, concerts et autres spectacles comiques. Vollmann et Moresco commencent à lire des extraits de leurs livres. Les spectateurs

1. Écrivain, journaliste et essayiste américain, né à Los Angeles (Californie) en 1959.

font du bruit et se mettent à chuchoter entre eux, ils ont du mal à rester concentrés. Ils se trémoussent sur leur chaise, s'agitent. Jusqu'ici, la littérature était pour eux quelque chose de rassurant, à écouter l'après-midi, pendant les vacances. À présent, ils sont mal à l'aise, surpris par tant de crudité, obligés de se colleter avec la férocité et l'Histoire. Une dame vacille sur sa chaise, puis s'incline vers la gauche et, enfin, s'évanouit à cause de ce qu'elle vient d'entendre.

Plus tard, Fabio Zucchella, le rédacteur en chef de la revue *Pulp*, interviewe Vollmann et lui demande quelle est sa conception de la littérature. Vollmann lui répond qu'il a découvert récemment ce qu'il attendait réellement de l'écriture, et qu'il n'avait pas encore compris jusque-là. « Faire s'évanouir cette dame qui attendait des mots un moment d'élévation, et son corps n'a pas résisté. Mes mots sont entrés en elle. Voilà ce que je veux. »

Puis, il s'approche de Zucchella et lui glisse à l'oreille : « Où est-ce que je peux trouver des Nigérianes, ici ? » Zucchella lui répond qu'il est de Pavie, et qu'il ignore totalement où on peut trouver des Nigérianes sur la côte amalfitaine ; en venant à Naples, il n'en a vu aucune au bord de la route. Vollmann lui répond alors, méprisant : « Une ville sans putes nigérianes ne mérite pas d'être visitée. » Il se trouve pourtant dans un lieu qui est considéré comme l'un des plus beaux du monde.

Vollmann, qui est aujourd'hui âgé de quarante-huit ans, raconte ce que sont l'Histoire et l'humanité, et sonde tous les aspects de cette dernière. Rien de ce qui est humain ne lui est étranger. Ces jours-ci, on vient de publier en Italie *La camicia di ghiaccio*, la traduction de *The Ice Shirt* (1990), un livre qui ressemble à un délire. Un merveilleux délire. Un mélange d'histoire mythique et d'aventures inconnues. Un livre époustouflant, le premier opus d'un projet plus vaste, qui vise à écrire toute l'histoire des États-Unis d'Amérique. Vollmann part de loin : de l'an mille, quand le continent américain est découvert par les Vikings. Quand les hommes d'Erik le Rouge conquièrent le Nouveau Monde. Bien avant Christophe Colomb, l'Europe découvre le continent américain, puis décide de l'abandonner définitivement. Ce sont les Norvégiens qui conquièrent le Groenland, aujourd'hui territoire danois autonome. Les Norvégiens, excellents navigateurs, découvrent donc l'Amérique et l'appellent « Vinland », c'est-à-dire « Terre des vignes ». Partout s'étendent des vignes sauvages, et cela stimule leur imagination. Les Norvégiens appellent les Peaux-Rouges *skrealing*, « sauvages misérables ». Ils les jugent bestiaux parce qu'ils mangent de la moelle de cerf, sont vêtus de peaux de bêtes et se battent de manière primitive. Plusieurs batailles les opposent aux Peaux-Rouges. Mais, quand les Vikings ont achevé cette première poussée coloniale, ils quittent Vinland-Amérique et regagnent les territoires scandinaves du Nord. À partir de ce moment, et pendant plus de cent cinquante ans, l'Amérique redevient un territoire inconnu du reste du monde.

Dans un vaste cycle romanesque dit « des Sept Rêves », Vollmann raconte mille ans d'histoire américaine avant la colonisation européenne, voyageant jusqu'au cercle polaire arctique, à sept cents kilomètres du village le plus proche, afin d'approfondir l'histoire des migrations du peuple esquimau.

The Ice Shirt est une espèce de saga tirée de textes d'ethnologues et d'historiens, transformée en mythe grâce au récit romanesque. La part d'invention ne tient pas aux péripéties racontées, mais au fil conducteur – le mythe – utilisé dans le montage de l'histoire. Vollmann narre ses récits historiques comme s'ils s'étaient déroulés sous ses yeux, tel un vieux berger devant un feu, qui transmettrait aux nouvelles générations des événements qui remontent à la nuit des temps. *The Ice Shirt* est un livre d'une grande densité. Vollmann écrit de véritables pavés, c'est peut-être l'écrivain le plus prolifique au monde. « J'écris parfois dix-huit heures par jour. » Depuis des années, il souffre du syndrome du canal carpien. Une douleur lancinante aux poignets, due aux nombreuses heures passées devant son ordinateur. Ce qui l'intéresse, c'est de raconter l'espace situé entre l'histoire de l'homme et l'étendue, immense, de l'histoire de l'humanité. Entre le quotidien le plus concret qui soit, et les péripéties qui traversent les époques. Et souvent, ce qui réunit ces deux espaces, c'est le mythe.

Dans un autre livre, *Afghanistan Picture Show, or How I Saved the World* (1992), Vollmann écrit comment, à l'âge de vingt-deux ans, il part comme volontaire et rejoint les moudjahidins afghans afin de combattre les troupes soviétiques. Il rejoint Kaboul, pour se battre et croire en quelque chose. Et pour comprendre l'Islam. C'est un écrivain dans l'Histoire. Au fond, le meilleur moyen de faire son métier, pour un écrivain, c'est de faire celui des autres. Et, en cela, Vollmann excelle. Dans ses livres-reportages, il est là, enfoncé dans la réalité qu'il explore. Il est tout aussi présent dans ses romans historiques, où il donne à voir les faits et recueille les témoignages, mais les mixant à travers sa propre voix. Toujours au présent. Dans *Central Europe*[1] (2003), il sonde, à travers plusieurs histoires enchevêtrées, la guerre dévastatrice entre l'Allemagne et l'URSS. Il romance l'Histoire. Il se fait l'interprète des faits qu'il recueille, des biographies qu'il dévore, et les transforme moins en roman historique qu'en récit épique, caractérisé par des aventures individuelles qui acquièrent une dimension mythique.

Depuis toujours, Vollmann vit en symbiose avec sa propre écriture, comme une maladie héritée de Xénophon, l'historien mercenaire, pour qui on ne peut raconter que ce que l'on a vu. Et pourtant, comme le précise Antonio Scurati sur la jaquette de *La camicia di ghiaccio*, Volmann réduit la frontière entre réalité et imagination, vérité et mensonge qui, à notre époque, ne peuvent plus être évalués selon les critères d'invention et de réalité, de fiction et d'authenticité. Et donc, le lecteur comprend que ce qu'il lit est une vérité transformée en vision. Il y a le fait réel, mais il peut transcender le mythe, qui n'est pas négation de l'histoire mais sa sublimation en nouvelle historique, récit, parole littéraire. Fondement d'une pensée à transmettre Dans *Le Livre des violences*[2], un projet aussi fou que tous ses autres

1. Traduit de l'américain par Claro (Actes Sud, 2007).
2. Traduit de l'américain par J. P. Mourlon (Tristram, 2009). Titre original : *Rising Up and Rising Down*.

projets littéraires, quatre mille cinq cents pages consacrées à une histoire de la violence, Vollmann dit : « J'ai tenté de créer une espèce d'algorithme moral afin de déterminer à quel moment un acte de violence particulier est justifié ou non. La violence est toujours du sang ou du chiffre, et elle est parfois si vaste que nous ne la voyons pas. » *The Ice Shirt* regorge également de batailles et d'affrontements, de réflexions sur la Terre, sur les nobles chevaliers et sur la soif de conquête. « J'ai tiré pour tuer et on m'a tiré dessus, j'ai écouté la solitude de beaucoup d'hommes : je sais beaucoup de choses sur la violence. »

Raconter la misère de l'homme, la toxicomanie, la prostitution, l'exploitation farouche ne signifie pas être attiré par l'abjection, ou exalter la dégradation. C'est voir son propre temps plus clairement et rechercher dans les traces du présent, tel un archéologue, les sédimentations du passé, là où l'homme demeure identique à lui-même, dans sa soif de pouvoir, de sang, de conquête.

Pourquoi Vollmann a-t-il choisi de risquer sa propre vie en s'injectant de l'héroïne pour comprendre l'héroïne, de s'user les yeux sur les biographies de l'histoire américaine, de s'exposer aux tirs des snipers dans les rues de Sarajevo ? Lui-même se justifie ainsi : « Quand nous étions enfants, ma sœur et moi allions souvent au lac ensemble. Elle n'avait que six ans, et moi neuf, et j'étais chargé de la surveiller. C'est de ma faute si, un jour, elle s'est noyée, parce que j'ai été inattentif. Sa mort m'a persuadé que je ne deviendrais jamais quelqu'un de bon, et c'est sans doute pour cela que j'essaie toujours d'aider les gens et que j'éprouve de la compassion pour les perdants : parce que, moi aussi, je me sens un perdant depuis que j'ai commis cette erreur terrible. » L'écrivain ne peut pas être quelqu'un de bon et, souvent, il décide d'écrire justement parce qu'il est incapable de l'être. En même temps, il peut raconter, en se sentant coupable de ne pas pouvoir changer les choses, mais avec l'espoir que son action indirecte puisse se multiplier dans la conscience et dans la vision de ses lecteurs ; afin qu'ils puissent agir à sa place ou à ses côtés, donnant vie au dernier rêve d'une communauté qui comprend, qui ressent, qui avance. Et qui vit.

Apocalypse Vietnam

Putain de mort[1], de Michael Herr, est un roman de guerre. Écrit au pistolet-mitrailleur. Un roman sur le Vietnam, un roman-reportage, un roman dont le style est littéraire mais dont la matière est la réalité, dont la méthode est celle d'une recherche menée avec les yeux, les impressions, les faits, les perceptions, les interviews, la participation au combat, la nausée, l'allégresse, le cynisme, la cruauté, l'euphorie, la damnation. Son outil est l'écriture, sa méthode d'écriture, le regard humain.

L'auteur se rend au Vietnam en tant qu'écrivain et non en tant que journaliste. Pour les soldats, à qui il tient à préciser ce point, cela ne fait aucune différence, apparemment. De toute façon, ce sont des métiers d'embusqué. Aller à la guerre en tant qu'écrivain signifie y aller sans aucun rôle précis, sans être obligé de rentrer avec une nouvelle ou une information certaine. On peut même rentrer sans rien du tout, juste avec une foule d'impressions. Ne rien écrire ou n'écrire que des détails.

1. Traduit de l'américain par Pierre Alien (L'Olivier, 1996). Titre original : *Dispatches* (1977).

Étudier les cartes militaires, comprendre le fonctionnement d'une mitrailleuse, parler pendant des heures avec un soldat, lire les documents concernant une opération. Mêler tout cela à l'odeur du napalm et à la lueur imprévue de l'aurore dans le Sud-Est asiatique. Voilà comment Michael Herr envisageait d'être reporter-écrivain. Et c'est ce qu'il fait. Il recueille, observe, rumine, mixe le tout dans son écriture. Il lui a fallu dix ans pour écrire *Putain de mort*. Et, après ce livre, plus rien. Aucun autre livre. Peut-être parce que, comme l'écrit John le Carré, c'est le plus beau qui ait jamais été écrit sur la guerre, depuis l'*Iliade*.

« Le journalisme conventionnel ne pouvait éclairer cette guerre, pas plus que la puissance de feu conventionnelle ne pouvait assurer la victoire ; tout ce qu'il pouvait faire, c'était choisir l'événement le plus riche en significations, en dix ans d'histoire américaine, et le transformer en pudding médiatique, prendre l'histoire la plus connue et la maquiller en histoire secrète. Et les meilleurs correspondants de guerre le savaient... », déclare Michael Herr.

La guerre du Vietnam est celle qui est la plus présente dans notre esprit, dans notre imaginaire. Plus que la Seconde Guerre mondiale, plus que la guerre de Trente Ans et que la guerre des Six Jours, plus que les guerres puniques et que les guerres napoléoniennes, plus que la guerre civile espagnole et que la guerre de Sécession, beaucoup plus que n'importe quel conflit survenu après : de la Somalie à la Bosnie, de l'Irak à l'Afghanistan. Et plus encore, sans doute, que la mère de toutes les guerres, celle que l'on a appelée – et ce n'est pas un hasard – la Grande Guerre. Car, à l'époque, il y avait Céline et Jünger, Remarque et Barbusse, Lussu et Slataper et tous les grands poètes anglais, mais il n'y avait pas la puissance de feu du grand cinéma américain. Pas d'*Apocalyse Now, Full Metal Jacket, Voyage au bout de l'enfer, Hamburger Hill, Rambo, Good Morning Vietnam, Platoon.*

La guerre du Vietnam dément la phrase prononcée par Hermann Goering durant le procès de Nuremberg : « Ce sont les vainqueurs qui écrivent l'Histoire. » La guerre du Vietnam n'a été écrite que par les vaincus. La seule guerre perdue par les États-Unis est devenue la guerre la plus représentée, à tel point que « Vietnam » est un nom exclusivement prononcé à côté de celui de la nation qui a agressé, envahi, dévasté ce pays, et qui a fini par se retirer, vaincue. Et, pour la première fois dans l'histoire de l'humanité, ce récit de la défaite et de la honte devient épopée : car le cinéma hollywoodien est le seul instrument capable de la reconstituer.

Durant un demi-siècle, il a tenté de le faire avec la Seconde Guerre mondiale, la guerre victorieuse, la guerre juste ; et pourtant, si nous pensons à la guerre, nous voyons les hélicoptères d'*Apocalypse Now* et le visage défait de Marlon Brando, nous entendons le déclic de la roulette russe de *Voyage au bout de l'enfer,* nous entendons les marines chanter « Mickey Song ». Si l'on ne transforme pas en épopée le combat des Spartiates qui se sacrifièrent aux Thermopyles pour ralentir l'avancée des Perses, ni la défaite des Serbes vaincus par l'Empire ottoman sur la plaine des Merles, ni le massacre des Sioux à Wounded Knee – c'est-à-dire, si l'on ne rend pas épique la résistance héroïque de n'importe quelle petite nation ou tribu, mais si l'on transforme en épopée la défaite des troupes impériales, et que l'empire lui-même en crée le récit, alors, cela signifie que quelque chose a vraiment changé.

Si l'on raconte les contradictions vécues par les soldats plongés dans un enfer moite et torride, fait d'insectes, de jungle et d'embuscades tendues par un ennemi invisible, en tout cas tellement étranger qu'ils seraient incapables d'en discerner les visages, de déchiffrer les sons de sa langue, de comprendre le sens de ses mimiques les plus élémentaires, si l'on raconte cela, alors, tout ce que vivent ces hommes acquiert une valeur intrinsèque, crue et nue, et ne trouve aucune place dans le cadre d'un signifié, quel qu'il soit. La guerre ne signifie plus rien, pas même sa propre absurdité, pas même sa propre dénonciation en tant qu'horreur, en tant que mal. La guerre perdue ne correspond peut-être qu'au compte rendu d'une perdition.

Et pourtant, se retrouver au ras du sol, au degré zéro, offre à l'écrivain qui aurait la capacité et le courage de le faire une magnifique occasion de se mettre à l'épreuve, de témoigner, de raconter, un point c'est tout. C'est ce que parvient à faire Michael Herr. *Putain de mort* est un livre qui a une drôle d'histoire. Les deux chefs-d'œuvre cinématographiques sur la guerre contre les Vietcongs, *Full Metal Jacket* de Stanley Kubrick et *Apocalypse Now* de Francis Ford Coppola, s'en sont inspirés. Plus encore : Michael Herr a collaboré à l'écriture du scénario de ces deux films. Deux films antithétiques sur la même guerre, deux points cardinaux de l'imaginaire – ici, les plans larges, les couleurs livides et éclatantes, l'apocalypse psychédélique et baroque, là, la géométrie glacée qui devient délire circonscrit, massacre à huis clos dans un petit village en pleine jungle – nés de la côte du même auteur et du même livre. Aujourd'hui encore, les soldats américains, pendant leur entraînement, regardent ces films et se fourrent dans la tête les images qui défilent, des images surgies d'une mine commune, qui est *Putain de mort.* Et cette mine, constituée de mots, est plus riche que ces deux films à grand spectacle. Parce qu'elle est le fait de quelqu'un qui est allé au Vietnam. Mais aussi parce que la grande épopée, fût-elle une épopée de la défaite, doit donner un sens à ce qu'elle représente, même si ce sens est la fin du monde ou la destruction systématique de la personne humaine.

Mais Michael Herr, lui, reste au fond, tout au fond de sa mine vietnamienne, et se contente de recueillir et de mettre bout à bout ce qu'il voit : terreur animale et cruautés insensées, obscénité et désespoir, stupéfaction et mort. Toutes les contradictions de ces garçons à peine moins âgés que lui, il peut s'en saisir et les flanquer sur la page sans essayer de les faire cadrer. En réunissant deux des plus grands films jamais tournés et en les comparant à un livre de trois cents pages, on comprend ce que peut faire la littérature, et pas le cinéma : tenir compte de tout, rien qu'en le racontant, et cela suffit à montrer la complexité. Une œuvre unique, qui ne renonce pas au mécanisme du réel et qui conserve, dans les descriptions et les portraits, une beauté que très peu d'auteurs ont su concilier avec le récit de l'horreur et de la déchéance.

Dès les premières pages, une espèce de rage d'écrire explose. Mais ce n'est pas une rage viscérale, c'est quelque chose qui vient de plus loin. Herr se rend au Vietnam, dans une guerre où il est impossible de ne pas prendre parti, et il parle de soldats qui crèvent de la manière la plus atroce qui soit, des suites de blessures terribles. Il dit qu'il voit des rafales de mitrailleuses frapper des blindés et se demande, en regardant les impacts, quel effet ces mêmes projectiles auraient sur un homme. Il ne raconte plus la blessure, mais la condition humaine. La condition humaine qui, à la guerre, est la condition d'un camp. J'ai toujours aimé Xénophon pour sa partialité. Parce qu'il reconnaît que le regard de celui qui raconte peut être honnête s'il se déclare partial, et surtout parce que, pour raconter les mercenaires grecs, il devient lui-même mercenaire. Avec ce livre, Michael Herr est solidaire des *marines* parce que c'est le camp qu'il a choisi, non le camp qu'il a préféré. Parce qu'il faut avoir une perspective de départ. « Nous, nous ne pleurons pas les assassins qui tuent les familles vietnamiennes », lui diront certains politiciens démocrates. À quoi Michael Herr répondra : « Quand donc êtes-vous arrivés à pleurer sur quelqu'un, vous, les démocrates ? » Cette idée selon laquelle on peut adopter un point de vue moral équitable et équidistant, en distinguant les bonnes et les mauvaises raisons, le bien et le mal, est radicalement contestée dans *Putain de mort.* Il n'existe que des camps, des guerres, des idées, des choix politiques, bref, il n'existe que les choses qui doivent être racontées, abordées et choisies ponctuellement, sans qu'on ait la prétention d'être du bon – ou du mauvais – côté.

Et ce livre enseigne comment traiter ces sujets, des sujets qui, peut-être, ne sont autres que les terrains d'essai extrêmes qui enseignent comment on doit se situer, en tant qu'écrivain.

Michael Herr énonce des phrases sèches qui, pour ceux qui aiment tirer les paroles du vécu, valent davantage que bien des essais d'esthétique : « On se comporte comme il faut, c'est tout. » La condition de la guerre est une condition inhumaine, où tout est en suspens. Et cette suspension est le laboratoire de l'écriture. C'est peut-être pour cela que *Putain de mort* m'a accompagné comme une obsession. Une écriture qui fait feu de tout bois, des défoulements, des crises de nerfs des soldats qui n'en peuvent plus, de l'histoire d'un soldat afro-américain qui se masturbe quarante fois de suite, des excès d'alcool, de sexe et de drogue qui, même s'ils ne tuent pas, sont le seul moyen de survivre. La manière de raconter les morts, les tués, l'impact des projectiles sur le corps, comme si les projectiles donnaient une nouvelle expression au corps transpercé. « Quand on fixe le corps d'un homme tué par balles, on ne l'oublie plus », dit-il. Le fait de voir des morts, à la guerre, devrait aller de soi. Mais la qualité principale de Michael Herr est de ne jamais être cynique, de ne jamais être le « dur » qui supporte tout sans jamais avoir l'air de flancher. De ne pas être un chirurgien de la parole. Il est simplement trop proche des choses qu'il raconte, trop proche des corps massacrés et de leurs miasmes, du dégoût, de la folie.

Ce livre est magnifique parce que seul un calque de l'horreur peut faire comprendre au lecteur que, si lui aussi s'était retrouvé dans cette situation, si lui aussi avait décidé de vivre ainsi, il aurait pu commettre les mêmes choses. Ou alors, ne pas le faire devient une décision qui est plus celle du corps que de la morale. « Comment fais-tu pour tirer sur des femmes et des enfants ? » demande un reporter de guerre à un soldat. La réponse de *Putain de mort* est simple : « C'est facile : on n'a pas besoin de beaucoup de plomb. » Dans *Full Metal Jacket,* cela devient : « C'est facile parce qu'ils courent moins vite » et, dans l'hélicoptère qui le transporte, le reporter est pris de vomissements. Herr entraîne le lecteur dans la guerre. Pour de bon. Il lui restitue non seulement les images, mais les comportements. Le lecteur ne sent pas seulement l'odeur du sang et du napalm, mais il ressent lui-même la rage et la peur, il sent à quel point il aurait été féroce, il sent ce que l'homme devient quand, pour survivre, il doit cesser d'être un homme. Si je n'avais pas lu *Putain de mort,* je n'aurais jamais pu écrire ce que j'ai écrit. Mais cela n'aurait été qu'un dégât mineur. En fait, si je n'avais pas lu ce livre, je n'aurais rien compris à la vie que je mène. La condition humaine de la guerre est la même, depuis toujours. Depuis les guerres puniques jusqu'à la guerre du Golfe.

Mais, concernant les détails, tout change, et c'est là que la voix de l'écrivain est nécessaire. Dans *Putain de mort,* l'action est incessante, des soldats rencontrent d'autres soldats, des soldats cessent d'être des hommes, dépassent la condition humaine et dépassent les objectifs qu'eux-mêmes n'imaginaient pas atteindre. Aucun des marines n'est réellement convaincu de combattre le communisme en allant au Vietnam, aucun ne croit que cette guerre a pour but d'apporter la démocratie aux esclaves d'Hô Chi Minh. Mais ce n'est pas une raison pour ne pas se battre et mourir. On tue à partir du moment où il y a des ennemis. Certaines opérations conduisent à une mort certaine, et il serait possible de s'enfuir. Mais les marines ne s'enfuient pas. On meurt et on se bat pour ses frères d'armes. Poussé par le désir de tout risquer.

« Saigon de merde » : ainsi commence *Apocalypse Now*. Mais cette merde était recherchée par ceux qui partaient comme volontaires pour le Vietnam. Ceux qui cherchaient le risque de la mort pour voir jusqu'où peuvent aller les possibilités humaines. Ce qui intéresse Michael Herr, ce n'est pas de raconter une histoire bien ficelée et bien commentée, que l'information puisse digérer sous prétexte que « je fais bien mon métier, je suis rigoureux, je cherche la distance par rapport à ce que j'écris, afin d'être objectif ». Peut-être s'est-il dit, à un certain moment : « Qu'est-ce qu'on en a à foutre ? Je me fous de me tromper, de passer pour un complice. Je raconte comment ça fonctionne, je raconte la puanteur des godasses à l'intérieur desquelles les pieds moisissent, les mains couvertes d'ampoules à cause des fusils, les perversions. Ou le sourire d'un gamin sur une civière, avec la moitié de la jambe déchiquetée par un éclat de mortier et les mains brûlées. Qui ne pleure pas, qui ne crie pas "Maman !". Mais qui rit. Il rit parce qu'il sait que cette jambe coupée, ces blessures, ce sang qu'il voit sortir à flots signifient "maison". Retour, famille, Amérique. Fini les moustiques, les balles, la forêt pluviale, la fièvre, les têtes des Vietcongs. Les rêves qui ne sont plus des rêves, et les erreurs des officiers, et la drogue qui devient le remède à la fatigue et à la douleur, ou la nervosité qui s'empare des soldats trop calmes et trop gentils. » Herr parvient à regarder en plein visage l'horreur et la beauté, le plaisir de se battre et l'uniforme qui, aux yeux des filles dans les familles, vous fait paraître plus dur et plus fort qu'on ne l'est en réalité.

Michael Herr n'a pas envie de reconstruire une histoire secrète. Il veut raconter ce qui est sous les yeux de tout le monde et que personne, pourtant, n'arrive à décrire. La guerre du Vietnam est devenue, en partie grâce à lui, la guerre perdue, non à cause des projectiles ou de la guérilla des Vietcongs, mais surtout parce qu'elle a été racontée. Raconter cette guerre, telle qu'elle s'est réellement passée, signifie détruire chaque argument qui a amené au conflit, montrer à quel moment l'homme perd la possibilité d'être homme, à quel moment la proximité entre soldats devient l'unique loi de survie. Vietnam, Vietnam. Au fond, nous y sommes tous allés.

Ce jour-là sera vôtre à jamais

On a déjà tout en tête. Si on connaît l'histoire des Thermopyles, si on a regardé depuis toujours la trame des affrontements humains à travers l'aventure des trois cents hoplites spartiates qui, en 480 avant Jésus-Christ, s'opposèrent aux visées conquérantes de l'empire perse.

Léonidas et ses trois cents hommes, choisis parmi ses plus fidèles soldats, tous, ou presque tous, avec des enfants mâles capables d'assurer la descendance de chacun d'entre eux. Dans le défilé des Thermopyles, ils tiennent tête à l'armée la plus puissante que le monde ait jamais connue, espérant que les armées des autres cités grecques auront le temps de s'organiser, tout en sachant qu'ils vont mourir.

300[1] est tiré de la bande dessinée de Frank Miller. Cette bande dessinée est un bijou. Un de ces chefs-d'œuvre qu'on peut classer dans la grande littérature. On le définit comme un « roman graphique », nom donné aux nouveaux récits qui utilisent des mots et des dessins, et pour lesquels

1. Film américain de Zack Snyder (2007).

« bande dessinée » serait trop réducteur. Miller raconte l'affrontement entre des mondes, des cultures très proches par leur géographie et leur commerce, et pourtant à une distance sidérale l'un de l'autre. Le paradigme est toujours le même, celui du bien et du mal, de la liberté et de l'esclavage, de l'honneur et de la trahison, de l'arrangement et du sacrifice. Frank Miller crée son Léonidas, de même qu'il a créé ses super héros Batman et Daredevil, et la Perse de Xerxès est une Sin City de l'Antiquité qui avance. La vision du monde est toujours manichéenne, l'ennemi toujours superpuissant mais corrompu, superpuissant parce que corrompu, mais également faible parce que corrompu.

Les articulations élémentaires du bien et du mal mènent à des chemins labyrinthiques. C'est cela, l'épopée : un contenant plein de valeurs, de légendes, de mythes, d'orgueil, de règles morales, d'ordres de la conscience, de créatures de la terre et du sang, auxquelles chacun peut s'identifier, et auxquelles n'importe qui peut décider d'accorder le sens de son propre quotidien et y trouver le liant qui le fera se sentir membre d'une communauté. Ou bien auxquelles on peut s'opposer définitivement. L'histoire de *300* est tout cela. À travers les hoplites spartiates qui se sacrifient pour que la Grèce ne soit pas soumise à la tyrannie, est transmis un événement définitivement soustrait au parcours de l'Histoire, mais qui en fait partie intégrante. L'Histoire devient épopée, les faits racontés fondent un imaginaire et une cosmogonie des valeurs. « Spartiates, ce jour est vôtre à jamais », rappelle

Léonidas à ses hoplites. La bataille des Thermopyles est un événement qui fournit des outils pour expliquer la vie. La comprendre. La synthétiser. Et l'épopée se meut dans un certain sens. Elle a un vecteur. Déterminé par celui qui raconte l'histoire, par les yeux qui l'ont scrutée, l'estomac qui l'a digérée, les oreilles auxquelles elle est destinée. Il n'y a aucun scandale dans tout cela. C'est une dialectique entre des épopées différentes. Celle-ci vient de l'Occident, du regard d'Hérodote, renouvelé et remodelé à son image, à travers les innombrables réécritures sous forme de poèmes, de romans, de pièces de théâtre, ou bien de films ou de bandes dessinées, toujours ici, en Occident, un Occident de plus en plus occidental.

Les Américains sont les seuls à être encore capables d'écrire des épopées. L'épopée se sédimente et se crée lorsqu'il y a un fort sentiment d'appartenance à une civilisation et, plus encore, lorsque celle-ci se sent menacée. L'épopée la fonde et la protège. En opposition aux autres, mais il ne peut en être autrement.

Aucun Européen, peut-être, ne pourrait créer un récit cinématographique d'une telle puissance. Le muscle, la terre, l'instinct. Pour un Italien, cela aurait une saveur par trop fasciste. Alors que Frank Miller, dans l'énorme liberté visionnaire avec laquelle il traduit Hérodote dans le langage yankee des bandes dessinées, est parvenu à rendre la force épique et l'élément historiographique. Et le film y parvient, lui aussi.

C'est étrange : parce que le livre de Frank Miller est de l'art, alors que sa transposition cinématographique ne l'est pas. Le film est plus de la BD que la vraie BD. Il est grossier, prévisible, truculent. En dépit des moyens et des effets spéciaux d'une superproduction hollywoodienne, il reste simpliste et même maladroit, d'une maladresse enfantine. Parce qu'il est de la propagande. Le produit d'une superpuissance blessée, qui tente de prendre une mine féroce et s'aperçoit qu'elle ne ressemble en rien à la Sparte dans laquelle elle voudrait se refléter.

Pourtant, le film vous remonte à bloc. Comme si, derrière le fauteuil du cinéma, quelqu'un tournait une petite clé, juste au cœur de votre moelle épinière. Quand le messager de Xerxès s'adresse au roi Léonidas Ier, et propose à Sparte de devenir une satrapie autonome de l'empire perse, en payant un tribut en eau et en terres, Léonidas l'invite à aller voir combien d'eau il y a dans le plus grand puits de Sparte.

« Ceci est un blasphème, personne n'a jamais menacé un messager, ceci une folie », dira l'ambassadeur.

Léonidas répond, en lui pointant l'épée sous le menton : « Folie ? Ceci est Sparte. » Et un coup de pied en pleine poitrine l'expédie au fond du puits. Et le spectateur doit faire un effort pour que sa jambe n'ait pas un réflexe nerveux. Le geste de Léonidas est une erreur tactique, car il aurait pu éviter un bain de sang, conserver l'autonomie de Sparte et en faire l'alliée de l'empire le plus stable, le mieux organisé et le plus pacifique de son temps. Et pourtant, ce coup de pied insultant et irrespectueux devient, dans le récit épique, le refus de toute forme de soumission ou de compromis.

Avant la bataille finale, Léonidas, interprété par Gérard Butler, incroyablement semblable à une peinture sur vase, hurle : « Spartiates, préparez le déjeuner et mangez abondamment, car ce soir, nous dînerons dans l'Hadès. »

300 est une débauche de violence. De têtes tranchées, de cous ployés, brisés par des lames qui se fichent dans la clavicule. Mais peut-être y a-t-il, là aussi, une fidélité à la vérité historique, et pas seulement un impératif lié à la *pulp fiction*. En regardant les centaines de corps des Immortels, la garde du roi des rois, de l'empereur de Perse, s'entasser contre les boucliers des phalanges hoplites, les lances s'enfoncer dans les ventres, les corps transpercés, les muscles arrachés, les yeux exorbités, on pense inévitablement aux pages de celui que je considère comme l'un des plus grands écrivains de guerre de tous les temps, Lucain. Dans *La Guerre civile*, Lucain écrit que, sur les champs de bataille, on pataugeait dans le sang, la terre était imbibée du sang des guerriers. Les combattants s'effondraient quand la dernière goutte de sang avait quitté leur corps. Ils se vidaient, mutilés et percés de coups. Et, dans le film, les combattants pataugent dans le sang et les corps s'amoncellent, formant des murailles macabres. Et l'on croirait presque sentir la puanteur de toute cette chair morte et ramollie dans la bouillie formée par le sang grec et perse.

Mais le spectateur n'est pas touché par le dégoût des spécialistes de l'Antiquité, qui se sentiront trahis par telle poignée d'épée, par tel ornement sur les poignards, par la trame et la chaîne des étoffes, par les blessures inexactes sur le visage des souverains et sur les casques des hoplites, qui ne sont pas conformes aux sources officielles. Pourtant, *300* est un film qui possède la puissance de la représentation, qui crée un imaginaire. Cet imaginaire transmis par la bande dessinée de Frank Miller jaillit, en réalité, du contact étroit avec les sources historiques, de l'inspiration liée aux vases grecs. Et sa fidélité à l'histoire et à la légende est remarquable. Les couvre-chefs des soldats perses, les casques et les boucliers, et même les scènes où l'on voit les différentes ethnies qui constituent l'armée de Xerxès – des Éthiopiens aux Indiens, en passant par les Mésopotamiens et les Libyens – apportent quelque chose de nouveau et d'actuel à la vérité historique, à l'épopée des Thermopyles. Pour la première fois, est représenté ce qui n'avait jamais été considéré comme représentable et difficilement concevable, depuis l'Antiquité. L'*agoghè*, c'est-à-dire l'entraînement humain et militaire de tout jeune Spartiate, dont il revient guerrier ou dont il ne revient pas. Le film s'ouvre sur des paroles draconiennes : « Lorsqu'il fut capable de tenir sur ses jambes, il reçut le baptême du feu. »

À sept ans, les Spartiates étaient enlevés à leur famille et répartis en équipes ; les éducateurs devaient les endurcir, surtout à travers des exercices physiques, des privations et des souffrances. Ils portaient le même vêtement, été comme hiver ; ils allaient nu-tête et nu-pieds, recevaient une nourriture très insuffisante et, s'ils n'arrivaient pas à apaiser leur propre faim, ils pouvaient voler. Mais s'ils étaient découverts, on les punissait lourdement, non pour le vol, mais pour avoir été incapables de le cacher. Ils dormaient sur des paillasses de roseaux et, une fois par an, étaient fouettés jusqu'au sang.

L'*agoghè* de Léonidas s'achève sur le meurtre

d'un loup, une créature gigantesque et quasi mythologique, qui semble transmettre toute sa férocité au souverain. En effet, dans *300*, il y a aussi des monstres, semblables à des figurants directement empruntés au *Seigneur des Anneaux* de Peter Jackson[1], des ogres et des trolls tolkiéniens. D'ailleurs, Hérodote lui-même, continuellement épouvanté par les dimensions de l'armée ennemie, dont il raconte qu'elle asséchait les fleuves pour se désaltérer, la représente comme tellement immense qu'elle en devient un grand corps monstrueux. L'hommage à *Gladiator*, de Ridley Scott (2000), est évident. Des champs de blé, des couleurs chaudes car, dans l'épopée américaine, justement parce qu'elle est épopée, tout fait écho : *Gladiator*, puis *Troie* (Wolfgang Petersen, 2004) et *Alexandre* (Oliver Stone, 2004). Zack Snyder semble avoir choisi le camp des Spartiates, de même que, sur les bancs de l'école, on est soit de leur côté, soit de celui des Athéniens. Il prend parti avec un cœur d'enfant, et il est presque effaré par les réactions des diplomates iraniens. Ahmadinedjad a mal supporté la manière dont les Perses sont représentés. Trop cruels, trop esclavagistes, et même trop efféminés. Bien sûr, dans le film, on ne raconte pas que la Perse était un partenaire politique que Sparte et Athènes appelaient à la rescousse chaque fois qu'il fallait compter sur une tactique pour défaire l'ennemi, et on ne dit pas que c'était l'un des empires les plus pacifiques de l'histoire de la civilisation humaine. Mais c'est un film sur les Thermopyles. Cela dit,

1. Peter Jackson a tiré du roman de J. R. R. Tolkien trois films, réalisés entre 2001 et 2003.

l'exaltation de la mort, du sacrifice suprême comme unique moyen d'accéder à la gloire devrait intéresser Ahmadinedjad, et, peut-être, l'inciter à comprendre qu'il y a beaucoup plus de raisons de s'identifier aux hoplites qu'aux ors fastueux de Xerxès et des Perses.

Les images des corps préfigurent le sacrifice ; dès le début, quand Léonidas se met en route pour les Thermopyles avec ses trois cents hommes, et que les manteaux rouges des Spartiates ressemblent à un unique fleuve de sang. Lorsqu'un émissaire de Xerxès, qui a une tête de Palestinien, moustache et teint mat, promet : « Nos flèches obscurciront le soleil », le Spartiate lui répond : « Alors, nous combattrons dans l'ombre. » Et des nuées de flèches s'abattront sur les trois cents hoplites de Léonidas, simplement protégés par leurs boucliers, dans de très belles scènes qui montrent les côtes d'Asie mineure couvertes de soldats. C'est une alternance de scènes de batailles et de paysages, dans lesquelles surgissent les paroles, souvent hachées, d'Hérodote et de toutes les sources possibles. « Spartiates ! Rendez-vous et déposez les armes ! » « Perses ! Venez les chercher ! » Cette phrase résonne aux oreilles de quiconque a été invité à déposer les armes face à un ennemi. De Casavatore[1] à Caracas. Les Spartiates de Léonidas, du reste, ne peuvent se dérober. Sparte ignore cette éventualité dans son code militaire comme dans l'âme de ses soldats. Sparte ne fait pas de prisonniers, elle ne connaît ni la pitié ni la retraite.

1. Commune d'environ 18 000 habitants, de la province de Naples, en Campanie.

Léonidas rencontre Xerxès : il est très grand, deux fois plus grand au moins, il apparaît sur un trône splendide, entre deux taureaux dorés précédés de deux lions puissants. Xerxès tente de convaincre Léonidas de passer dans son camp : « Imagine quel destin horrible attend mes ennemis, puisque je tuerais avec joie chacun de mes hommes, pour la victoire. » Léonidas répond : « Et moi, je mourrais pour chacun de mes soldats. » Deux conceptions de l'armée, diamétralement opposées. Des hommes au service d'un dieu-roi, face à des combattants aux ordres d'un souverain guerrier. Quand les Immortels sont passés au fil de l'épée, l'homme qui se considère comme un dieu sent un frisson très humain lui parcourir le dos. Car les Spartiates n'ont pas d'écriture ni de monnaie, ils n'ont pas les bibliothèques perses, ni les astronomes mésopotamiens, ils n'ont pas la géométrie, ni des milliers de peuples assujettis. Mais ils pensent au récit. Et Léonidas sait que, sans récit, il ne reste rien du sacrifice.

Et l'un des trois cents, blessé à un œil, est invité à Sparte pour raconter. Et Délios racontera l'histoire, une grande histoire qui parle de victoire. Même s'il s'agit du plus atroce des massacres. Et on ne sait pas bien si c'est à cause des effets spéciaux ou des récits qui nous ont façonné, enfant, mais à la fin du film, on ressent une drôle d'envie. L'envie d'aller voir son fils, si on en a un. Ou de recueillir, dans la rue, un gamin quelconque, de le prendre par le bras et de l'emmener dans un coin d'Italie qui soit encore la Magna Grecia, devant le temple de Poséidon à Paestum, ou à Pozzuoli devant le temple de Sérapis, ou face à l'horizon marin du temple de

Sélinonte en Sicile, et de lui raconter l'histoire des Thermopyles et la manière dont trois cents Spartiates, trois cents hommes libres, ont résisté face à une immense armée d'hommes-esclaves. Et on a envie de prendre sa tête entre les mains et de lui hurler, afin qu'il ne les oublie jamais, les paroles de Léonidas : « Le monde saura que des hommes libres se sont opposés à un tyran, que quelques hommes se sont opposés à beaucoup d'hommes et que même un dieu-roi peut saigner. » N'en déplaise à Ahmadinedjad.

NORD

Les fantômes des Nobel

Être invité à la Svenska Akademien, l'académie de Stockholm qui, depuis 1901, décerne chaque année le prix Nobel, m'a plongé dans un état d'angoisse diffuse : impossible de ne pas se dire que l'on est reçu dans le dernier sanctuaire de la littérature. Mais, quand j'arrive à Stockholm, surprise : tout est enneigé. La neige, j'ai dû la toucher au maximum trois fois, dans ma vie.

À l'aéroport, tout le monde est nerveux à cause de la tempête, alors que, en ce qui me concerne, sortir dans cette blancheur me donne une sensation de joie enfantine, même si la température est polaire, et si mon manteau, parfait pour les hivers méditerranéens, se révèle quasiment inutile en Suède. La première chose que l'on m'explique, dès que j'arrive à l'Académie, ce sont les règles : sévères, incontournables. On porte l'habit, et chaque geste est codifié. Les académiciens sont nommés à vie, dix-huit membres que je me représente comme les derniers haruspices qui prophétisent l'avenir des lettres : vénérés, haïs, mythifiés, sous-estimés, moqués à cause de leur pouvoir, courtisés par le monde entier. Je suis incapable de les imaginer. Dans la salle qui nous est réservée, je croise les deux premiers : un monsieur âgé qui a enlevé ses chaussures, et une dame qui tente de l'aider à les remettre. Avec une élégance naturelle, il me serre la main, puis me dit : « Votre livre m'est allé droit au cœur. » Je comprends très vite que la Suède est extrêmement attentive à ce qui se passe dans le monde. C'est un pays qui perçoit les contradictions des autres comme si elles étaient siennes. Quelques académiciens me posent des questions sur l'Italie, mais d'une manière inattendue. Tous, sans exception, me demandent des nouvelles de Dario Fo, de ce qu'il fait, avant de me recommander de lui transmettre leurs salutations, comme s'il allait de soi que je le fréquente assidûment.

Ils me demandent également comment sont considérés, chez nous, Giorgio La Pira[1], le maire légendaire de Florence dans les années 1950, et aussi Danilo Dolci, Lelio Basso[2], Gaetano Salvemini[3] et

---

1. Giorgio La Pira (1904-1977), homme politique italien. Très critique à l'égard du fascisme, il fut élu à l'Assemblée constituante en 1946. Homme de foi, il se distingua, lorsqu'il fut maire de Florence (de 1951 à 1958 et de 1961 à 1965), par sa politique d'urbanisme et par son attention à l'égard des plus défavorisés. Homme d'ouverture d'envergure internationale, il fut nommé président, en 1967, de la Fédération mondiale des villes unies.

2. Lelio Basso (1903-1978), avocat pénaliste et homme politique italien. Antifasciste à l'origine du PSIUP (Parti socialiste italien d'unité populaire). Il fut emprisonné deux fois, en 1928 et en 1939-1940, puis participa activement à la Résistance. D'envergure internationale, il créa, entre autres, la Ligue internationale pour les droits et la libération des peuples.

3. Gaetano Salvemini (1873-1957), historien, homme politique et antifasciste italien. Il s'intéressa particulièrement à la « question méridionale ». Arrêté en 1925, il adhère au mouvement « Giustizia e Libertà », et collabore au journal *L'Unità*. Après son exil pendant la Seconde Guerre mondiale, durant lequel il est *visiting professor* à

Ernesto Rossi[1]. Une Italie oubliée des Italiens ; ici, non seulement on se souvient de cette Italie, mais on considère que c'est la seule digne d'être gardée en mémoire. Un monsieur s'approche de moi pour accrocher mon micro sur ma veste, il me parle en italien, et je réagis avec stupeur : « Pourquoi êtes-vous étonné ? Ici, vous êtes au Nobel, nous parlons toutes les langues du monde. »

Salman Rushdie attend déjà dans la petite pièce qui nous est réservée. Nous nous embrassons. La générosité dont il fait preuve envers moi depuis notre première rencontre est de celles qui naissent chez ceux qui n'oublient pas ce qu'ils ont vécu. Il veut me transmettre un peu de ce qu'il a appris dans sa chair, peut-être veut-il m'aider à récupérer quelques lambeaux de ma liberté ; mais pour moi, le seul fait de savoir que je ne suis pas seul avec mon expérience est précieux. Cela semble incroyable. Quand il a été « condamné », j'étais un enfant, j'allais encore à l'école primaire. Sa *fatwa* khomeiniste et mes menaces camorristes sont l'expression de deux contextes bien différents, mais leurs conséquences sur nos vies, leurs répercussions sur notre histoire, en tant qu'écrivains, sont à peu près identiques, tout compte fait. Même poids de l'emprisonnement, que personne ne peut comprendre

---

Oxford, il enseigne à l'Université de Florence. Sa vision de la société est laïque, contre les dogmatismes, le cléricalisme et le stalinisme, pour un réformisme profondément démocrate.

2. Ernesto Rossi (1897-1967), homme politique, journaliste et antifasciste italien. Ami de Salvemini, il passe vingt ans en prison, dont quatre dans l'île de Ventotene où, en 1941, il élabore le *Manifesto di Ventotene*, véritable projet fédéraliste pour l'Europe. Après la guerre, il s'illustre dans le journalisme d'enquête et dénonce les excès du capitalisme et les collusions entre l'Église et la politique.

totalement, même angoisse continuelle, même solitude. Et nous nous heurtons, tous les deux, à une méfiance qui peut se transformer en diffamation : c'est ce qui est le plus blessant, le plus injuste et le plus intolérable. Tout ce que Rushdie racontera sur ses difficultés pour traverser une rue, prendre un avion, trouver une maison, et tout ce qu'une vie sous haute protection rend impossible, m'amènera à penser : « C'est vrai, c'est exactement ça. »

Nous discutons sur la manière d'organiser la rencontre. Ici aussi, les règles sont précises. Après avoir été invité à parler, je dois prononcer mon discours inaugural, ne pas rester trop longtemps à accueillir les éventuels applaudissements, mais retourner m'asseoir rapidement. Puis, ce sera le tour de Rushdie, suivi d'un échange. À la fin du débat, nous ne devons serrer la main de personne ni signer de livres, mais traverser la salle et partir.

Une fois que tout est clair, nous entrons dans la salle de l'Académie. Dans mon imagination, elle était totalement différente : un théâtre énorme, somptueux, avec une scène et un parterre immenses. Comme pour toute légende, la réalité se révèle exactement inverse. Une salle lambrissée, délicieuse et élégante, mais à l'atmosphère intime. Au centre, se trouve une espèce d'enceinte où sont assis les invités, les éditeurs, les membres de la famille, le secrétaire permanent de l'Académie, Horace Engdahl, et quelques journalistes triés sur le volet.

Pendant qu'Engdahl fait son discours d'introduction, je suis à peu près dans le même état que lorsque j'attendais de soutenir ma thèse pour mon diplôme. Tout ce que j'avais préparé s'évanouit. Je sens seulement ma tête vide, mon cœur, dans ma poitrine, comme un caillot encombrant, ma gorge sèche. Je me raccroche aux discours de certains écrivains qui ont reçu le prix Nobel sur cette même scène où je devrai bientôt parler, moi aussi. En 1996, la poétesse polonaise Wislawa Szymborska évoquait la force avec laquelle la science et la poésie peuvent repousser les limites du monde. S'ils n'avaient pas été obsédés par ces quelques mots : « Je ne sais pas », Isaac Newton n'aurait jamais découvert la loi de la gravitation en voyant une pomme tomber d'un arbre, et Marie Curie serait restée un respectable professeur de chimie.

Le poète aussi doit constamment se répéter à lui-même : « Je ne sais pas », disait Wislawa Szymborska. « Le monde, quoi que nous en pensions, effrayés par son immensité et par notre impuissance face à lui, découragés par son indifférence aux souffrances individuelles, quoi que nous pensions de ses espaces traversés par le rayonnement des étoiles – est stupéfiant. Mais dans ce terme "stupéfiant", il y a un piège logique. Après tout, nous sommes stupéfaits par ce qui s'éloigne de toute norme connue et généralement acceptée, par une évidence à laquelle nous sommes habitués. Eh bien, un tel monde évident n'existe absolument pas. » Je pense à la vie de cette femme menue qui a traversé l'occupation et la guerre en Pologne, qui a vu sa patrie devenir un satellite de l'empire soviétique et qui a vu ensuite ce dernier s'effondrer, je pense à ses paroles capables de relier les espaces stellaires au langage de sa poésie, « dans laquelle chaque mot a un poids, où il n'y a plus rien d'ordinaire et de normal. Aucune pierre ni aucun nuage au-dessus d'elle. Aucun jour et aucune nuit qui le suive. Et surtout, aucune existence de qui que ce soit en ce monde ».

Je sens que, dans cette pièce, se sont déposées ses paroles, qu'y sont restés, imprimés dans les boiseries, les discours de tous ceux qui ont reçu le Nobel, les paroles de Saramago, Kertész, Pamuk, Szymborska, Heaney, Márquez, Hemingway, Faulkner, Eliot, Montale, Quasimodo, Soljenitsyne, Singer, Hamsun, Camus. J'énumère mentalement ceux dont je me souviens, ceux que je connais le mieux et que j'ai le plus aimés, j'ai la tête qui tourne, je suis pris de vertige. Comment Pablo Neruda a-t-il posé les mains sur ce podium ? Pirandello a-t-il penché le visage sur ses notes ou a-t-il fixé les académiciens droit dans les yeux ? Samuel Beckett a-t-il souri ou est-il resté imperturbable ? À qui Elias Canetti a-t-il eu l'impression de parler, au monde entier ou à un public particulier ? Lorsqu'il était ici, Thomas Mann a-t-il pressenti la tragédie que vivrait son Allemagne, quelques années plus tard ?

J'essaie de respirer profondément, un peu pour me calmer, un peu pour faire comme lorsqu'on est enfant et qu'on vous emmène au bord de la mer, où l'on vous dit que les bonnes bouffées d'iode inhalées sur la plage auront le pouvoir de vous protéger contre la grippe et la toux de l'hiver. J'essaie d'inhaler les sédimentations de tous ceux qui se sont trouvés dans cette salle, dans l'espoir qu'eux aussi m'aideront à résister à l'hiver. C'est mon tour. Je monte sur le podium si redouté. Je voudrais dire beaucoup de choses, donner plusieurs exemples et parler de ceux qui, aujourd'hui, ont du mal à exercer leur liberté d'expression, de ceux qui vivent sous la menace pour avoir contrarié le pouvoir criminel : des écrivains et des journalistes, depuis le Mexique où les *narcos* ont tué Candelario Pérez Pérez jusqu'à la Bulgarie où l'écrivain Georgi Stoev a été assassiné.

Mais on m'a recommandé de ne pas parler de trop de choses à la fois, de ne pas être trop long, je me concentre donc sur ce qui demeure pour moi l'expérience la plus importante. La littérature et le pouvoir, l'écriture qui devient un danger grâce à ce qui est le plus dangereux : le lecteur. J'explique que, dans les démocraties, ce n'est pas la parole en elle-même qui effraie les pouvoirs, mais celle qui parvient à faire tomber le mur du silence. Je dis ma confiance en une littérature capable de transporter n'importe qui dans les lieux des horreurs les plus inimaginables, à Auschwitz, avec Primo Levi, dans les goulags avec Varlam Chalamov[1], et j'évoque Anna Politkovskaïa, qui a payé de sa vie sa capacité de rendre à la Tchétchénie droit de cité dans le cœur et l'esprit des lecteurs du monde entier. La différence entre Rushdie et moi tient à ceci : il a été condamné par un régime qui ne tolère aucune expression opposée à son idéologie ; alors que, là où la censure n'existe pas, elle est remplacée par

1. Varlam Chalamov (1907-1982), écrivain russe. Fils d'un prêtre orthodoxe, il passa une vingtaine d'années dans des camps de travaux forcés, Son œuvre principale, *Récits de la Kolyma*, dont il commença la rédaction en 1954, et qui témoigne de cette expérience, fut d'abord publiée à Londres en russe (1978), puis en anglais à New York. Transféré contre son gré dans un hôpital psychiatrique, il y mourut quelques jours plus tard, le 17 janvier 1982. Les éditions Verdier ont publié l'intégralité de ces récits en 2003, après des éditions partielles parues chez d'autres éditeurs (traduits du russe par Sophie Benech, Catherine Fournier et Luba Jurgenson)

l'inattention, l'indifférence, le bruit de fond du fleuve d'informations qui s'écoulent sans produire le moindre effet.

Parfois, j'ai l'impression d'être considéré comme quelqu'un qui vient d'un pays jugé, trop souvent et à tort, comme une anomalie. Mais ce que je dis ne concerne pas seulement le Sud italien opprimé par les mafias, pas seulement l'Italie en tant que telle. Bien que cela me semble évident, je crains que, pour beaucoup de gens, une fois supprimées les références à ma situation, le tableau ne soit pas très clair. Beaucoup d'intellectuels, tout en regrettant la perte de leur rôle dans les sociétés occidentales, considèrent toujours le succès avec méfiance ou avec mépris, comme s'il invalidait automatiquement la valeur d'une œuvre, comme s'il ne pouvait être que le résultat des mécanismes de manipulation du marché et des médias, comme si le public, auquel il est dû, ne pouvait être conçu que comme une masse dénuée de sens critique. C'est surtout à ce dernier qu'ils font du tort, car, s'il est vrai que les livres ne sont pas tous identiques, il en est de même des lecteurs. Les lecteurs peuvent chercher à se distraire ou à comprendre, ils peuvent se passionner pour l'imagination la plus débridée ou pour le récit de la réalité la plus douloureuse et difficile, ils peuvent être à la fois eux-mêmes et un autre, malgré des situations différentes ; mais ils savent choisir et distinguer. Et si un écrivain ne le voit pas, s'il ne croit plus que la bouteille qu'il jette à la mer parviendra aux mains de quelqu'un disposé à l'écouter, et qu'il renonce, il renonce non à écrire et à publier, mais à croire que ses paroles puissent servir à communiquer et à agir. Alors, il se fait aussi du tort à lui-même, et à tous ceux qui l'ont précédé.

Lorsque Salman prend la parole, il rappelle que la littérature naît de quelque chose qui est inhérent à la nature humaine : de son besoin de raconter des histoires, car c'est grâce à la narration que les hommes se représentent à eux-mêmes, et, par conséquent, seule une humanité libre de se raconter comme elle le veut est libre. Rushdie n'a jamais voulu être autre chose, un tisseur d'histoires, un romancier sans entraves, et ce qui le blesse le plus, ce n'est pas le verdict d'une idéologie qui le rejette, mais la diffamation de ceux qui, dans le monde libre, voudraient faire croire qu'il aspire à autre chose, qu'il a des idées derrière la tête : l'argent, la carrière, la célébrité.

J'ai la gorge nouée. Je pense aux dix années que Rushdie a passées sous haute protection et je me demande comment il a fait pour ne pas devenir fou, je me dis que seuls ceux qui ont une vie très protégée et paisible peuvent imaginer que l'on puisse troquer l'ombre de la mort contre la liberté. Mais Salman continue à parler sans se démonter, il termine son discours et nous passons à la dernière partie de l'échange.

À la fin, quand nous nous levons sous les applaudissements du public et des académiciens, on nous offre des fleurs, et je pense aux garçons de l'escorte qui se ficheront de moi, parce que chez nous, on considère cela comme un truc de jeunes filles. Nous dînons dans une pièce par laquelle sont passés tous les Prix Nobel. On nous dit que le cuisinier est celui de la reine, mais je n'arrive pas à avaler quoi que ce soit jusqu'à l'arrivée d'une glace époustouflante, une pièce montée à la cannelle et aux pommes caramélisées.

Le dîner s'achève. L'étiquette exige que personne ne se lève tant que le président ne l'a pas fait. Nous repassons par la pièce de la remise du prix. La salle lambrissée est vide, les lumières très faibles. Rushdie, cette fois sans l'ironie de son discours public, me dit : « Continue à avoir confiance dans les mots, au-delà de toute condamnation, au-delà de toute accusation. On t'accusera d'avoir survécu et de ne pas être mort, comme tu aurais dû le faire. Tu dois t'en foutre. Vis et écris. Les mots finissent par triompher. » Nous montons sur le podium et nous nous photographions avec nos téléphones portables. En riant, en nous étreignant comme des gamins en vadrouille, qui ont escaladé les clôtures et qui jouent à Périclès sur le Parthénon. On nous appelle, nous devons sortir, prendre le café, prendre congé de tout le monde et partir.

Les lumières s'éteignent complètement et je reste là, immobile, dans le noir. Et brusquement, je décompresse, et dans un tourbillon, je revois tout. Toutes les journées passées dans une pièce, les coups de poing contre les murs, la méfiance à l'égard de tous, la sensation que tout le monde ment et trahit. Les insultes, les accusations : trop exposé, pas assez exposé, peu exposé, tout est bidon, tout est fabriqué, ceux qui, sans vergogne, disent que j'aurais mieux fait de me taire, que je l'ai bien cherché, que je suis un petit malin, que beaucoup de gens vivent comme moi, que je ne me plaigne pas, que c'est de ma faute, je suis une star, je suis une merde, une canaille, un plagiaire. Les inscriptions sur les murs, les crachats dans la rue, et tous les gens qui ont disparu à la première difficulté, les amis prompts à juger mes absences alors qu'ils jouent à la Playstation, leurs paresses justifiées par la difficulté à trouver du travail. Et tout de suite après, je pense à toutes les paroles réconfortantes, à toutes les invitations à dîner que je n'ai pas pu accepter, aux petites vieilles qui allument des cierges à saint Antoine pour me protéger, aux signatures, aux étreintes et aux larmes, aux lectures sur les places publiques, à la presse internationale, et aux écrivains du monde entier qui ont tenu à me défendre et à ceux d'entre eux qui sont venus ici pour recevoir le prix Nobel. Et là, dans le noir, j'essaie encore de respirer à pleins poumons cette odeur d'humidité et de bois qui semble avoir conservé la présence de tous ceux qui ont été primés dans cette salle.

« Je ne puis vivre personnellement sans mon art. Mais je n'ai jamais placé cet art au-dessus de tout. S'il m'est nécessaire au contraire, c'est qu'il ne se sépare de personne et me permet de vivre, tel que je suis, au niveau de tous. L'art n'est pas à mes yeux une réjouissance solitaire. Il est un moyen d'émouvoir le plus grand nombre d'hommes en leur offrant une image privilégiée des souffrances et des joies communes. Il oblige donc l'artiste à ne pas s'isoler ; il le soumet à la vérité la plus humble et la plus universelle. Et celui qui, souvent, a choisi son destin d'artiste parce qu'il se sentait différent, apprend bien vite qu'il ne nourrira son art, et sa différence, qu'en avouant sa ressemblance avec tous. [...] Aucun de nous n'est assez grand pour une telle vocation. Mais, dans toutes les circonstances de sa vie, obscur ou provisoirement célèbre, jeté dans les fers de la tyrannie ou momentanément libre de s'exprimer, l'écrivain peut retrouver le sentiment d'une communauté vivante qui le justifiera, à la seule condition qu'il accepte, autant qu'il peut, les deux charges qui font la grandeur de son métier : le service de la vérité et celui de la liberté[1]. »

J'ai presque l'impression de pouvoir le toucher, Albert Camus, lui qui a prononcé ces paroles en 1957, trois ans avant de mourir dans un accident de voiture. Et je voudrais le remercier, lui dire que ce qu'il avait dit alors est toujours vrai. Que les mots secouent et unissent. Qu'ils l'emportent sur tout. Qu'ils demeurent vivants.

1. Albert Camus, *Discours du 10 décembre 1957*, prononcé à l'Hôtel de Ville de Stockholm, à la fin du banquet qui clôturait les cérémonies pour l'attribution des prix Nobel (Gallimard, La Pléiade, 1965, p. 1072-1073).

Discours à l'académie de Suède

Pour moi, évidemment, il est émouvant d'être ici et d'avoir reçu cette invitation. Quand j'ai appris qu'on m'avait demandé de venir dans ce lieu pour parler, aux côtés de Salman Rushdie, de notre situation et de notre écriture, je me suis dit que là est la véritable protection de ma parole.

Je me demande si ici, en Suède, il est plus compliqué d'expliquer pourquoi un livre peut faire peur à une organisation criminelle. Pourquoi la littérature dérange-t-elle à ce point une association qui peut compter sur des centaines et des centaines d'hommes et sur des milliards d'euros ?

La réponse est simple : la littérature fait peur au crime lorsqu'elle en révèle le mécanisme, mais non à la manière des faits-divers. Elle fait peur lorsqu'elle le révèle au cœur, à l'estomac, à la tête des lecteurs.

Les régimes totalitaires tendent à condamner et à dénoncer toute œuvre et tout auteur qui s'opposent à eux. Le seul fait d'écrire un livre, d'écrire des vers, le seul fait d'écrire un article devient une condition suffisante pour être attaqué. Il n'en est pas ainsi dans les sociétés occidentales où l'on peut écrire ce que l'on veut, hurler, produire ce que l'on veut. Le problème se pose quand on a franchi la ligne du silence et que l'on est entendu par beaucoup de personnes. C'est à cet instant que, dans les sociétés occidentales, on devient une cible.

On a dit du chef-d'œuvre de Primo Levi, *Si c'est un homme*, qu'après ce livre, personne ne pourrait plus dire qu'il n'était pas allé à Auschwitz : non pas qu'il ne connaissait pas Auschwitz, mais qu'il n'y était jamais allé. Ce livre avait immédiatement transporté tout le monde là-bas, dans ces lieux. D'une certaine manière, c'est ce que craint le plus une organisation criminelle, c'est ce que craignent le plus les pouvoirs : que tous les lecteurs se mettent à ressentir ce pouvoir comme un problème qui les touche, ces dynamiques de pouvoir comme des dynamiques qui les concernent. C'est ce qui est arrivé à Anna Politkovskaïa : beaucoup de gens avaient parlé de la Tchétchénie, mais elle a fait de la Tchétchénie un problème international. Grâce à son écriture, elle a conféré une dimension universelle à un problème particulier.

Quand on reçoit un coup de fil des carabiniers qui vous disent que votre vie va changer définitivement, ou quand un repenti révèle la période exacte de votre exécution, de votre mort, cela peut paraître étrange, mais la première impression que l'on ressent n'est pas de subir une injustice, une erreur. La première question que l'on se pose est : « Qu'est-ce que j'ai fait ? » On se met à détester ses propres paroles, on se met à détester celui qui les a écrites, parce que ce que l'on a écrit parviendra peut-être très loin, mais nous a privé de la liberté de marcher, de parler, de vivre. Tout cela engendre une impression d'étrangeté. D'une certaine manière, l'écrivain sent – je parle de mon expérience personnelle – que ses paroles ne lui appartiennent plus, elles sont devenues les paroles de beaucoup de gens, et là est le vrai danger. Mais celui qui paie, c'est vous, uniquement vous.

La magie de la littérature, ce que peut « engendrer » la littérature, se révèle souvent dans des situations extrêmes comme celle, justement, qui vous amène à perdre votre liberté à cause de ce que vous avez écrit.

Je pense souvent à Varlam Chalamov. Il est l'auteur d'un chef-d'œuvre, *Récits de la Kolyma,* et ce livre n'est pas seulement un témoignage extraordinaire sur le goulag, sur les persécutions soviétiques ; il l'est aussi sur la condition humaine tout entière. Paradoxalement, et sans ironie, ce qui fait peur au pouvoir, c'est justement la littérature lorsqu'elle ne raconte pas seulement les faits qui le concernent, mais lorsqu'elle transforme ces péripéties en histoire de la condition humaine. Il ne s'agit plus de Naples, de Moscou, de la Tchétchénie : ces histoires deviennent des réalités qui racontent le monde, et donc, le monde ne peut plus faire abstraction d'elles et ne peut plus les arrêter. On ne peut plus arrêter cet élan, ce bouche-à-oreille : car on peut arrêter l'écrivain, mais l'écrivain a un allié fondamental qui est le lecteur. Tant que le lecteur existe, il ne peut rien arriver de mal aux paroles d'un écrivain.

Lorsqu'on se trouve dans une situation comme la mienne – vu d'ici, cela peut paraître étrange – la plupart des accusations ne viennent pas des organisations criminelles : celles-ci émettent une condamnation, c'est tout. De nombreuses accusations émanent souvent de ce que l'on appelle « la société civile ». On vous accuse d'être une marionnette, de vouloir faire le beau, d'avoir cherché les ennuis pour avoir du succès, d'avoir spéculé sur tout cela.

Je suis également souvent blessé, quand on m'accuse de diffamer ma terre parce que je raconte les contradictions qui sont les siennes. Alors que je suis profondément convaincu que raconter signifie résister, faire honneur à la partie saine de mon pays, lui offrir la possibilité, et l'espoir, d'une solution. Et je suis convaincu que celui qui raconte certains faits n'est pas responsable des faits en question. Ce n'est pas moi qui ai engendré les contradictions que je raconte.

En Italie, les mafias font un chiffre d'affaires de cent milliards d'euros par an, elles sont l'une des plus grandes puissances économiques d'Europe, elles investissent partout, même en Scandinavie. Depuis que je suis né, elles ont tué environ quatre mille personnes sur ma terre, rien que sur ma terre. Nous parlons d'une organisation qui gère le cycle du béton aussi bien que la fabrication du pain ou la distribution du carburant. Composée de chefs qui sont souvent des médecins, des entrepreneurs du bâtiment, des psychanalystes, une bourgeoisie d'affaires qui est en train d'empoisonner pour toujours le sud de l'Italie, avec le trafic des déchets toxiques.

Un jour sont apparues des inscriptions contre moi, dans ma ville. La chose ne m'a pas fait souffrir, dans la mesure où je sais qu'il arrive aux personnages publics de subir de telles attaques. Mais ce qui était incroyable, c'est qu'il n'y avait jamais eu d'inscriptions contre ceux qui avaient été responsables de l'augmentation des cancers sur cette terre, contre ceux qui avaient massacré cette terre, et je me suis alors demandé : comment est-il possible qu'un écrivain soit considéré comme responsable, coupable d'avoir raconté ces choses, et que l'on n'accuse pas ceux qui les ont commises ?

Dans ce sens, l'écrivain a une immense responsabilité : celle de faire ressentir ce qu'il raconte, les histoires qu'il choisit de raconter, comme des histoires éloignées sans être lointaines. Il est évident que je parle d'une littérature particulière, dans mon cas, puisque j'ai écrit une espèce de *non-fiction novel*, comme disait Truman Capote : il s'agissait de raconter la réalité. La tâche de l'écrivain est de rendre sensibles ces personnes, ce sang, ces morts innocents comme quelque chose qui appartient au lecteur suédois, russe, chinois, et qui se produit en ce moment, au moment même où il lit ces pages.

On me dit souvent : mais comment se fait-il que tu ne sois obsédé que par le sang, par la férocité ? En réalité, il n'en est pas ainsi : je crois que quiconque a au fond du cœur une conception de ce que sont la beauté, la possibilité de vivre libre et d'aimer, ne supporte pas la puanteur du compromis, la corruption, la dévastation de sa propre terre.

C'est pourquoi il me plaît de dire, en paraphrasant Albert Camus : il existe la beauté et il existe l'enfer, et je voudrais – autant que possible – rester fidèle aux deux.

Horace Engdahl (secrétaire de l'Académie)

Je voudrais vous remercier tous les deux et je pense que nous avons eu une splendide introduction à notre sujet : à deux niveaux, comme l'a remarqué Salman Rushdie – celui des idées et celui des retombées pratiques.

Je ne sais pas par lequel des deux niveaux commencer, mais essayons de commencer par le sommet, par l'éternelle question de la liberté d'expression et de la liberté de la presse.

Croyez-vous – je pose cette question, d'abord à Roberto Saviano, puis à Salman Rushdie – que le concept de la liberté de parole et de l'indépendance de la littérature progresse, dans le monde d'aujourd'hui, ou que, au contraire, il régresse ?

Roberto Saviano

Nous sommes bien conscients aujourd'hui des possibilités exponentielles de communication : essentiellement peut-être grâce à Internet, aux télévisions libres, au fait que des reporters sont reliés aux quatre coins du monde lorsqu'il y a un conflit, et pas seulement dans ce cas. Mais face à ces énormes possibilités, une difficulté aussi apparaît : lorsqu'il y a une grande quantité d'informations, il n'est plus possible de trouver celles qui permettent de comprendre.

Je crois que là est le danger, aujourd'hui : il y a une masse énorme, incontrôlable, d'informations, et une difficulté de réception tout aussi grande. Voilà pourquoi la responsabilité, et aussi le danger, retombent sur ceux qui parviennent à démêler cette masse énorme et à en faire comprendre les mécanismes essentiels.

Ces temps-ci, par exemple, de très nombreux journalistes sont tués au Mexique à cause de la lutte qu'ils mènent, avec leurs paroles, contre le trafic de stupéfiants. Dans un pays où il est souvent extrêmement facile de corrompre la police et tout aussi facile de corrompre la presse, ceux qui racontent les dynamiques de ce trafic sont les seuls à comprendre ce qui se passe réellement, et sont donc particulièrement exposés.

Je crois que, dans ce cas, la responsabilité des intellectuels devrait être de faire comprendre au public que le sentiment qu'il a de disposer d'une grande masse d'informations, lorsqu'il entre dans une librairie ou lorsqu'il regarde un film, est, d'une certaine manière, trompeur. La responsabilité de l'écrivain devrait consister à démontrer l'inverse : que beaucoup de choses ne sont pas racontées, non seulement parce qu'il y a une violente contrainte, mais parce qu'il est impossible, pour le public, d'accéder à ce type de récit.

Pour la Mafia, il en a été ainsi pendant des années : elle a été montrée de manière stéréotypée dans le roman *Le Parrain*[1], à travers le personnage de Michael Corleone[2], ou dans *Scarface*[3] ; elle apparaît comme quelque chose de glamour, de féroce

1. *Le Parrain*, roman de l'Américain Mario Puzo, a été publié en 1969. Francis Ford Coppola l'a adapté au cinéma, en trois volets (1972, 1974, 1990).

2. Personnage principal du *Parrain*.

3. Film d'Howard Hawks (1932). Brian de Palma en a fait un remake en 1983.

mais, somme toute, de terriblement fascinant, et le public ne souhaitait pas qu'elle lui soit racontée autrement. Parfois, c'est donc aussi la responsabilité du récepteur qui limite la responsabilité de l'écrivain.

Horace Engdahl

Je voudrais vous poser une question. Vous nous avez très bien expliqué pourquoi, à sa manière, la littérature est plus dangereuse que le journalisme : parce qu'elle rend le monde qu'elle dépeint, et les victimes, insupportablement réels, et qu'elle les rapproche de nous. Quand nous lisons des articles sur ce sujet, ou que la télévision en parle, tout cela semble se produire dans un autre monde, loin de nous, nous pourrions presque dire sur une autre planète, et cela arrive à des gens qui ne nous ressemblent absolument pas, si bien que nous pouvons en prendre acte avec un léger effroi, et ne pas nous en soucier particulièrement. Mais lorsque la même chose est soumise à notre attention par un écrivain puissant, capable de faire en sorte que la souffrance des victimes se produise sous nos yeux, si bien que nous nous identifions à elles, cela change tout. Comme vous l'avez dit, à ce moment-là, il n'est plus question de la Tchétchénie, de Moscou ou de Naples, mais nous sommes tous là pour regarder. C'est cela, je crois, l'effet d'une écriture de témoignage, comme celle de Primo Levi : nous sommes tous là, avec lui, dans le camp d'extermination. Et je trouve fascinant que, d'une certaine façon, les personnes qui vivent sous la menace pour un livre comme *Gomorra* ou *Les Versets sataniques* soient capables de le percevoir, de sentir que ces livres sont beaucoup plus dangereux pour eux que la manière commune de rapporter des informations. Même si le journalisme semble être plus près de la réalité des faits, s'il semble mettre ces gens face aux crimes qu'ils ont commis, ce qui est vraiment dangereux pour eux, c'est lorsqu'un écrivain de talent s'empare du sujet. Et il le transforme en quelque chose qui se passe maintenant, pendant que nous lisons, au moment précis où nous ouvrons le livre et où, pour nous, il devient vivant.

Pensez-vous que ce soit pour cette raison que la Camorra vous haïsse ? Parce que vous écrivez si bien ?

Roberto Saviano

Cela peut sembler paradoxal mais, au fond, si j'avais écrit un essai, ou si j'avais écrit un roman, et si je n'avais pas décidé de faire confluer ces deux rivières dans un même lit, j'aurais sûrement été ignoré par leur pouvoir, par leur désir de vengeance. Parce que mon livre, comme un essai, renferme les données, les informations, les écoutes téléphoniques, les enquêtes ; et il possède la lisibilité du roman, il cherche à parler au cœur de mon lecteur, à ne pas le laisser s'évader, mais à l'envahir. D'une certaine manière, l'écriture littéraire est dangereuse en tant que telle, justement parce qu'elle parvient, comme nous le disions, à impliquer chacun dans l'histoire qu'il est en train de lire, et à faire de cette histoire son histoire. Et sur le plan de l'imagination aussi, je crois que la littérature possède un pouvoir supplémentaire.

Je conclurai sur un récit de Chalamov[1].

Celui-ci se trouve au goulag, une inspection a lieu dans sa baraque. Un policier demande aux détenus de lui remettre toute une série d'objets extérieurs à leur propre corps : membres artificiels, dentiers, prothèses. Alors, parmi ces prisonniers, l'un enlève un bras, l'autre un œil en porcelaine, un autre encore démonte une jambe. Mais Varlam Chalamov est très jeune, il est en bonne santé et donc, le policier lui demande, en plaisantant : « Et toi, qu'est-ce que tu vas remettre ? » Et lui, fermement : « Rien. » La police lui ordonne alors : « Toi, tu nous remets ton âme. »

Chalamov, instinctivement, répond ceci : « Non, vous n'aurez pas mon âme. » À quoi les autres répondent : « Un mois de cachot si tu ne nous la donnes pas.

— Non, je ne vous la donne pas.

— Deux mois de punition si tu ne nous la donnes pas.

— Moi, mon âme, je ne vous la donne pas.

— Quatre mois de punition si tu ne nous la donnes pas. » Ce qui, dans les goulags, équivaut à une mort quasi certaine.

« Mon âme, je ne vous la donne pas. »

Après quatre mois de punition, Chalamov, qui a survécu, écrira : « Moi, pendant toute ma vie, je n'avais jamais cru que j'avais une âme. »

1. Il s'agit de la nouvelle intitulée « Les prothèses » (*Récits de la Kolyma, Le Virtuose de la pelle*, édition citée).

Le démon et la vie

C'est comme si on le voyait encore, enfermé dans son cagibi littéraire, vérifiant des pages de nouvelles et de démons, de géométries rationnelles bouleversées par le détail imprévisible de la forme de vie la plus innocente. Isaac Bashevis Singer[1] aurait eu cent ans en juillet 2004, comme un vieux personnage de l'Ancien Testament, un de ces personnages qu'il adorait, incapables, malgré des siècles d'existence, de comprendre le sens de la vie et de se contenter d'une vérité ultime, fût-elle partielle ou minime. Mais, plutôt qu'en prophète, Singer, les dernières années, parut se transformer physiquement en l'un de ses petits démons, bienveillants et terribles. Oreilles pointues, sourire méphistophélique, crâne chauve, petits yeux vifs et ronds.

Une de ses collaboratrices en vint à déclarer, dans une interview, qu'elle n'avait jamais vu l'ombre de l'écrivain, et qu'elle était sûre qu'il s'agissait d'un démon littéraire. Malgré le caractère délirant de cette affirmation, c'est le plus beau compliment que

1. Isaac Bashevis Singer (Varsovie 1904 - Miami 1991), prix Nobel de littérature 1978.

l'on ait jamais fait à Singer. Isaac Bashevis Singer a construit une œuvre romanesque immense, écrite dans une langue disparue, ou plutôt exterminée, le yiddish. Une syntaxe pétrie d'hébreu, de polonais, d'allemand, capable d'accéder à des sonorités complexes, à des significations hybrides, la langue de l'exil constituée des phonèmes de la diaspora. Theodor Herzl[1], fondateur de la pensée sioniste, imaginait une terre d'Israël où toutes les langues pourraient être parlées, parce qu'elles appartiennent toutes à l'héritage hébreu, sauf le yiddish que Herzl considérait comme la langue du ghetto, de la marginalisation, la langue créée pour permettre aux exclus de communiquer, bref, une grammaire de la honte. Pour Singer et pour des milliers de Juifs en exil, il n'en fut pas ainsi en réalité.

Après sa fuite aux États-Unis en 1935 pour échapper aux persécutions nazies, Singer n'adopta pas, pour écrire, la langue anglaise ; il décida d'écrire en yiddish, choisissant la langue des *shtetl,* les villages des Juifs d'Europe de l'Est. Son attitude n'est pas dictée par l'amour du passé, il ne choisit pas le yiddish parce qu'il l'a bu en même temps que le lait maternel ou parce qu'il lui permet de conserver un lien avec la terre polonaise, où il refusera de retourner pour tout le restant de sa vie. Ce qui intéresse Singer, c'est d'utiliser le code sédimenté d'une civilisation en exil perpétuel, une langue qui puisse traduire dans la forme du quotidien tout le bagage du *Talmud* et des textes sacrés.

1. Theodor Herzl (1860-1904), journaliste et écrivain juif autrichien, fondateur du mouvement sioniste au congrès de Bâle, en 1896.

La langue des plébéiens extrêmement cultivés qui interpellaient Dieu, c'est-à-dire les rabbins des petits villages polonais, roumains, hongrois. À travers le yiddish, Singer accède à une mythologie ironique des communautés hassidiques, et en fonde lui-même une nouvelle. Ses pages deviennent ainsi un florilège d'images et d'histoires transformées par la tradition hébraïque, et la *Torah* et le *Zohar* ne sont pas simplement des textes sacrés, des références religieuses ; ils deviennent les labyrinthes symboliques dans lesquels on peut traduire la difficulté de la vie quotidienne. Singer crée une théologie anarchiste dans laquelle son rapport à Dieu et à la Loi est caractérisé par l'infraction, l'erreur, l'hérésie, par une réflexion continuelle en quête d'un fil conducteur, d'une clef de voûte inexistante, d'une vérité, même minime, mais impossible.

Plus qu'une foi, l'hébraïsme est, comme l'auteur lui-même l'a déclaré, « un compromis entre Dieu et les démons » ; le chef-d'œuvre intitulé *La Corne du bélier*[1] en est un exemple parfait.

Le roman raconte un fait historique qui s'est déroulé en Pologne au XVIIe siècle, quand toute la communauté juive fut bouleversée par les paroles enflammées de Sabbataï Tsevi, un prophète messianique. Après les persécutions, après l'exil, la misère, la torture, les pogroms, Sabbataï Tsevi annonce enfin, au peuple juif, l'arrivée du Bien absolu, du Messie salvateur : « Tous s'apprêtaient

1. *La Corne du bélier* (traduit du yiddish par Jacob Sloan et Gisèle Bernier, Stock, 1998), titre original : *Der sotn in Goray*. C'est le premier roman de l'auteur, écrit en yiddish, à Varsovie, dans les années 1930. La traduction en anglais, *Satan in Goray*, fut publiée en 1955.

sans réserve à suivre leur Messie, abandonnant les demeures de l'exil pour l'utopie de la Terre d'Israël. » Singer raconte, à partir du petit et rigoureux village de Goray, la plus grande et la plus fascinante des hérésies possibles, qui concerna des millions de Juifs d'Europe de l'Est et du Proche-Orient. Il fallait, selon Sabbataï Tsevi, exploiter ce qu'il y a de pire dans l'être humain, transgresser, cracher sur les textes sacrés, rejeter les préceptes talmudiques, refuser toute autorité, détruire les familles, répudier les enfants et même la foi hébraïque, descendre au fin fond de l'abjection pour pouvoir faire émerger de l'abîme un monde nouveau, réconcilié, pur. De l'abomination du monde naîtrait la perfection absolue. Sabbataï Tsevi engendre le temps de l'erreur pour hâter celui de la justice et du bonheur parfait. Très vite, pourtant, on découvrira que Sabbataï Tsevi est un faux Messie, il n'apportera pas avec lui l'ère messianique et ne conduira pas les Juifs à la libération. Il se trahira lui-même, et trahira son rêve délirant de rédemption.

Singer est fasciné par ce faux Messie, même s'il est un intellectuel allergique aux bouleversements et conscient que la force la plus utile et la plus positive que la Loi puisse engendrer est justement l'infraction. Le code existe pour être nié et afin que, à travers cette dialectique, il y ait une possibilité perpétuelle d'engendrer des mondes.

La Corne du bélier fut écrit quand Singer vivait encore en Pologne, et ressemble à un chapitre amendé de la Bible, caché par le dernier gardien d'une vérité inavouable. Bien que Sabbataï Tsevi ne soit pas un vrai Messie, ceux qui l'ont suivi continueront de poursuivre leur rêve de rédemption car, plus forte encore que le créateur, il y a la création.

Comme l'écrit Singer dans *Ombres sur l'Hudson*[1], « Dieu a besoin que l'être humain l'aide à conduire le drame cosmique vers un finale bénéfique ». La littérature devient ainsi un instrument divin capable d'imaginer des mondes à l'intérieur du seul monde possible que, sans devoir passer par Leibniz, nous reconnaissons aisément comme celui où nous sommes contraints de vivre. Gimpel, héros légendaire de *Gimpel le naïf*[2], reconnaît que « ce monde est totalement imaginaire, soit, mais il est le très proche parent du vrai » et, justement à cause de cette parenté, il n'y a rien d'autre à faire que de considérer la force de l'imagination comme un élément fondamental du réel.

L'histoire de Gimpel est très simple. Dès l'enfance, il est dupé par tout le monde – camarades de classe, amis du village, grands et petits – à cause de sa crédulité : c'est pourquoi il gardera, entre autres surnoms, celui de « naïf ». Gimpel se fait rouler non parce qu'il est stupide, mais parce qu'il est convaincu que « tout est possible, comme il est écrit dans les Maximes des Pères ». La duperie à laquelle il est soumis se poursuit durant sa vie d'adulte : on le persuade d'épouser la femme la plus malhonnête du village, laquelle lui fera croire qu'elle l'aime, puis se refusera à lui et mettra au monde pas moins de six enfants conçus avec d'autres

1. Traduit de l'anglais par Marie-Pierre Bay (Mercure de France, 2001).

2. Traduit de l'anglais par Marie-Pierre Bay (Denoël, 1993).

hommes. Mais Gimpel ne nourrit pas de désir de vengeance dans son cœur, il aime sa femme, ces enfants qui ne sont pas les siens, ses voisins, et il aide même ceux qui le trahissent. Et en effet, un jour, un rabbin lui avait donné un conseil : « C'est écrit : mieux vaut être sot toute sa vie, que mauvais une seule heure. »

Mais la tentation s'insinue aussi dans son cœur simple et bon. Gimpel, qui était boulanger, aurait pu tromper tout le monde, et se venger des mauvais tours qu'il avait subis toute sa vie, pétrir la farine, non avec de l'eau, mais avec sa pisse recueillie dans un seau pendant la journée. Il se laisse convaincre par l'Esprit du Mal qui le trompe en l'assurant que, dans l'au-delà, il n'y a pas de Dieu, mais uniquement un « profond bourbier ». Ce n'est qu'un moment de faiblesse car Gimpel se reprend immédiatement, il enterre le pain déjà cuit, abandonne tout et, pour réparer cet instant de faiblesse, devient mendiant et erre de village en village en racontant des histoires. Il se prépare ainsi à la mort. « Sans aucun doute, le monde est totalement imaginaire, mais il n'est enlevé du monde réel qu'une seule fois... Le moment venu, je m'en irai avec joie. » Gimpel dit oui à la vie.

À travers *Gimpel le naïf*, Isaac Bashevis Singer semble répondre au Bartleby de Melville ou au Michael K. de Coetzee : les seigneurs du « non » doivent être affrontés et vaincus par le naïf seigneur du « oui ». Le *shlemiel* (sot, en yiddish) est celui qui rejette l'astuce de la vie, le marchandage de la pensée, et qui vit en étant tout simplement ce qu'il est. Et Gimpel devient le paladin de cette paix, payée au prix de l'insulte. Alors que le « non » apparaît, dans l'ensemble des réflexions de Singer, comme un lien trop silencieux avec le monde réel. Et le silence est la pire manière d'être un homme, une prison inapte à accueillir les multiples facettes, sublimes et immondes, de la vie.

Singer ne suit pas la maxime d'Adorno selon lequel, après Auschwitz, il n'y a plus de place pour la poésie, ni le plongeon suicidaire de Paul Celan dans la Seine ; il ne croit pas, non plus, comme Primo Levi, que si Auschwitz existe, il ne peut y avoir de dieu. Bien qu'ayant perdu son plus jeune frère et sa mère, engloutis dans la déportation, Singer cultive encore sa voix comme une résistance face à la haine dont il pense, à l'instar de Spinoza, qu'elle ne peut rien engendrer de bon, même si ses motivations sont justes.

C'est ainsi que, dans les romans de Singer, le monde yiddish, anéanti par la longue nuit de la Shoah, continue de vivre. Durant toute sa vie, l'écrivain aura eu les plus grandes difficultés à parler de sa propre tragédie familiale, restée au fond de lui-même comme une blessure ouverte, inguérissable.

La nouvelle « Le manuscrit » montre bien ce que la littérature peut signifier dans le désespoir. Quelques Juifs survivent dans des villes rayées de la carte par des bombardements et, en attendant la déportation, ils demandent à Menashe une conférence sur des sujets littéraires car « les gens sont ainsi : un instant avant de mourir, ils ont encore tous les désirs des vivants ».

Chez Singer, la littérature est un hurlement de vie. La déportation et l'extermination ne lui révèlent pas la part obscure de l'homme ; Singer sait parfaitement ce qu'est le fauve humain et la manière dont il l'exprime, à travers les deux démons Shidda et Kubiza, qui prient de toutes leurs forces pour se protéger de ce monstre qu'est l'homme, est profondément émouvante.

Les personnages auxquels on s'attache le plus en lisant les pages de Singer sont justement les démons, comme l'écrit Giuseppe Pontiggia : « Il est évident que nous ne croyons pas aux lutins, mais nous croyons à ceux de Singer. Nous ne croyons pas aux démons... mais nous croyons aux *dibbouks* de Singer. » Lutins et démons sont la plus-value de l'imagination que le réel produit, car la réalité est toujours trompeuse. Les démons ne sont pas des rebelles rationnels ni des adeptes de l'abomination. Ils sont variés, tous proviennent de la culture yiddish et ce sont toujours des conseillers malveillants, dont le but est de vous entraîner dans des sentiers opposés à ceux de la Loi. Parfois, ils ourdissent des farces tragiques, comme dans la nouvelle « Le mariage noir[1] », où la fille d'un rabbin, qui n'a commis aucune faute, accouche du fils d'un démon. Rien n'explique une telle naissance. Toute prière est inefficace, rien ne peut justifier ce fait, et aucun réconfort n'est possible. Mais dans ce cas aussi, la richesse de l'imagination, qui caractérise la faculté d'aimer envers et contre tout, permet de trouver un sens à ce fait et de transformer la tragédie en un doux arbitraire de l'existence. À travers les démons, il y a aussi une référence constante aux enfants : « Il est nécessaire de leur rappeler, de

1. Cette nouvelle fait partie du recueil *Le Spinoza de la rue du Marché* (traduit de l'anglais par Marie-Pierre Bay, Gallimard, Folio, 1998).

temps à autre, que, dans le monde, des forces mystérieuses sont encore à l'œuvre », dit Singer dans *Au tribunal de mon père*[1]. Les démons sont l'emblème d'un monde qu'il est impossible d'orienter, qui n'a pas de pôles, qui ne possède ni envers ni endroit. C'est dans le chaos qu'il faut vivre, là où toute loi est nécessaire et juste puisque, en même temps, elle est arbitraire et superflue. La circularité chaotique est imprimée dans le miroir qui ne reflète qu'en apparence ce qui se trouve devant lui et qui représente l'instrument préféré des démons pour se rendre visibles : « Tout ce qui est caché doit être révélé, tous les secrets aspirent à être découverts, tous les amours désirent être trahis, tout ce qui est sacré doit être profané. »

Bien que Singer se considère comme un croyant fervent, il cède souvent au charme de la rébellion contre la prescription ; du reste, la tâche d'un vrai rabbin, carrière à laquelle Singer, dès son enfance, avait été destiné, est de mettre en doute chaque Loi afin qu'elle soit réellement, et sans aucun doute, respectée. Dans la nouvelle intitulée « Le sacrificateur[2] », Yoine Meir est chargé par la communauté de sacrifier, selon des rites précis, les animaux qui seront ensuite mangés. Le malheureux Meir est obsédé par les viscères des animaux, par le regard des veaux, par les plumes des volailles et, même si une maxime de la *Torah* dit qu'« on ne peut être plus miséricordieux que Dieu », lui, il veut l'être,

1. Traduit de l'anglais par Marie-Pierre Bay (Mercure de France, 2007).

2. Cette nouvelle fait partie du recueil intitulé *Le Blasphémateur* (Stock, 1973).

ou plutôt il prétend l'être. Il ne veut plus être fidèle à un Dieu qui fait souffrir les animaux. S'il y a une possibilité d'amour, il y a aussi une possibilité d'hérésie et de péché. Les personnages de Singer sont une partie essentielle du tout. Ils ont un même degré de substance créatrice et donc, quand ils ne sont pas en proie à la peur et à la soumission religieuse, ils peuvent devenir des interlocuteurs de Dieu, dans un dialogue qui ne connaît pas d'hésitations.

Singer est un disciple de Spinoza et de son *Éthique*. Le vieil écrivain aime particulièrement le philosophe hollandais pour avoir fait entrer dans ses pages le souffle de la vie et la possibilité d'erreur. Pour Singer, l'*Éthique* est une continuelle invitation à la vie comme aventure à affronter avec les forces de la raison et du bon sens. La nouvelle sublime intitulée « Le Spinoza de la rue du Marché » en est l'illustration : dans celle-ci, l'*Éthique* de Spinoza devient une pratique de vie dans le parcours du docteur Fischelson qui « trouve du réconfort à penser que lui, qui n'est pourtant qu'un petit homme de rien du tout, une forme changeante de la substance absolument infinie, était toutefois une partie du cosmos, faite de la même matière que les corps célestes ; et, puisqu'il était une partie de la Divinité, il savait qu'il ne pouvait périr totalement ». Fischelson, qui étudie l'*Éthique* depuis une vie, la considérant comme une espèce de remède à cause de sa perfection sobre et rationnelle, durant une nuit chaude, perd tout contrôle de lui-même à cause de la belle Dobbe la Noire, et la passion remplace totalement le rationalisme austère qu'il a cultivé toute sa vie. « Pardonne-moi, divin Spinoza.

Je suis devenu un sot », se dit tristement le docteur Fischelson. Dans les romans de Singer, la sexualité est une constante quasi obsessionnelle. Elle est la force explosive capable d'anéantir toute volonté et de mettre en question tout projet rationnel.

Le sexe, c'est le désir incoercible qui bouleverse tous ceux qui, dans leur propre parcours, considèrent que la raison morale est capable de gouverner tout tressaillement des glandes ou de l'estomac, toute action diurne ou nocturne. C'est le cas de Yentl[1], étudiante de *yeshivà*, l'école supérieure d'études talmudiques : brusquement, tout ce qu'elle regarde et écoute la renvoie à l'ambiguïté sexuelle et elle éprouve une envie terrible de s'adresser à la seule chose que sa raison n'ait pas envisagée, la passion physique. Ils sont vaincus comme Yentl, tous les personnages masculins ou féminins de Singer qui tentent de réfréner leur propre sensibilité à la magie de l'attraction amoureuse, à laquelle aucune force ne peut s'opposer. Claudio Magris a écrit que, « avec l'impartialité du poète épique, Singer représente toute la gamme de l'expérience amoureuse, de l'idylle conjugale à la paresse dégoûtée ». Mais le sexe et la passion charnelle deviennent aussi des forces incontrôlables qui parviennent à perpétuer la vie, contre la morgue rationnelle et pénétrée qui invoque la vie offensée. Dans la nouvelle « L'homme qui écrivait des lettres », Herman, le héros, dit : « L'idée d'élever des enfants lui semblait une absurdité : pourquoi prolonger la tragédie humaine ? » Isaac Bashevis

1. La nouvelle fait partie du recueil *Yentl et autres nouvelles* (traduit de l'anglais par Gisèle Bernier, Stock, 1998).

Singer est du même avis que son personnage et que Schopenhauer, l'autre philosophe qui, avec Spinoza, guidera sa vie d'écrivain, et peut-être, d'homme.

Mais Singer sait que la raison de la non-vie ne peut rien contre la folle diablerie de la sensualité. On peut décider de ne plus donner la vie, de ne plus permettre à quiconque de vivre l'enfer de la Terre, la douleur, l'angoisse et la misère, certes, mais la passion et l'amour sont imprévisibles et les nouvelles de Singer montrent que la sensualité ne veut qu'une chose : se réaliser sans songer à ce qui sera ou à ce qui a été. Comme l'écrit Baudelaire : « La volupté unique et suprême de l'amour gît dans la certitude de faire le mal. Et l'homme et la femme savent de naissance que dans le mal se trouve toute volupté. » L'idée d'exister et d'être, le désir de boire encore à la source de la vie, dans la recherche frénétique d'un sens inexistant et d'une origine oubliée, caractérisent l'homme exilé.

Singer parvient à faire de la diaspora l'élément de grandeur de l'aventure hébraïque littéraire et humaine. C'est seulement à partir de la damnation de la marge que l'on peut entrer au cœur de la vie. C'est dans la possibilité non réalisée d'une terre, dans l'impossibilité d'avoir une constitution et un patriotisme, c'est dans l'absence de droit que naît la question de sa propre existence. Cette tension dialoguée avec Dieu rend le parcours préférable au but, puisque le but représente la fin de sa propre universalité et la fin de sa propre pensée, comme chez un Job qui ne souffrirait plus. Tel un rêve qui, lorsqu'il se réalise, n'est que l'ombre de lui-même. Dans ce sens, tous les romans et les nouvelles d'Isaac Bashevis Singer tracent le sillon de la diaspora humaine, errant en quête d'une ultime réconciliation, d'une utopie de bonheur qui se réalise dans sa propre quête, dans le fait de l'imaginer dans l'espace, infini et concret, de la pensée. En gardant pour elle les glands et en laissant les perles aux cochons.

L'infinie conjecture

Sur une petite île à l'embouchure de la Tamise, dans sa maison de Sheerness-on-Sea, dans la nuit du 22 au 23 février 1984, Uwe Johnson meurt d'un infarctus en essayant de déboucher une bouteille de vin. Personne ne s'aperçoit de son absence, personne n'avait de motif, ou le désir, de le contacter, de l'entendre, de le voir.

Ce n'est que dix-neuf jours plus tard, par hasard, que son cadavre imbibé d'alcool est découvert. S'il est vrai, comme certains l'ont dit, que la fin d'un homme devrait être en harmonie avec sa vie, celle de cet écrivain contredirait une telle hypothèse. L'incroyable histoire personnelle de Johnson, en effet, se déroule dans un climat de suspicion et de surveillance continuelle exercée par la Stasi et par tous les services secrets des pays appartenant à l'espace du socialisme réel. Uwe Johnson fut étroitement surveillé, non pour ses activités subversives ou politiques, mais parce que ses textes semblaient cacher quelque chose, sa précision chaotique excitait la méticulosité paranoïaque des censeurs. Sa fin ressemble à une étrange tragédie : celle d'un homme qui, épié et observé durant toute sa vie, meurt sans que personne s'aperçoive de sa disparition.

Uwe Johnson était né en 1934 en Poméranie. Il se forme dans la RDA de Walter Ulbricht, à l'université de Leipzig, devient le disciple préféré du critique Hans Mayer, qui perçoit immédiatement son génie et l'encourage à écrire. Dans un premier temps, il approuve la politique de la RDA (comme le firent Bertolt Brecht et Ernst Bloch), participant aux activités du parti communiste, reconnaissant dans cette politique une possibilité d'impulser un tournant historique qui ferait accéder les hommes à l'Histoire, que la préhistoire bourgeoise leur avait refusée. Mais très vite, il comprend que la RDA est une dictature qui considère que chaque décision du gouvernement est la plus juste et la « meilleure », qui impose silence à ceux qui doutent, et l'obéissance à ceux qui critiquent.

En 1959, il s'enfuit à Berlin-Ouest, après avoir refusé de mettre en place, à la demande du Parti, la dissolution de la Junge Gemeinde, une organisation religieuse allemande. Dès qu'il eut quitté la RDA, Johnson devint célèbre grâce à la publication de *Conjectures sur Jakob*[1], un texte extrêmement singulier qui imposa un nouveau modèle d'écriture. Le livre, comme toutes les premières œuvres de Johnson (*L'Impossible Biographie*[2], 1961, et *Deux points de vue*[3], 1965), est construit à partir d'un échafaudage de

1. Édition originale : 1959. Traduit de l'allemand par Marie-Louise Ponty (Gallimard, 1994.)

2. Traduit de l'allemand par Marie-Louise Ponty (Gallimard, 1966).

3. Traduit de l'allemand par Gabrielle Wittcop-Ménardeau (Gallimard, 1968).

conjectures, c'est-à-dire d'une alternance d'hypothèses, d'enquêtes, de souvenirs, de descriptions, de souvenirs, dont la succession constitue la trame littéraire, restitue l'époque des faits, mais sans recourir à une narration linéaire.

Jakob, un cheminot, meurt écrasé sous un train en se rendant comme tous les jours, depuis sept ans, dans sa cabine d'aiguillage. Le début du texte, « Mais Jacob traversait chaque jour les voies », donne immédiatement le ton du récit. Les doutes concernant sa mort, les hypothèses les plus disparates, dont aucune n'est crédible, sauf si l'on émet d'autres conjectures, caractérisent entièrement l'esthétique narrative. Suicide, homicide, accident, tout peut être vrai ou vraisemblable, dans les infinies hypothèses sur la vie humaine de Jacob ; les seules béquilles que l'on puisse mettre en place cependant ne peuvent être que celles de la mémoire, du souvenir, des paroles prononcées et vaguement entendues, et c'est à travers cette reconstruction qu'émerge, à la fin, une conjecture sur l'homme moderne en général, et sur son temps.

Les éléments que la littérature avait toujours jugés essentiels, comme la clarté des dialogues, l'identification du narrateur, la description physique des personnages, disparaissent chez Uwe Johnson. Le dialogue intervient quand on ne s'y attend pas, les descriptions, parfois minutieuses, obsessionnelles et détaillées, sont déroutantes, dans l'économie du récit. Hans Magnus Enzensberger, son ami et souvent la cible de critiques, dit de sa prose qu'elle est « à rebrousse-poil », « car elle néglige ce que le lecteur est susceptible de deviner ». Dans les pages de Johnson, le non-dit, le célèbre inexprimable si bien rapporté par Wittgenstein dans la maxime : « Ce dont on ne peut parler, il faut le taire », semble constamment présent (c'est peut-être, justement, cette impression-là qui a éveillé les soupçons des services secrets !). Comme si tout le texte tentait de faire comprendre une chose que la simple écriture ne parvenait pas à exprimer, comme si le spectre flottant de la liberté était le sujet caché, dans les conjectures sur Jakob et dans le souvenir de sa vie. Johnson a perdu à présent tout espoir de liberté ; l'Allemagne de Bonn, la démocratique RFA, le déçoit profondément ; dans son esprit, la cassure allemande ne trouvera jamais de solution. Comme on le voit dans *Deux points de vue*, il détestait l'immense soif de richesse des Allemands de l'Ouest, leur désir frénétique de posséder une voiture, l'accumulation incessante, l'enfermement dans leur petit univers personnel.

L'Impossible Biographie raconte l'histoire du journaliste Karsch, un Allemand de l'Ouest invité chez une amie, à Berlin-Est. Karsch est choqué par l'extrême différence qu'il y a entre l'Allemagne socialiste et l'Allemagne de l'Ouest, il ne ressent aucune affinité avec les Allemands de l'Est. Lorsqu'on lui propose d'écrire un livre sur le compagnon de son amie, Achim, ancien champion cycliste et homme politique de la RDA (sport et politique, un binôme cher aux dictatures socialistes), un livre qui serait le troisième consacré à ce personnage, Karsch se trouve en grande difficulté. C'est en vain qu'il essaie de recueillir des anecdotes, des souvenirs, des conjectures, qui ne construiront que le souvenir et le présent d'une histoire humaine, mais non la vie d'un individu – en l'occurrence, Achim. Il n'est pas satisfait de ce qu'il a écrit, il ne parvient pas à parler de quelqu'un qu'il ne connaît pas, d'une situation particulière qu'il lui est impossible d'évoquer à l'aide de la seule écriture. Découragé, Karsch retourne à l'Ouest, à Hambourg.

En 1966, Uwe Johnson s'installe à New York. Il ne veut plus résider sur sa terre, l'Allemagne, coupable de ce passé nazi impossible à effacer, divisée entre socialisme et capitalisme, encore porteuse d'inhumanité. Constamment responsable de systèmes qui broient la vie humaine, qui écrasent l'individu sous les chars de l'Histoire. D'abord aux États-Unis, puis en Angleterre, l'écrivain parviendra à surnager dans le *no man's land* de ces pays dont la démocratie est plus adulte, mieux à même de cacher leurs propres contradictions.

À New York, Uwe Johnson entame la rédaction de son chef-d'œuvre : *Jahrestage (Une année dans la vie de Gesine Cresspahl*[1]*)*. Cette œuvre monumentale de quatre volumes est publiée en Allemagne en 1970, 1972, 1973, 1983. Parler des *Jahrestage* est une tâche quasiment impossible.

Nous nous trouvons face à l'un des chefs-d'œuvre absolus de l'écriture de tous les temps, qui échappe à toute réduction critique ou analytique. Dans *Jahrestage* est racontée, jour après jour, la vie de Gesine Cresspahl et de sa fille Marie, dans un récit où l'histoire familiale se mêle à l'histoire contemporaine, ainsi qu'à des faits historiques et à des faits divers du siècle dernier. Hans Mayer conseille aux lecteurs des *Jahrestage* de se « laisser complètement

1. Traduit de l'allemand par Anne Gaudu (Gallimard, 1993).

aller » au texte, comme si l'on entrait dans la *Recherche* de Marcel Proust, où il est impossible de comprendre quoi que ce soit si on ne décide pas de se plonger, sans aucun a priori, dans le flux temporel de la narration.

Il est totalement inutile de lire *Jahrestage* avec la logique linéaire à laquelle on recourt habituellement lorsqu'on aborde une page quelconque ; l'écriture s'attarde sur des descriptions minutieuses et obsédantes, à l'intérieur de situations informes et énigmatiques. Ce n'est qu'en se perdant dans ce labyrinthe construit avec un soin de bénédictin que l'on réussira à passer d'un jour à l'autre de Gesine Cresspahl, comme d'un chapitre achevé à un autre, en traversant des dialogues, des comptines, des pensées, des interactions avec d'autres personnages et d'autres variables.

Récemment, en Italie, les éditions Feltrinelli ont eu l'immense mérite de rééditer le premier volume des *Jahrestage* dans une nouvelle, et excellente, traduction de Nicola Pasqualetti et Delia Angiolini, avec une précieuse introduction de Michele Ranchetti. Dans cette œuvre sont décrits les jours de la vie de Gesine Cresspahl d'août à décembre 1967. Gesine était déjà apparue dans *Conjectures sur Jakob* – le père de sa fille Marie est, justement, Jakob. Toutefois, elle ne vit plus en Allemagne, mais à New York, où elle est employée de banque.

Ce texte présente une forme fibreuse, et il est essentiellement structuré sur trois niveaux : Gesine, sa fille Marie et le *New York Times*. Le *Times* est le contrepoint à la vie de Gesine : à tout moment, des informations données par le journal se greffent sur la narration : « Depuis 1961, au Vietnam, environ

13 365 citoyens des États-Unis sont morts au combat – mais quelle gentille petite fille, je vous fais tous mes compliments... »

La chronique de la guerre du Vietnam, l'arrivée en Amérique de Svetlana Staline, la fille du dictateur, Che Guevara reconnu sur une photographie en plein maquis, les émeutes à Harlem, et mille autres informations forment le contexte. Un contexte vivant, sans cesse en mouvement. Le *New York Times* est une voix de la conscience du présent, un métronome qui scande les faits quotidiens du monde entier, où s'accomplit la vie de Gesine. Le *Times* est appelé « tante Times » ; en effet, au cours du récit, il devient presque un personnage, poli, courtois, un peu insistant, comme une vieille tante qui « n'appelle pas "coupable" quelqu'un qui est "mis en examen" », qui « n'appelle pas le président par son nom de baptême », qui « donne la parole même à ceux qui la méprisent ». Par ailleurs, Johnson trouve que le *Times* est l'un des meilleurs journaux du monde, pour ses méthodes d'enquête et ses qualités d'écriture.

L'œuvre littéraire de Johnson apparaît comme un édifice isolé, vivant d'une prose autiste qui dévore consciencieusement ce qui l'entoure à travers le sillage que laissent, dans la mémoire, les journaux, les horaires de trains, les revues, les dialogues d'employés de bureau. Une archéologie du présent et de la mémoire qui ne catalogue pas des fragments pour remonter à l'origine d'une civilisation, mais recueille des faits, des moments, des sensations, des dialogues, afin de trouver le sens d'une individualité écrasée par l'injustice de l'Histoire et par la vacuité sans trace du quotidien. Ce que

Gesine ressent et ce dont elle se souvient, ce qu'elle pense et dit, tout est amoncelé et repêché dans un flux vital désordonné, aussi chaotique que la vie de cette immigrée allemande. En se référant à une pensée de Theodor Adorno, on pourrait dire que Johnson canalise la vie de ses personnages dans le flux des « forces qui se libèrent dans la décadence ».

Gesine décide de raconter, en l'enregistrant sur une bande magnétique, sa propre histoire familiale à sa fille Marie. Avec cette décision, le premier volume des *Jahrestage* engendre la deuxième partie de la narration fondée sur le passé du Mecklembourg. Gesine, qui est née en 1933, au moment où Hitler était chancelier du Reich, raconte à sa fille la saga familiale, le nazisme, la misère, le temps du renoncement et celui du bonheur. Une mémoire qui, de plus en plus fragile et fragmentaire, se transforme en manière d'être, culture, geste, dialogue.

Chez Uwe Johnson, le passé ne renferme en soi aucune solution ; son livre n'est pas un roman historique où l'on trouverait les événements déjà préordonnés et soigneusement apprêtés par le narrateur. Il y a une transmigration continuelle d'intentions et de souvenirs, une interpolation des faits et des commentaires. Ce changement permanent de voix finit par tracer une cartographie de ce qui a été et de ce qui pourra être, entre résistance et égarement, en essayant de survivre aux marées de l'Histoire qui s'abattent régulièrement. En revenant en arrière et en relisant certaines pages, certains fragments de passages, on a l'impression de lire quelque chose de totalement nouveau, bien que les yeux soient passés là-dessus quelques instants plus tôt. Les critiques ont reconnu, dans cette partie du livre, la présence des *Buddenbrook* de Thomas Mann, mais c'est de Faulkner que Johnson est le plus proche, dans la mesure où il se caractérise, comme celui-ci, par une écriture réelle sans être réaliste, prête à inventer la réalité sans trahir l'Histoire. L'écriture des *Jahrestage* s'interrompt au troisième volume.

Pendant que, sur son bloc-notes littéraire, Johnson racontait comment se composait le monde dans la vie de Gesine Cresspahl, quelqu'un l'espionnait, non de l'extérieur, non pas avec des jumelles ou en interceptant ses conversations téléphoniques, mais chez lui, dans l'intimité de ses émotions les plus simples, de sa relation la plus privée. En 1975, sa femme Elizabeth avoua qu'elle avait un amant, un agent de la police secrète tchécoslovaque, auquel elle envoyait depuis des années des rapports confidentiels sur l'activité de son mari. Uwe Johnson avait travaillé avec sa femme à la rédaction des *Jahrestage*, dédiant l'ensemble du projet à leur fille Katharina, représentée dans l'œuvre sous les traits de Marie, la fille de Gesine Cresspahl et de Jakob. Pour un écrivain qui vient de mettre le point final à son propre roman, c'est un peu comme si les personnages qu'il a décrits et créés frappaient à sa porte et se retrouvaient devant lui, sous un aspect monstrueusement inattendu.

Ce fait a traumatisé Johnson de manière indélébile, il a été incapable d'écrire pendant dix ans, a eu deux infarctus, est devenu alcoolique. La trahison de sa femme avait été continuelle et silencieuse, exactement comme le quotidien qui s'insinue dans la vie d'une personne. Dix ans après la publication du troisième volume, en 1983, peu de temps avant la mort de Johnson, le quatrième et dernier volume de *Jahrestage* a vu le jour ; Gesine Cresspahl y rencontre, à Prague, les chars soviétiques qui, en 1968, envahirent la « rebelle » Tchécoslovaquie. La vie ne doit pas être remplacée par l'écriture. Pour Johnson, ce parti pris esthétique ne fait aucun doute. L'écriture doit être réelle, mais non réaliste, elle doit pouvoir donner sens et justice à une réalité confuse et injuste, mais elle ne parviendra jamais à se substituer à la vie.

Voilà pourquoi Michele Ranchetti, l'un des plus grand intellectuels italiens, a pleinement raison lorsqu'il affirme qu'il est impossible de classer dans le genre romanesque les livres de cet Allemand si profondément singulier. L'époque contemporaine ne peut être racontée par des œuvres littéraires qui ont la forme de l'essai critique ou du roman, ni par de nouvelles métaphysiques ou phénoménologies ; Johnson voulait écrire quelque chose qui puisse englober toutes ces dimensions, réunir des formes multiples afin de conserver et de comprendre ce qu'il y a d'irréductible dans la vie d'un homme.

Walter Benjamin formulait l'espoir de trouver, tôt ou tard, une porte susceptible d'ouvrir sur un monde autre, différent de celui dans lequel nous sommes contraints de vivre. En lisant Johnson, on comprend que, même s'il était possible de trouver cette porte, on n'aurait pas la capacité de l'ouvrir, et encore moins d'en retrouver la clé. On ne peut qu'avancer des conjectures sans trouver de solutions, ni même de perspectives, sans doute. Il ne nous reste qu'à en émettre sur la mort de Jakob, tenter de nous souvenir et formuler des hypothèses sur sa vie, écouter la voix de « tante Times » pour savoir ce qui s'est passé pendant que nous plantions des roses dans notre jardin, raconter à Maria ce qui a été, en une recherche incessante de routes parcourables, en rêvant continuellement au sens de l'existence, chaotique et contraint entre les jours et les années.

Plus jamais dans un monde à part

C'est en une seule gorgée amère, qu'il faudrait lire *Un monde à part* de Gustaw Herling[1]. Tout lire d'une traite, en recevant un coup de poing à l'estomac, une gifle en pleine figure, en sentant sa dignité piétinée, la peur de s'effondrer, tôt ou tard, dans le cercle infernal que décrivent ces pages. Un texte précieux et terrible, un témoignage sur les camps de concentration soviétiques, sur les barbaries perpétrées par le régime stalinien de l'URSS contre des millions de personnes.

Gustaw Herling avait vingt ans lorsqu'il décida, en 1939, après l'invasion de la Pologne par l'Allemagne, de traverser la frontière russo-lituanienne, dans l'espoir d'organiser en Russie une résistance antinazie. Mais il est arrêté par la police soviétique. Cet épisode, qui pourrait paraître aberrant, contient,

1. Gustaw Herling (1919-2000), écrivain polonais rescapé du goulag stalinien. Arrêté en 1940 pour son appartenance à une organisation de résistance, il est envoyé au camp de travail de Yertsevo. *Un monde à part*, publié à Londres en 1951, et en France en 1985 (Denoël, traduit de l'anglais par William Desmond) est le récit de cette captivité. Plus tard, il s'installera en Italie, à Naples. Après la guerre, il épouse la fille de Benedetto Croce.

en fait, un paradoxe tragique. L'URSS et l'Allemagne avaient signé en 1939 un traité, le célèbre pacte Molotov-Ribbentrop, qui établissait une relation de non-agression entre les deux États. Et donc, Herling, selon la police secrète soviétique, avait indirectement conspiré contre l'URSS en essayant de sortir de Pologne pour combattre l'Allemagne.

Le jeune Gustaw fut ainsi déporté à Yertsevo, un camp de travail qui faisait partie du complexe concentrationnaire de Kargopol, sur la mer Blanche. Un camp destiné au travail du bois de construction, un véritable pôle industriel avec des lignes de chemin de fer et un village pour le personnel libre, entièrement construit et entretenu par la force de travail des prisonniers. La situation matérielle du camp dépassait toutes les limites de ce qu'un être humain peut supporter ; quarante degrés au-dessous de zéro, un travail continuel et épuisant, sans trêve, trois cents grammes de pain et une louche de soupe par jour.

Herling décrit, avec une précision d'historien, l'organisation du camp, les hiérarchies, les relations d'autorité. Dans les camps, il y avait plusieurs niveaux de prisonniers : les *bytoviks*, c'est-à-dire les détenus de droit commun condamnés à des peines de courte durée ; puis les criminels endurcis, coupables de crimes atroces, les *ourkas*, qui régnaient sur les camps en seigneurs et maîtres ; enfin, les plus nombreux, les *belorouckis*, les prisonniers politiques. Ces derniers étaient ceux qui avaient le moins de chances de survie, les plus humiliés, ceux qui devaient abattre la plus grosse charge de travail. Les *ourkas*, qui étaient chargés de surveiller le travail et l'orthodoxie politique des prisonniers, avaient tout pouvoir sur eux. Herling les décrit de manière terrible : pour ces hommes, l'idée de liberté était aussi répugnante que l'idée du camp de travail pour un individu normal.

La plupart des prisonniers politiques étaient des bolcheviks, des communistes, des gens qui s'étaient battus pour la cause socialiste. Le mécanisme stalinien était comme une hydre qui, agissant dans chaque institution, sur plusieurs générations, purgeait, déportait, emprisonnait de vieux révolutionnaires communistes, des fonctionnaires, des dirigeants qui avaient acquis trop de pouvoir, ou des gens ordinaires, des individus quelconques qui, sans le savoir, n'agissaient pas selon l'orthodoxie stalinienne. Évidemment, la délation devient la règle de vie de la société soviétique ; elle servait souvent à neutraliser son propre voisin, son collègue de travail ou des membres de sa propre famille. Dénoncer quelqu'un pour ruiner sa carrière, pour prendre sa place ou simplement pour sauver sa propre vie, était devenu une activité courante dans la Russie de Staline.

Dans les camps d'emprisonnement soviétiques, le travail était un moyen d'oppression et de torture, utilisé comme une forme de destruction. La fatigue brisait les corps, entraînait la fièvre, la cécité par avitaminose. Le seul moyen de survivre était de réussir à se faire hospitaliser. Les hôpitaux ressemblaient à des églises qui offraient un refuge permettant d'échapper à une Inquisition toute-puissante. L'automutilation devint ainsi une pratique courante pour obtenir un arrêt dans le travail. De même que certains soldats qui, pendant la Première Guerre mondiale, se tiraient dans les mains ou aux jambes pour être envoyés loin du front, ainsi, les prisonniers soviétiques s'amputaient les doigts ou les mains à la hache, afin de trouver un répit dans leur condamnation. Après plusieurs cas d'automutilation, les autorités soviétiques comprirent et, pour combattre le procédé, décidèrent de condamner tous les blessés, aussi bien accidentels que volontaires, à poursuivre leur travail : « Je vis un jeune prisonnier [...] ramené de la forêt dans le camp, avec un pied amputé. »

Dans *Un monde à part*, on trouve une figure de prisonnier qui pratique l'automutilation, Kostylev ; c'est sans doute le personnage le plus émouvant du livre. Le récit qui le concerne présente non seulement une valeur de témoignage, mais aussi une densité littéraire qui transcende l'histoire, lui conférant une signification universelle. Kostylev avait consacré sa vie à la cause bolchevique. Il admirait comme des saints laïcs les communistes européens, les idéalisant en tant que combattants de la liberté sur un continent opprimé par la bourgeoisie. Il était allé jusqu'à apprendre le français pour comprendre les discours de Maurice Thorez, le secrétaire du Parti communiste français. Il s'était mis à lire Balzac, Stendhal, Constant, et avait trouvé dans ces textes « un air différent ». « Je me sentais comme un homme qui, sans le savoir, avait été étouffé toute sa vie. » Après cette expérience de lecteur, Kostylev a changé d'avis sur l'Occident et sur le bolchevisme. Il a abandonné son travail au Parti et consacre tout son temps à la lecture, désireux de connaître les vérités qui lui avaient été cachées. Les livres étrangers, qu'il se procurait clandestinement, ont été la cause de son arrestation. La police secrète l'a accusé d'espionnage et, sous la torture, l'a obligé à avouer des crimes qu'il n'avait pas commis. Quand Herling a découvert que Kostylev se brûlait volontairement le bras en l'exposant aux flammes, une amitié faite de complicité est née entre eux. Kostylev préférait avoir le bras enflé et couvert de plaies plutôt que de travailler pour ses geôliers.

Dans la baraque, exempté de travail, Kostylev passait tout son temps à lire des livres. Herling n'a jamais compris comment il arrivait à se les procurer, mais il n'a jamais éprouvé de jalousie envers lui, juste une profonde admiration. La lecture, qui avait changé sa vie en le conduisant dans les camps de travail, restait la plus grande expression de son humanité dans ce cercle infernal. Conserver, préserver, protéger sa propre humanité était non seulement impossible, mais mortel, dans un camp de travail. Aider un camarade blessé, lui donner de la nourriture était dangereux, non seulement parce que, en se privant de quelques ressources matérielles, on risquait de nuire à son propre corps déjà fragilisé, mais parce que, dans cette situation, tout élément humain risquait de vous faire craquer, de faire ressurgir la vie d'autrefois. Se souvenir que l'on est un homme, dans une situation inhumaine, est mortel. Dans un camp d'emprisonnement, la vie ne peut être tolérée que lorsque tout critère, tout élément de comparaison se référant à la liberté a été rigoureusement effacé de l'esprit et de la mémoire du prisonnier. Le message que véhicule, non seulement ce texte, mais toute l'œuvre de Herling, est contenu dans une nouvelle codification de la capacité de jugement. Il est impossible de juger un être humain contraint à des conditions de vie inhumaines. La trahison, la délation, la prostration, la prostitution engendrées par la faim, les privations, la maladie, ne peuvent être considérées comme des comportements humains, même si elles viennent des hommes.

Je suis parvenu à la conviction que l'homme ne peut être humain que dans des conditions de vie humaines, et je considère qu'il est absurde de le juger sévèrement pour les actions qu'il accomplit dans des conditions inhumaines, de même qu'il serait absurde de faire se mesurer l'eau et le feu.

Le système de répression soviétique représente ce qu'il peut exister de plus stupidement bureaucratique sur la face du globe. Chaque arrestation devait être motivée, officiellement enregistrée. Des milliers de personnes furent victimes des accusations les plus stupides et les plus sordides : sabotage de l'industrie soviétique, espionnage, complot contre la patrie, trahison, contre-révolution. À travers ces condamnations, le système affichait la justification de ses crises, du ralentissement de la planification économique. Des milliers d'innocents, souvent des personnes inoffensives et qui n'étaient absolument pas des ennemis politiques, furent chassés, victimes d'une guerre interne aussi impitoyable qu'aberrante.

Dans le camp de Yertsevo, Herling rencontre un prisonnier dénoncé au NKVD (la terrible police secrète qui prendra par la suite le nom de KGB) parce que, en état d'ivresse, il a tiré un coup de feu sur la photographie de Staline, l'atteignant en plein dans un œil. Pour ce geste, il a été condamné à dix ans d'emprisonnement. À la différence du système concentrationnaire allemand, où les individus étaient gazés, massacrés et arrêtés sans même une parodie de procès mais simplement parce qu'ils étaient juifs, communistes, témoins de Jéhovah ou homosexuels, le système soviétique extorquait des aveux, inventait des plans de sabotage, obligeait à produire des preuves absurdes. Tout était soigneusement mis en scène : « Il ne suffit pas de ficher une balle dans la tête d'un homme, il doit lui-même la demander poliment, lors de son procès. »

Gustaw Herling est parvenu à survivre au camp de travail parce qu'il a été, en tant que Polonais, envoyé dans les troupes commandées par le général Anders[1]. Après un périple qui le conduit à Bagdad, Mossoul, Jérusalem, et Alexandrie d'Égypte, il arrive en Italie où, atteint du typhus, il est hospitalisé à Sorrente et fait la connaissance de la famille Croce. Cette rencontre sera déterminante car, plusieurs années plus tard, Lidia Croce deviendra sa femme et lui donnera deux enfants, Benedetto et Maria. Herling passera à Naples une grande partie de sa vie. Il se consacrera à la rédaction de ses œuvres et, jusqu'à ses derniers jours, écrira le monumental *Journal écrit la nuit*[2]. Il s'agit d'un colosse narratif constitué de plus de douze volumes ; en Italie, seul le premier, qui rassemble les écrits allant de 1970 à 1987, a été publié. Dans cette entreprise intellectuelle se mêlent souvenirs,

1. W. Anders (1892-1970) dirigea le 2e corps de l'Armée britannique qui forma les nouvelles recrues polonaises arrivant de Russie soviétique.

2. *Journal écrit la nuit, 1971-1983* (Gallimard, 1989) ; *Les Perles de Vermeer : Journal écrit la nuit, 1986-1992* (Le Seuil, 1999), tous deux traduits du polonais par Thérèse Douchy.

réflexions philosophiques, passages d'une profonde sagesse descriptive, invectives, moments de paresse. On se promène à l'intérieur d'un système géologique, que l'on explore en parcourant les nombreuses strates qui se sont déposées ou qui émergent dans la pensée de Herling.

Dans le dédale du *Journal*, on trouve un épisode inquiétant : Thomas Mann et Ignazio Silone discutent, en Suisse, de l'élément de comparaison à l'aune duquel on peut justifier les différents systèmes politiques. Pour Silone, « sans aucun doute, il suffit de déterminer quelle place a été réservée à l'opposition ». Pour Mann, en revanche, « la vérification suprême, c'est la place qui a été réservée à l'art et aux artistes ». Herling, qui ne cache pas un agacement profond face à la posture esthétisante de la prose de Mann, critique sévèrement l'illustre Allemand qui se montrait indulgent envers le système soviétique, en l'analysant exclusivement à travers la vente massive des textes de Goethe en URSS.

Pour Herling, la tâche essentielle de l'intellectuel est de témoigner de la douleur humaine, d'être une sentinelle de la liberté, de ne jamais déléguer à autrui l'impératif consistant à défendre la dignité humaine. Et tout cela, Mann le niait malgré toute sa grandeur littéraire.

Mais, dans le *Journal*, on trouve aussi des fragments de mémoire personnelle, extrêmement nombreux et passionnants : l'histoire d'un petit chien trouvé dans le désert irakien pendant la guerre et amoureusement soigné par Herling, ou un passage de 1980 où il décrit le tremblement de terre qui frappa Naples : il peint de manière admirable les visages des victimes du séisme, qu'elles soient de Naples, d'Irpinie ou de Lucanie, les voix, la fuite éperdue, les rassemblements, l'impossibilité de s'en prendre à qui que ce soit. Et pourtant, cette narration, dans un journal intime, ne semble pas être le tracé d'une expérience personnelle. « Écrit la nuit » : le titre signale immédiatement le rôle en quelque sorte nocturne de la pensée, un peu comme la chouette de Hegel qui ne prend son envol qu'à la tombée du jour : avec l'écriture du *Journal*, l'auteur ne nous offre pas une somme de ce qui lui est arrivé à lui-même, mais de ce qui est arrivé à travers lui-même. Un « moi » qui devient point de départ mais non lieu d'arrivée, qui part pour une raison précise mais ne connaît évidemment pas l'aboutissement de son élan. Dans un fragment du texte *Bref récit de moi-même*, publié sous la direction de sa fille, Marta, on trouve une explication à cet engagement intellectuel qui a duré toute une vie : « J'écris parce que j'éprouve le besoin intérieur de me confronter à des problèmes déterminés. Si l'on vit, tant que l'on vit de quelque chose, on accomplit sa propre mission. [...] J'ai toujours désiré laisser quelque chose après moi, mais en réalité, je n'ai écrit que pour moi-même. J'écris parce que cela me procure du plaisir. »

Même les textes publiés comme des œuvres achevées et autonomes font partie de la trame du *Journal*. Les deux nouvelles « Requiem pour un carillonneur » et « L'Île »[1] sont des narrations, terres émergées dans l'océan de l'écriture de

1. In *L'Île et autres récits*, traduit du polonais par Thérèse Douchy (Gallimard, 1992).

Herling. Des textes fortement marqués par Naples, comme *Le Portrait vénitien*[1], qui rassemble les nouvelles les plus significatives situées dans cette ville, ou la nouvelle intitulée « Don Ildebrando »[2]. Dans celle-ci, Herling tente de peindre le paysage italien en conservant la distance de l'exilé, mais il ne cache pas sa complicité de citoyen italien d'adoption. Elle décrit une Naples chaotique et rutilante, déterminée par une force tourbillonnante qui la projette de la misère des mendiants au baroque somptueux de la domination espagnole, mêlant les aspects les plus superstitieux et les plus populaires aux plus hauts sommets de la pensée humaine. Dans une autre nouvelle, « Ex voto », apparaît le cœur de Naples, son torse, son corps, la Naples la plus chère à Herling, celle où habite son beau-père Benedetto Croce, celle où s'élève l'église de San Domenico Maggiore, où Thomas d'Aquin se forma et devint une personnalité en son temps. Une Naples qui, pour Herling, se constitue comme un parcours plus spirituel que géographique ou historique. Les récits de Herling, avec leur prose élégante, respectueuse, simple, possèdent une rationalité passionnée qui semble se moquer de ce qui, en littérature, s'appelle « talent », « éclair d'imagination » ou « sens de la phrase ». C'est une écriture faite de continuité, qui préfère dessiner des parcours et communiquer, plutôt que d'exprimer ; comme l'a écrit la poétesse Cristina Campo. « les grandes paroles

1. *Le Portrait vénitien et autres récits*, traduit du polonais par Thérèse Douchy (Gallimard, 1995).

2. In *Variations sur les ténèbres*, traduit du polonais par Thérèse Douchy, *suivi d'un entretien sur le mal avec Édith de la Héronnière* (Le Seuil, 1998).

cérémonielles de l'horreur et de la pitié traversent son propos avec le même naturel que le vent d'automne dans les arbres et la pluie sur les vitres ».

Herling a introduit la chaîne de sa qualité narrative dans la trame du témoignage. Dans ses textes apparaissent une multitude de personnages, traces d'un orchestre de la damnation qui transcende la particularité des camps de travail soviétiques, du tremblement de terre, des persécutions nazies, de son expérience de la guerre, de la Naples victime du choléra, et qui finit par représenter la condition humaine au XXe siècle. Sans doute est-il vrai que tous les récits qui proviennent des profondeurs de la mémoire des réfugiés politiques, des survivants, se ressemblent. Les pages de Primo Levi, de Varlam Chalamov, de Gustaw Herling, d'Élie Wiesel ont un patrimoine génétique similaire, qui, avant même d'être déterminé par la barbarie subie, présente un point commun : une volonté de pardon. Dans leurs paroles finales, dans les jugements qu'ils esquissent, dans la reconnaissance de la douleur, ces auteurs ont écrit pour laisser à l'espèce humaine la possibilité de vivre autrement, de ne pas oublier, justement afin d'être différent. Nous ne saurons jamais s'ils ont pardonné à leurs geôliers, à leurs bourreaux, et, au fond, c'est sans importance. Mais il est nécessaire de savoir s'ils ont pardonné au premier exécutant de toutes ces barbaries, à l'être humain. Laisser une trace dans la mémoire, écrire est, en quelque sorte, une attestation de confiance envers l'homme, envers les nouvelles générations. Le souvenir terrible, en somme, considéré comme promesse et espoir d'un nouveau parcours humain.

Qui écrit, meurt

Anna rentrait chez elle après avoir fait ses courses, le 7 octobre 2006. Une femme visiblement fatiguée, au supermarché de la rue Frunzenskaïa, qui longe la Moskova. Elle revient de l'hôpital où sa mère, rongée par un cancer, est hospitalisée. Son père, qui était très attaché à sa femme, est mort d'un infarctus dès qu'il a su qu'elle était malade. Un destin mauvais semble s'acharner sur son sort, ces jours-là.

Divorcée, Anna a deux grands enfants, qu'elle voit peu ; à la maison l'attend Van Gogh, c'est un gros chien à présent, mais qui a été un chiot maltraité. Elle disait de lui : « De nouveau, c'est le soir. Je tourne la clé dans la serrure et Van Gogh vole vers moi, toujours et quoi qu'il arrive. Même s'il a mal au ventre, quoi qu'il ait mangé, même s'il dormait profondément. Il est la source d'un perpétuel mouvement affectueux. On peut vous lâcher, on peut en avoir assez de vous ; le chien, lui, ne cesse jamais de vous aimer. »

Elle a trois sacs du supermarché dans sa voiture, qu'elle gare devant la porte d'entrée de son immeuble, au n° 8 de la rue Lesnaïa. Il est facile de trouver une place. C'est un quartier bourgeois, plutôt protégé et de bon goût. Ceux qui y habitent exercent souvent une profession libérale dans la nouvelle Russie. On ne peut pénétrer dans les immeubles qu'avec un code d'accès. Anna monte chez elle et pose les deux premiers sacs, pleins d'aliments et de produits ménagers. Puis elle redescend pour prendre le dernier sac, qui contient des produits pharmaceutiques pour sa mère, car on en manque à l'hôpital. Elle prend l'ascenseur et monte au premier étage ; dès que les portes s'ouvrent, alors qu'elle est encore à l'intérieur de la cabine, elle se retrouve face à un homme et une femme. L'homme est maigre, jeune ; il porte, enfoncé sur la tête, un petite couvre-chef dont la visière lui cache les yeux – c'est ce que diront les témoins. À côté de lui se trouve une femme. Il pointe sur la poitrine d'Anna un pistolet IZH muni d'un silencieux. Sur le côté gauche de la poitrine. Il tire trois fois. Deux coups atteignent le cœur, qui éclate en trois morceaux, un troisième coup dévie sur l'épaule. Puis, pour s'assurer qu'il a bien accompli son travail, une fois que le corps est à terre, il tire dans la nuque. L'homme et la femme ont suivi Anna depuis le supermarché, ils connaissaient les codes d'accès de l'immeuble et l'ont attendue sur le palier. Après l'exécution, ils laissent dans la flaque de sang le pistolet avec son matricule abrasé, et s'en vont. Peu après, une femme appelle l'ascenseur. Lorsque celui-ci redescend au rez-de-chaussée et que les portes s'ouvrent, elle pousse un hurlement et, tout de suite après, dit une prière.

Elle vient de trouver le cadavre d'Anna.

Ce jour-là, le président Vladimir Poutine fête ses

cinquante-quatre ans, et cette mort ressemble à un cadeau. Anna Stepanovna Politkovskaïa, née à New York sous le nom de jeune fille de Mazepa, quarante-huit ans, est enterrée le 10 octobre 2006, au cimetière Troïkourovskoïe de Moscou. Derrière le cercueil, au premier rang, ses deux enfants, Ilia, vingt-huit ans, et Vera, vingt-six ans, sa sœur, son ex-mari et son chien. Sa parole ne pouvait être arrêtée qu'ainsi : avec les balles. Trois ans plus tard, les assassins d'Anna ont tous été acquittés. Acquitté, Sergueï Chadjikourbanov, ancien fonctionnaire au ministère des Affaires étrangères, acquittés, les deux frères tchétchènes Djabraïl et Ibraguim Makhmoudov – le troisième, Roustam, également impliqué, s'est enfui à l'étranger et n'a jamais été arrêté ; acquitté, le colonel des forces de sécurité Pavel Riagouzov. Acquittés et libérés par Evgueni Zoubov, le président de la Cour militaire, ceux qui, selon l'accusation, avaient suivi Anna avant de la tuer. Aujourd'hui, dans cet assassinat, il n'y a ni coupables ni commanditaires. Mais les paroles d'Anna sont toujours des épines sous les ongles et dans les tempes mêmes du pouvoir russe.

Tchétchénie, le déshonneur russe[1] est un livre dangereux. Anna Politkovskaïa l'a écrit avec la volonté de raconter une blessure qui ne concernait pas seulement ce coin perdu du Caucase. Elle est parvenue à faire de l'histoire de la guerre en Tchétchénie une réalité quotidienne collective. Et c'est ce qui l'a tuée : sa capacité à faire de la Tchétchénie un débat aussi nécessaire à Londres qu'à Rome, en fournissant des éléments à Madrid et à Paris, à Washington

1. Traduit du russe par Galia Ackerman (Buchet-Chastel, 2003).

et à Stockholm. Partout, ses paroles sont devenues de la nitroglycérine pour le gouvernement de Poutine, au point que ce livre s'est révélé plus dangereux qu'une émission de télévision, que la déclaration d'un témoin, qu'un procès au tribunal international de La Haye. Parce que *Tchétchénie* rassemble tout ce qu'Anna a vu, dans l'une des pires guerres où les femmes violées et les soldats torturés devaient déclarer, dans des procès-verbaux, qu'ils étaient les coupables réels des violences subies. On peut synthétiser sa poétique dans un aphorisme de Marina Tsvetaeva (Anna Politkovskaïa avait passé son diplôme sur cette poétesse) : « Toute mon écriture consiste à prêter l'oreille. »

Anna Politkovskaïa travaillait dans des conditions difficiles. Ses déplacements lui étaient payés trente dollars, pas moyen d'avoir plus d'argent, aucune gratification économique. L'essentiel de son salaire lui servait à payer sa défense en cas de procès et de plaintes, qui pleuvaient chaque fois qu'elle signait un article. Le but était de l'éreinter. De la décourager, avec une forte pression diffamatoire, incessante. L'objectif n'était pas de la tuer, mais de détruire son image. De faire croire à ceux qui l'aimaient – et ils étaient nombreux – qu'elle n'était qu'une arriviste cinglée.

Je n'oublierai jamais les paroles prononcées par Aleksandar Politkovski, l'ex-mari d'Anna, au lendemain de sa mort : « En 1994, elle s'intéressa au combat entre les oligarques Vladimir Potanine et Vladimir Gousinski pour le contrôle de Norilsk Nickel, le plus grand producteur mondial de nickel, qui devait être privatisé. Potanine l'emporta, mais à un certain moment, Gousinski appela Anna et lui fit voir un dossier diffamatoire qu'il avait monté contre notre famille. Anna était catastrophée ; je suis allée la chercher et nous avons longuement parlé, assis dans la voiture. Là, elle a décidé qu'elle continuerait quoi qu'il arrive, même si elle craignait le discrédit plus encore que la mort. » Mieux vaut mourir que d'être diffamée. Et, tout compte fait, c'est là la vraie consolation. Terrible, tragique, mais incroyablement vraie.

Au moins, avec la mort, ils ont cessé de tout faire pour la discréditer. Le discrédit salissait sa famille, en essayant de démontrer des faits de collusion, de corruption, des délits. On exerçait des pressions sur les parents de victimes dont Anna avait parlé pour qu'ils disent qu'elle avait tout inventé, que les choses s'étaient passées de manière totalement différente. Des rumeurs calomnieuses étaient répandues : elle est menteuse, mythomane, folle, grotesque, carriériste. Au fond, il y avait, en Russie, des centaines de journalistes qui la haïssaient parce que son mari avait fait carrière pendant la perestroïka, devenant ainsi une voix critique, oui, mais d'une télévision d'URSS. Et puis, Anna écrivait dans un journal dont une partie des actions était contrôlée par Gorbatchev et par l'oligarque Lebedev. Le vent léger de la calomnie les accusait de jouer aux révolutionnaires grâce à l'espace fourni par les vieux maîtres communistes. Il n'était pas difficile, pour le pouvoir politique, de trouver des prétextes vraisemblables pour ruiner son image. De même, aujourd'hui, des centaines de collègues journalistes, un peu partout dans le monde, la défendent et enquêtent sur ce qui s'est passé.

Mais son mari m'explique ensuite pourquoi

Anna craignait le discrédit par-dessus tout : « Elle écrivait ses articles pour changer les choses. Chaque papier devait aider quelqu'un ou empêcher une injustice. Il devait produire un effet, même minime, mais un effet. Si elle avait perdu sa crédibilité, cela serait devenu impossible. Cela lui arriva quelques années plus tard, avec Ramzan Kadyrov, le gouverneur pro-russe de Tchétchénie, qui menaça de la traîner dans un sauna et de la faire photographier dans des postures obscènes en compagnie d'hommes nus. Ils la drogueraient, l'enlèveraient et la photographieraient dans des attitudes pornographiques avec des hommes, une orgie, un gang de gros hommes à la peau huilée. Une manière de dire : voilà la vie que mène celle qui crie à tous les vents que son pays est un enfer. Qui croirait qu'elle avait été forcée et droguée ? Tout le monde accepterait ces photos obscènes et hurlerait au vice, à l'orgie, aux plaisirs de la nouvelle courtisane qui se fait passer pour une combattante. Avec de semblables photos exhibées à la une des journaux et sur les sites *people* du monde entier, aucun démenti, aucune plainte ou démonstration de violence ne pourrait laver la boue qui la couvrirait. Une boue qui jetterait la suspicion sur chacun de ses reportages, chacune de ses enquêtes, de ses paroles. Là était le danger principal.

Avant les balles, ou lorsque les balles ratent leur cible, on a recours à la destruction de la crédibilité, au dénigrement, à l'annihilation de la parole, non en partant des mots eux-mêmes, mais en fabriquant un mécanisme qui prive ces mots de toute signification, les transformant en coquilles vides. Quand

Anna décida d'abandonner son métier de journaliste et de participer activement à ce qu'elle voyait et racontait, elle intervint, en octobre 2002, dans les discussions avec les terroristes qui avaient pris en otages les spectateurs de la comédie musicale *Nord Ost* au théâtre Doubrovka de Moscou. Elle décida d'agir en apportant de l'eau aux otages. En septembre 2004, pendant le siège de l'école de Beslan, elle voulut tenter une médiation. Et elle aurait pu réussir, car elle était respectée par les deux camps. Mais elle fut, selon ses déclarations, empoisonnée à bord de l'avion qui la conduisait en Ossétie. Ce poison aurait dû la tuer et l'empêcher d'apporter une proposition afin de résoudre la crise. Ils avaient tenté de l'éliminer de manière simple et discrète : avec une tasse de thé. Après avoir bu, elle eut des vertiges et des crampes d'estomac. Elle s'évanouit, mais elle avait eu le temps de demander de l'aide à l'hôtesse de l'air. On la transporta dans un hôpital de Rostov. Lorsqu'elle se réveilla, une infirmière lui chuchota à l'oreille : « Chère madame, ils vous ont empoisonnée, mais toutes vos analyses de sang ont été détruites sur ordre supérieur. » Je me souviens très bien de certains journalistes italiens qui, quelques jours après cette nouvelle, se gaussaient : « Notre Anna a vu trop de films d'espionnage. Et puis, quand on est en danger, on ne le crie pas sur tous les toits, dans toutes les conférences ; on essaie de se défendre en silence. » C'était la teneur des commentaires, après qu'elle eut survécu à un empoisonnement sans preuves.

Anna savait, au contraire, que le silence aurait été un immense cadeau à ceux qui voulaient la faire taire et la discréditer. Elle avait reçu de très nombreuses menaces et, pendant un certain temps, son journal, la *Novaïa Gazeta,* lui paya une escorte privée. Le 9 septembre 2004, elle écrivit un article dans *The Guardian,* « Empoisonnée par Poutine », mais beaucoup de gens – trop – ne la crurent pas. Par d'étranges mécanismes, la jalousie des collègues, à cause de la visibilité et de la force de ses paroles, qui faisaient qu'on identifiait la lutte pour les droits de l'homme en Tchétchénie avec ses écrits et son visage, la transformant en symbole, fut souvent le meilleur allié des voix officielles du gouvernement, qui évoquaient une femme obsédée par elle-même et par son projet mythomane. Tout cela ne faisait que l'isoler davantage. Dans un article du 9 septembre 2004, elle écrivait : « C'est absurde, mais n'était-ce pas la même chose pendant le communisme, quand tout le monde savait que les autorités disaient des idioties, mais feignait de croire que l'empereur était vêtu ? Nous sommes en train de retomber dans l'abîme soviétique, dans l'abîme de l'information qui engendre la mort à partir de notre propre ignorance... Quant au reste, celui qui veut continuer à être journaliste doit jurer fidélité absolue à Poutine. Sinon, cela peut signifier la mort, une balle, le poison, le tribunal ou n'importe quelle solution que les services secrets, les chiens de garde de Poutine, jugeront la plus adéquate. »

Pour la défendre, il n'y avait que ses livres et ses articles.

Dans *Mémoires d'un révolutionnaire*[1], Victor Serge

---

1. *Mémoires d'un révolutionnaire et autres écrits politiques (1908-1947),* (Robert Laffont, coll. « Bouquins », 2001).

disait : « Je suis plus intéressé par la parole que par l'écriture, d'autres, meilleurs que moi, sauront soigner les mots en même temps que les faits, moi, pour l'instant, je n'ai pas le temps ; je dois dire, c'est tout. » Il semble en être de même pour Anna. Ses livres sont immédiats, rapides, ils ont la puissance de la découverte, de la nouveauté, de l'information inconnue et que l'on diffuse. Et c'est ce qui l'a rendue vulnérable.

« À ceux qui, en Occident, me considèrent comme la principale militante anti-Poutine, je réponds que je ne suis pas une militante, je ne suis qu'une journaliste. Et cela suffit. La tâche du journaliste est d'informer. Quant à Poutine, il a fait des choses parfois abominables, et je dois écrire là-dessus », disait-elle, déclarant sans détour que son rôle n'était pas politique, mais qu'il tenait à la nécessité d'écrire. Elle détestait rédiger des éditoriaux : « L'important n'est pas de savoir ce que je pense, mais ce que je vois », et elle continuait à faire ses récits-enquêtes.

Anna Politkovskaïa savait que seuls les lecteurs la défendraient ; elle participait à de nombreux congrès internationaux, elle savait que les gens, les regards, l'intérêt qu'on lui portait défendraient ses paroles. Eux seuls étaient ses gardes du corps. Ses outils étaient le reportage et l'interview, et quand celle-ci concernait une autorité, si l'homme politique ou le bureaucrate était évasif ou menteur, Anna passait à la dénonciation. Il existe des dizaines de procès auxquels elle a participé, ne fût-ce que comme simple témoin. Dans une interview accordée au quotidien anglais *The Guardian*, le 15 octobre 2002, elle disait : « Je suis allée au-delà de mon rôle de journaliste. Je l'ai mis de côté et j'ai appris des choses dont je n'aurais jamais eu connaissance si j'étais restée une simple journaliste, immobile dans la foule, comme tous les autres. » Ce fut peut-être ce qui la poussa à se rendre en Tchétchénie en 1999. Depuis, article après article, elle élabora ce livre qui, aujourd'hui, représente un des documents littéraires les plus importants de notre époque pour comprendre la physiologie de tout conflit, féroce, caché, abominable, terriblement moderne.

Anna Politkovskaïa est fille de la tradition des dissidents de l'Union soviétique qui, à partir des années 1970, ont adopté une stratégie pacifiste et non violente pour dénoncer le régime. Elle avait décidé de révéler les mensonges de son pays à travers les canaux que l'État russe lui-même avait créés, si bien que son plan ne s'arrêtait pas à l'activité journalistique. Ce qui l'intéressait, c'était de fixer les responsables dans les yeux. Elle avait suivi de près l'histoire des personnes torturées et des petites filles violées. Et elle l'avait suivie directement, en assistant aux procès. Lorsqu'elle gagnait, Anna obtenait la punition des bourreaux et introduisait des éléments probants, rendant ainsi justice aux victimes.

Ce qui se dégage de ce livre, c'est un principe clair : la force de la parole. Quel est le poids des mots ? Quels calibres utiliser et sur quelles balances les peser ? Des questions qui, telles des fièvres tropicales, tourmentent chaque fibre de celui qui touche à la littérature, qu'il soit écrivain ou lecteur. La littérature est un athlète, disait Maïakovski, et l'image des mots qui bousculent les apparences, franchissent des obstacles et se battent, me plaît beaucoup. Le poids spécifique de la parole littéraire et déterminé par la présence de l'écriture dans la chair du monde, et à l'inverse, pour quelques-uns, dans l'absence de chair.

Polémiquant avec Giorgio Manganelli, qui revendiquait la possibilité d'écrire de manière obscure, Primo Levi affirma qu'il est immoral d'écrire ainsi. L'écriture littéraire est labyrinthique, multiforme. Je ne crois pas qu'il puisse y avoir de routes à sens unique, mais je reconnais celles sur lesquelles mes pieds doivent se poser. Philip Roth déclare que, après *Si c'est un homme*, personne ne peut plus dire qu'il n'est pas allé à Auschwitz – non pas qu'il ne connaît pas l'existence d'Auschwitz, mais bel et bien qu'il n'a pas fait la queue devant une chambre à gaz. Si grande est la puissance de ces pages. Ces livres-là ne sont ni des témoignages, ni des reportages, ni des démonstrations. Mais ils emportent le lecteur dans leur propre territoire, lui permettant d'être chair de leur chair. D'une certaine manière, c'est là la différence réelle entre l'information et la littérature. Ce n'est pas le sujet, ni même le style qui fait la différence, mais la possibilité de créer des mots qui ne communiquent pas mais qui expriment, capables de chuchoter ou de hurler, de faire sentir au lecteur, charnellement, que ce qu'il lit le concerne. Ce n'est pas la Tchétchénie, ce n'est pas Saigon, ce n'est pas Dachau, mais c'est son propre lieu, et ces histoires sont les siennes.

Truman Capote avait écrit, peu de temps avant sa mort : « Le roman et la vérité sont séparés par une île qui se rétrécit de plus en plus, mais ils sont sur le point de se rencontrer. Les deux rivières s'écouleront ensemble, une fois pour toutes. » Et, pour les écrivains, ce qui est dangereux, ce n'est jamais d'avoir révélé un secret, d'avoir découvert Dieu sait quelle vérité cachée, mais de l'avoir dite. De l'avoir bien dite. C'est ce qui fait qu'on le craint. Il peut parvenir n'importe où grâce à une parole qui ne véhicule pas seulement de l'information, qui peut être cachée, arrêtée, diffamée, démentie, mais qui transporte quelque chose que seuls les yeux du lecteur peuvent démentir et confirmer. Cette puissance, on ne peut l'arrêter qu'en arrêtant la main qui l'écrit. La force de la littérature est cette capacité particulière de se réduire à une seule dimension, de n'être qu'une seule chose, qu'elle soit nouvelle, information ou sensation, plaisir, émotion. Cette disponibilité fait qu'elle peut repousser toutes les limites, dépasser les communautés scientifiques, les cercles d'écrivains, et atteindre le quotidien de n'importe qui, devenant un outil incontrôlable, capable de forcer toutes les mailles du filet. C'est cette puissance-là qui poussait les gouvernements soviétiques à craindre Boris Pasternak et son *Docteur Jivago* et les *Récits de la Kolyma* de Chalamov, plus que les investissements de la CIA dans le contre-espionnage.

La puissance vitale de l'écriture est toujours une condition nécessaire pour distinguer le livre qui vaut la peine d'être lu de celui qu'on peut laisser fermé. L'univers concentrationnaire, semble-t-il, fait jaillir de la littérature d'incroyables gouttes de vie. La littérature ne m'intéresse pas en tant que vice, elle ne m'intéresse pas en tant que pensée faible ; elles ne m'intéressent pas, les belles histoires incapables de tremper dans le sang de mon époque, de regarder en face la pourriture de la politique et de dénoncer la puanteur des affaires. Il existe une littérature différente, qui peut présenter de grandes qualités et recueillir un large consensus. Mais elle ne me concerne pas. Je pense à la phrase de Graham Greene : « Je ne sais pas ce que j'écrirai, mais pour moi, la seule chose importante, c'est d'écrire des choses qui comptent. » Tenter de comprendre les mécanismes. La machinerie du pouvoir, de notre temps, les boulons de la métaphysique des mœurs. Tout est chœur et matière, avec des registres différents. En ignorant la terreur d'écrire hors des périmètres littéraires, en sélectionnant éléments d'information, adresses, pourcentages et tout le barda, en contaminant tout. Le style est fondamental, mais je crois qu'Ernest Hemingway avait raison de dire que « le style est la grâce sous pression ». La grâce de l'écriture, son temps déployé, la réflexion profonde doivent être otages de la situation, de l'impératif de la parole à créer, à dévoiler. Cette littérature-là possède une vérité qui tient à la parole, et non à la personne. La vérité de la parole de notre époque se paie avec la mort. Et il est logique qu'il en soit ainsi. On doit entraîner son esprit à cette idée. J'en suis de plus en plus convaincu. Survivre à une vérité forte est une manière d'éveiller les soupçons. Une manière d'atténuer la vérité de nos propres mots. Mais la vérité des mots et de la réflexion n'a d'autre attestation que la mort. Survivre à la vérité de la parole, c'est affaiblir la vérité. La vérité de la parole, si elle est efficace, entraîne toujours une réponse du pouvoir. « Pouvoir » au sens générique et galvaudé.

Pouvoir institutionnel, militaire, criminel, culturel, industriel.

Et cette réponse, si la parole de la nouvelle vérité ne vient pas, n'a pas atteint son objectif. Elle n'a pas frappé. La preuve ultime, celle qui atteste qu'on a frappé le pouvoir en plein cœur, consiste à être frappé en plein cœur par celui-ci. Une réaction identique et opposée. Et féroce. Ou alors, on apporte une vérité consensuelle, somme toute acceptable. Ou la vérité des images, celle des caméras ou des photographies. Des vérités esthétiques, des vérités morales soutenues par des preuves. Celles-ci engagent bien peu le choix de l'individu, et beaucoup celui de l'œil. Comme si l'homme était démembré, chacun de ses organes pris séparément. Comme si l'intellectuel était voué à la séparation évoquée par l'apologue de Menenius Agrippa[1]. Le reporter est l'œil, l'écrivain la main et un peu de cerveau, le journaliste est l'œil et un peu de main, le poète le cœur, le romancier l'estomac. Mais peut-être le temps est-il venu d'engendrer un monstre à plusieurs mains et à plusieurs yeux, un temps où celui qui écrit pourrait nous envahir, nous impliquer, et user à satiété de chaque instrument. Voilà la tâche de l'écrivain qui s'occupe de la réalité et qui écrit au moyen de celle-ci. Les mots continuent d'être fondamentaux, mais la solitude de celui qui écrit et la dangerosité de la parole sont encore immenses.

Stanislav Markelov était l'avocat d'Anna Politkovskaïa ; il était aussi l'avocat qui se battait contre

1. Il fut consul romain en 503 avant J.-C. On lui doit l'apologue *Les Membres et l'Estomac,* destiné à obtenir la concorde entre patriciens et plébéiens.

la libération anticipée du colonel Youri Boudanov, l'officier haut gradé condamné pour crimes de guerre par un tribunal russe. Il a été assassiné de manière barbare, de plusieurs balles dans la tête, le 19 janvier 2009. Lors du procès contre le colonel Boudanov, Markelov représentait la famille d'Elza Kungaeva, la jeune fille tchétchène âgée de dix-huit ans violée et tuée à Chankala par un groupe de soldats russes. Le père d'Elza Kungaeva, qui vit en Norvège depuis des années, reçoit sans arrêt des menaces de mort. Le colonel Boudanov est un intouchable. Ces dernières années, le meurtre d'Elza est devenu le symbole des abus perpétrés en Tchétchénie par les troupes russes. Cet épisode est raconté dans plusieurs pages du livre *La Russie selon Poutine*[1] d'Anna Politkovskaïa. On y trouve également le récit du procès de Boudanov, qui n'aurait probablement pas été condamné sans l'attention médiatique suscitée par ce livre. Boudanov avait été arrêté en 2000, reconnu coupable et condamné à dix ans d'emprisonnement en 2003. Mais, récemment, il avait été remis en liberté, malgré la campagne menée par l'avocat Markelov contre sa libération.

Markelov a été abattu en pleine rue, ainsi qu'Anastasia Babourova, journaliste à la *Novaïa Gazeta* – le journal où travaillait Anna – qui avait pris la relève d'Anna dans les enquêtes sur la Tchétchénie.

Qui écrit, meurt. Anastasia est tuée d'une balle dans la tête alors qu'elle tentait d'arrêter l'homme qui venait d'assassiner l'avocat avec lequel elle travaillait. Les tueurs ont sans doute trouvé absurde

1. Éditions Buchet-Chastel, 2005.

qu'une femme réagisse et ne s'enfuie pas, cela les a désarçonnés. Anastasia est morte en se rebellant face à ses bourreaux. Elle avait vingt-cinq ans. Maintenant que la diffamation n'a pas réussi à détruire Anna, maintenant que ses paroles lui ont survécu, tout est sur les lèvres, dans les yeux, dans la mémoire des lecteurs.

Je ne voulais pas que mes paroles servent d'« introduction ». Ces paroles sont une prière, prononcée avec toutes les phrases liturgiques possibles, à l'intention du lecteur qui a décidé de prendre le temps de les lire.

Une prière pour qu'il ne cesse jamais de transmettre, à tous ceux qu'il rencontrera, ce qu'il lira dans *Tchétchénie*, et pour qu'il n'oublie pas le sacrifice de celle qui a décidé de raconter. Une prière pour qu'il puisse ressentir jusque dans sa chair chaque heure de la vie d'Anna Politkovskaïa, une vie souvent passée dans la conscience d'une échéance, mais dans la certitude que cette échéance ne concernerait que son propre corps et qu'elle diffuserait, comme les constellations, ses propres histoires, les déposant en chaque lecteur qui les rencontrerait.

Note

Le danger de la lecture et *Os de verre* sont deux textes inédits ; tous les autres textes de cet ouvrage ont été rédigés dans leur version originale pour les journaux mentionnés ci-après :

« Lettre à ma terre », in *la Repubblica,* 22 septembre 2008.
« Miriam Makeba : la rage de la fraternité » in *la Repubblica,* 11 novembre 2008.
« De Scampia à Cannes », in *L'Espresso,* 18 juillet 2008.
« Combattre le mal par l'art » in *la Repubblica,* 31 octobre 2008.
« La vérité, malgré tout, existe » : introduction destinée au livret distribué aux spectateurs pour l'adaptation théâtrale de *Gomorra,* reprise sous une forme réduite avec le titre « Come sta la verità nel paese di Gomorra » (« Comment se porte la vérité au pays de Gomorra » in *la Repubblica,* 27 juillet 2007.
« Quand la terre tremble, le béton tue » in *la Repubblica,* 14 avril 2009.
« Tout risquer » in *la Repubblica,* 15 février 2008.

« Tatanka, le fou de boxe » in *L'Espresso,* 31 juillet 2008.
« L'homme qui était Donnie Brasco » in *L'Espresso,* 4 février 2008.
« Siani, journaliste authentique » in *il Manifesto,* 11 juin 2004.
« Le gardien du phare » in *L'Espresso,* 9 novembre 2007.
« Au nom de la loi, d'un père et de sa fille » a pour origine des articles publiés dans *El Pais* (11 février 2009, sous le titre « Pidan perdòn a Beppino Englaro »), et dans *la Repubblica* (12 février 2009, sous le titre « Chiedete scusa a Beppino Englaro » *(Présentez vos excuses à Beppino Englaro)*, et 23 janvier 2009, sous le titre « La rivoluzione di un padre » (*La Révolution d'un père*).
« Felicia » in *Nazione Indiana* (www.nazioneindiana.com), 8 décembre 2004.
« La fabuleuse marchandise » in *L'Espresso,* 8 mars 2007.
« Construire, conquérir » in *la Repubblica,* 6 juillet 2007.
« La peste et l'or » in *la Repubblica,* 5 janvier 2008.
« Syndrome Vollmann » in *L'Espresso,* 14 novembre 2007.
« Apocalypse Vietnam » in *L'Espresso,* 31 mai 2008.
« Ce jour-là sera vôtre à jamais » in *L'Espresso,* 26 mars 2007.
« Les fantômes des Nobel » in *la Repubblica,* 14 décembre 2008.
« Discours à l'académie de Suède » : tiré du discours prononcé pendant la soirée consacrée par l'académie de Suède à Salman Rushdie et Roberto Saviano, le 25 novembre 2008.

Note

« Le démon et la vie » in *Pulp*, n° 8, novembre/décembre 2005.
« L'infinie conjecture » in *Nazione Indiana* (www.nazioneindiana.com), 27 février 2004.
« Plus jamais dans un monde à part » in *Pulp* n° 48, mars/avril 2004, et *Nazione Indiana* (www.nazioneindiana.com), 3 juin 2004.
« Qui écrit, meurt » in introduction à *Cecenia. Il disonore russo,* d'Anna Politkovskaïa, Fandango Libri, Rome, 2009.

Ce livre se veut aussi un hommage à ceux qui ont cru en moi, ces dernières années. À ceux qui, sous diverses formes, ont réussi à être près de moi, et ont participé à mon aventure. À commencer par tous ceux qui m'ont nourri de leur confiance et de leurs enseignements, me permettant de puiser à ces ressources pour continuer à écrire.

À Vincenzo Consolo qui, lorsque j'étais encore un gamin, m'écoutait et m'accueillait chez lui, avec sa femme Caterina, comme dans un atelier plein d'affection, où j'ai appris la responsabilité de la littérature et le courage de la parole.

À Goffredo Fofi qui, le premier, m'a invité à regarder par la fenêtre et m'a confié la leçon de tous ceux qui ont voulu et su influer sur un territoire, aussi bien par leurs mots que par leur action quotidienne.

À Giuseppe Montesano qui m'a quasiment adopté, en m'ouvrant les portes de la littérature avec nos discussions infinies sur les mondes infinis qu'elle peut engendrer.

À Corrado Stajano, auteur d'un livre sans lequel

je n'aurais jamais trouvé ma voie, et qui a su m'enseigner le courage des choix les plus difficiles.

À la mémoire d'Enzo Siciliano, qui a cru en mon talent et qui m'a toujours accordé son temps et son écoute.

À Helena Janeczek qui a été la première à être présente et qui l'est toujours, malgré tout.

À Tiziano Scarpa qui m'a fait devenir un élément de *Nazione Indiana,* m'offrant ainsi la possibilité d'entrer en contact avec mes premiers lecteurs et avec une communauté d'amis écrivains qui ne m'ont jamais abandonné.

À Francesco Pinto qui, il y a quelques années, m'a incité à ne pas craindre la télévision.

À ceux qui travaillent avec moi et pour mes mots aux Éditions Mondadori ; et qui, parce qu'ils ont cru en moi dès *Gomorra,* m'ont soutenu même dans les moments les plus difficiles bien au-delà de leurs devoirs et obligations professionnelles. Et à mes éditeurs à l'étranger, qui ont œuvré pour moi avec passion et intelligence.

À la directrice et à la rédaction de l'*Espresso* qui se sont mobilisées dès le début et qui ont misé sur mes enquêtes.

Au directeur et à la rédaction de *Repubblica* qui m'ont accordé leurs meilleures pages et qui ont toujours été à mes côtés.

À tous les autres journaux italiens qui m'ont défendu. Et aux journaux étrangers qui m'ont permis de faire connaître dans le monde ce qui me tient le plus à cœur.

Aux nombreuses personnes qui travaillent dans les médias – télévision et radio – qui se sont montrées extraordinairement disponibles et généreuses en nous accordant, à mon histoire et à moi-même, l'espace de leurs émissions, reportages et interviews, contribuant ainsi à susciter l'attention et à agir sur l'opinion publique.

Merci à Michaïl Gorbatchev et à Élie Wiesel qui ont été les premiers à me manifester leur solidarité en signant mon appel, à Lech Walesa et à l'archevêque Desmond Tutu. Merci à Shirin Ebadi, Betty Williams et Pérez Esquivel : eux, qui ont reçu le prix Nobel pour leurs combats, suivent mon histoire avec une attention que je sais sincère ; à Rita Levi Montalcini et Renato Dulbecco qui, avec Dario Fo, sont intervenus avec leur autorité pour me servir de bouclier, dès que l'air autour de moi est devenu pesant. À Orhan Pamuk qui, en Allemagne, a tenu à venir m'écouter et à me dire : « Je vais t'exprimer un vœu, et je te prie de l'écouter. Vis. » À Wislawa Szymborska et à Günter Grass qui m'ont défendu en Pologne et en Allemagne. À John M. Coetzee qui a tenu à signer en ma faveur, tout comme Elfriede Jelinek et José Saramago. Merci également à Salman Rushdie qui, étant déjà passé par là, m'a aidé, par ses conseils, à résoudre de nombreux problèmes quotidiens et à résister à un siège continu.

Merci à Joe Pistone, alias Donnie Brasco, qui m'a fait profiter de son expérience et m'a offert son amitié, en me conseillant sur la façon de supporter certaines solitudes asphyxiantes.

À Claudio Abbado qui m'a fait l'honneur de me dédier son concert au San Carlo de Naples.

À Martin Scorsese qui m'a défendu de l'accusation courante d'avoir diffamé mon pays.

À Fandango qui a décidé de produire le film

alors que *Gomorra* venait tout juste d'être publié, et qui en a fait une œuvre capable de remporter le Grand Prix à Cannes et le David de Donatello.

À Mario Gelardi, Ivan Castiglione et à tous les comédiens qui ont tiré de mon livre une version théâtrale représentée dans toute l'Italie, parvenant à en faire l'un des spectacles les plus vus ces dernières années.

Et à tous les collègues et aux personnalités du monde de la culture qui ont fait leur mon histoire et mes paroles, et qui m'ont offert, de diverses manières, leur soutien : Martin Amis, Paul Auster, Ingrid Betancourt, Junot Díaz, Umberto Eco, Nathan Englander, Hans Magnus Enzensberger, Jonathan Safran Foer, Jonathan Franzen, David Grossman, Siri Hustved, Tahar Ben Jelloun, Jonathan Lethem, Caro Llewelyn, Mario Vargas Llosa, Claudio Magris, Javier Marías, Colum McCann, Ian McEwan, Patrick McGrath, Suketu Metha, Adam Michnik, Taslima Nasreen, Chuck Palahniuk, Francesco Rosi, Cathleen Schine, Peter Schneider et les frères Taviani.

Aux musiciens qui ont tenu à me dédier leurs morceaux ou à m'inclure dans leurs projets : Massive Attack, Subsonica, Fabri Fibra, Lucariello et 'A67.

À l'État italien qui m'a défendu et tout particulièrement à notre président Giorgio Napolitano, qui m'a, à plusieurs reprises, prouvé la sincérité de son inquiétude pour moi, et apporté son soutien.

Au corps des carabiniers qui me protège, à l'intelligence lucide et experte du général Gaetano Maruccia qui a été pour moi une référence extrêmement précieuse, au soutien et à l'amitié du colonel Ciro La Volla.

À Nando, Leo, Aristide, Francesco, Marco, Michele et Sebastiano qui, chaque jour, avec courage, professionnalisme, affection et, souvent, au prix de nombreux sacrifices personnels, sont à mes côtés, sans jamais rien me reprocher.

À toutes les associations qui se sont mobilisées pour moi, à toutes les personnes qui ont donné vie à des initiatives spontanées pour me défendre.

À Alex Pecoraro et à tous ceux qui ont constitué sur Internet un réseau d'information et de solidarité.

À ceux qui ont utilisé Facebook et MySpace pour créer un réseau d'attention et de soutien.

Aux très nombreuses villes italiennes qui ont tenu à m'offrir le titre de citoyen d'honneur – Rome, Turin, Bologne, Florence, Venise, Ancône, L'Aquila, Mantoue, Montebelluna, Orvieto, Pise, Reggio Emilia, Viterbe et les autres qu'il m'est malheureusement impossible d'énumérer de manière exhaustive – montrant ainsi que mon problème concerne tout le pays, et me permettant de me sentir encore chez moi en Italie.

Merci à tous les pays qui ont proposé de m'accueillir : l'Espagne, qui m'a hébergé quelques mois, la Suède qui m'a donné asile, l'Allemagne qui, plusieurs fois, m'a témoigné sa solidarité et sa proximité, le président Shimon Peres qui m'a offert refuge en Israël, et la France qui m'a fait citoyen de sa capitale. Je sais que j'ai beaucoup reçu, aussi bien de mon pays que du reste du monde.

Et merci, enfin, à ma famille, en espérant qu'elle m'a pardonné tout ce qu'elle a été obligée de subir à cause de moi.

R. S.

TABLE

SUD

HOMMES

BUSINESS

GUERRE

NORD

Cet ouvrage a été imprimé en France par

CPI
BUSSIÈRE

à Saint-Amand-Montrond (Cher)
pour le compte des Éditions Robert Laffont
en mars 2010

Cet ouvrage a été composé et mis en pages
par Étianne Composition
à Montrouge

N° d'édition : 50265/01. — N° d'impression : 101012/4.
Dépôt légal : avril 2010.